职业教育"十三五"规划教材
高等职业教育新形态一体化教材
高职高专跨境电子商务专业（方向）规划教材

和我一起学做速卖通

叶杨翔　朱杨琼　主　编
郑红花　吴奇帆　副主编
潘芒芒　周妍妍　参　编

电子工业出版社
Publishing House of Electronics Industry
北京·BEIJING

内 容 简 介

随着全国跨境电子商务的热潮，各个高校也都积极开设跨境电子商务的课程；但限于高校的教学 IP 地址冲突（账号关联）、货源、品牌、资金等方面原因，很多跨境电子商务平台很难在高校课堂里真正落地。而阿里巴巴速卖通平台在 2014 年就开始推行鑫校园项目，在高校内可以实现同机房几十个 IP 同时登录账号，在学生中比较容易推行分组公司化运营，以真实订单带动学生的创业氛围。本书的编者团队以速卖通为实战平台，采用项目式教学模式，按照公司实战运营中的行业选品、产品发布、图片处理、店铺优化、物流发货、营销推广、数据分析、客服纠纷、跨境支付等操作流程为编写内容。每个项目模块以真实案例导入任务，以职业训练能力为导向，具有很强的操作性。

本书面对的读者主要是外贸和跨境电子商务行业的从业者，以及各高校内相关电商、国贸、跨境电子商务、商务类专业的师生们。

未经许可，不得以任何方式复制或抄袭本书之部分或全部内容。
版权所有，侵权必究。

图书在版编目（CIP）数据

和我一起学做速卖通 / 叶杨翔，朱杨琼主编 .—北京：电子工业出版社，2017.7
ISBN 978-7-121-32152-8

Ⅰ.①和⋯ Ⅱ.①叶⋯ ②朱⋯ Ⅲ.①对外贸易—电子商务—高等学校—教材
Ⅳ.① F740.4-39

中国版本图书馆 CIP 数据核字（2017）第 165506 号

策划编辑：贺志洪（hzh@phei.com.cn）
责任编辑：贺志洪
特约编辑：杨 丽 徐 堃
印　　刷：涿州市般润文化传播有限公司
装　　订：涿州市般润文化传播有限公司
出版发行：电子工业出版社
　　　　　北京市海淀区万寿路 173 信箱　邮编 100036
开　　本：787×1092　1/16　印张：13.75　彩插：14　字数：397 千字
版　　次：2017 年 7 月第 1 版
印　　次：2025 年 1 月第 5 次印刷
定　　价：42.00 元

凡所购买电子工业出版社图书有缺损问题，请向购买书店调换。若书店售缺，请与本社发行部联系，联系及邮购电话：（010）88254888。

质量投诉请发邮件至 zlts@phei.com.cn，盗版侵权举报请发邮件至 dbqq@phei.com.cn。
本书咨询联系方式：（010）88254609 或 hzh@phei.com.cn。

通识教育系列教材编辑委员会

主　任：贺星岳
副主任：张俊平

总　编：邱开金

编　委（以姓氏笔画为序）：
　　　　叶　锋　张俊平　汪　焰
　　　　李　丹　邱开金　贺星岳
　　　　郭培俊　程有娥

本册主编：叶杨翔　朱杨琼

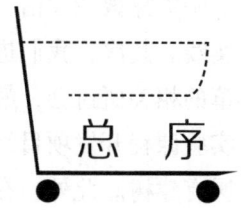

总 序

贺星岳

经过不懈努力和精心准备，浙江工贸职业技术学院的第一批通识教育系列教材终于出版了。我们认为，这是一件值得高兴的事情。

"通识教育"不是一个新词，而是一个舶来品。早在1829年，美国博德学院的帕卡德教授就提出了"通识教育"的说法。1945年，哈佛大学发表《民主社会中的通识教育》，通称《哈佛通识教育红皮书》，通识教育改革在美国大学渐成风潮，并在20世纪80年代之后影响到我国内地。复旦大学、中山大学、浙江大学等内地知名高校结合中国实际和本校特色，在通识教育改革的道路上都进行了不尽相同的有益探索。

对于高校来说，通识教育要求大学生拥有宽阔的视野，了解并掌握与个人发展和社会需求密切相关的知识，这些知识与其专业和将来从事的职业看上去没有直接的联系，但却在其综合素质甚至人格、态度、价值观等方面的全面发展中起着至关重要的作用。高职教育以技术性、应用型人才的培养为使命，兼有高等教育和职业教育的双重属性。其培养的人才应兼具基于国民素质准则下与专科学生层次相匹配的公民素质以及基于职业准则下与高等技能人才相匹配的职业素质。我们认为，高职院校并不是许多功利性人士所认为的"职业技能培训中心"，通识教育应在高职教育中占有重要的一席之地。

在高等教育体系中，将通识教育与专业技能教育相结合，进行研究实践，我国绝大多数高职院校的相关改革才刚起步。近年来，浙江工贸职业技术学院占有先机，进行了许多卓有成效的探索。首先，我们成立了高职通识教育研究院，以学院资深教授领衔，引进人才，内部挖潜，统筹规划本校的通识教育研究与教学实践。其次，我们进行了多层次的通识教育改革研究。学院多次召开通识教育改革的相关研讨会，鼓励教师进行通识教育实验课程研究，将获得立项的通识教育实验课程开发项目纳入校级课题。同时，我院在省、市一级的通识教育研究中也屡有建树。此外，在研究的基础上，学院还积极进行丰富的融通通识教育与职业技能教育的教学实践。我们在通识教育课程体系之下建设了"人与人文"、"科学与生活"及"专业与素养"三大系列课程，力争全面提升高职学生的人文素养、自然科学常识和职业素养。

可以说，这批通识教育系列教材就是浙江工贸职业技术学院一系列相关研究和教学实践的阶段性成果。对于教材，我们的主要设想有两点。一方面，这些通识教材都必须经过全新的规划和设计，要适应于全面提升高职学生素养的需要。它们既不是原有专业课的"简化版"，也不应是对读者学识起点要求很低的《十万个为什么》之类的常识推介，更绝对不允许出现东拼西凑的水平低下之作。另一方面，为了增加学生的兴趣，高职通识教育教材还应在通俗性、趣味性上下功夫，不是一味地说教，而是"润物细无声"，在和谐的氛围中实现通识教育改革的初衷。正如我院通识教育研究院院长邱开金教授说的："高等教育与高技能人才的定性，高职通识教育的定位绝不是唯一传授知识，也不是简单的说教一种方法，它所关注和告诫的是哲理，触发的是觉悟，留下的是切身受用的"。当然，对于具有一定文化基础的读者来说，选择我们的通识教育教材在茶余饭后阅读，进而提升自己某一方面或几方面的素养，应该也是一个不错的选择。

通识教育改革在内地的高职院校起步不久。我们对于通识课程教改的信心坚定，也深知探索过程中的曲折。对于这批教材，虽已殚精竭虑，但难免存在不周全之处，其中存在的疏失甚至错误，恳请读者和专家学者、读者批评指正，以便再版时改进。

前言

跨境电子商务是一种新型的贸易方式和新型业态，具有广阔的市场空间和良好的发展前景。发展跨境电子商务不仅可以带动我国对外贸易和国民经济增长，还可以促进我国经济转型升级，提升"中国制造"和"中国服务"的国际竞争力，培育我国开放型经济新优势。

基于此，越来越多的高校学生、自由职业人员利用跨境电商等平台，如Wish，敦煌网、速卖通等平台开启自己的职业或创业之路。"大众创业、万众创新"成为中国的国家战略之后，在全国范围内掀起了一股创业创新的风潮。创新创业成为当下的时代风潮。利用互联网创业已经成为社会经济与科技发展的必然结果，"互联网+"已成为创业的"弄潮儿"。跨境电商高速成长，已成为电子商务的蓝海，日益成为大学生创业就业的首选方向。

本教材的编写以工作过程为主线，体现任务驱动，按照速卖通跨境电商平台的操作过程为编写步骤，力求做到操作过程简单化，培养学生的跨境电商创业的职业技能，融"教、学、做、创业"为一体，强调速卖通跨境电商平台各操作环节职业能力的训练。全书的编写既包含了速卖通平台创业或学习的理论知识和职业能力要求，又体现了职业教育理念。

本教材由浙江工贸职业技术学院叶杨翔和朱杨琼担任主编，负责全书的框架设计，拟定编写大纲，并总纂定稿。第1章由浙江工贸职业技术学院周妍妍编写，第2章、第10章由浙江工贸职业技术学院郑红花编写，第3章由浙江工贸职业技术学院吴奇帆编写，第4章、第9章由浙江工贸职业技术学院朱杨琼编写，第5章由浙江工贸职业技术学院潘芒芒编写，第6章、第7章、第8章由浙江工贸职业技术学院叶杨翔编写。

由于编写时间紧、任务重，书中难免出现一些疏漏和错误，真诚欢迎各界人士批评指正，以便再版时予以修正。

编者
2017年3月

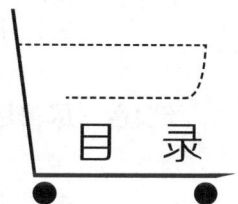

目 录

第1章 芝麻开门——全球速卖通跨境电商平台介绍 /001

1.1 平台定位 /003
- 1.1.1 什么是全球速卖通？ /003
- 1.1.2 全球速卖通平台提供的产品 /003
- 1.1.3 全球速卖通平台的卖家 /008
- 1.1.4 全球速卖通平台的买家 /008

1.2 平台规则 /009
- 1.2.1 禁限售商品规则 /009
- 1.2.2 商品交易规则 /013
- 1.2.3 知识产权规则 /016

1.3 成功故事 /018
- 1.3.1 90后的老板梦 /018
- 1.3.2 天猫卖家迈向速卖通国际化销售 /018

第2章 慧眼独具——选品技巧与定价策略 /024

2.1 选品 /026
- 2.1.1 站内选品 /026
- 2.1.2 站外选品 /034
- 2.1.3 蓝海市场分析 /037

2.2 定价 /040
- 2.2.1 关于价格的名词解释 /040
- 2.2.2 定价策略 /040

第3章　商品发布——速卖通平台产品发布　/045

3.1　登录账号　/046
3.2　产品发布　/047

第4章　尽善尽美——速卖通店铺优化　/059

4.1　店招与店名　/060
  4.1.1　店招的设计　/061
  4.1.2　商铺名称的设置　/063
4.2　店铺的栏目设置　/064
  4.2.1　模块的管理　/064
  4.2.2　商品的分组　/066
  4.2.3　Banner横幅的设置　/069
  4.2.4　主图的设计　/070
4.3　店铺的自定义设置　/072
  4.3.1　自定义模块　/072
  4.3.2　产品信息模块　/073
4.4　卖家案例　/074

第5章　图片美化——产品图片处理　/077

5.1　美工图像基本概念　/079
5.2　调整照片效果　/080
  5.2.1　裁剪照片　/080
  5.2.2　调整照片颜色　/084
  5.2.3　调整模糊的照片　/086
  5.2.4　修复有瑕疵的照片　/087
5.3　选择照片中所需要的内容　/092
  5.3.1　使用魔棒工具抠图　/092
  5.3.2　使用快速选择工具抠图　/094
  5.3.3　使用钢笔工具抠图　/095
  5.3.4　使用通道抠图　/098

第6章　货通全球——仓储物流　/107

6.1　物流方式概述　/109

        6.1.1 邮政小包 /109
        6.1.2 E邮宝 /111
        6.1.3 商业快递介绍 /112
        6.1.4 国际专线物流 /113

    6.2 发货的流程 /114
        6.2.1 选择适合的物流 /114
        6.2.2 填写发货通知 /115
        6.2.3 对货物打包贴面单 /116

    6.3 速卖通物流模板的设置 /117

第7章 营销手段——店铺营销策略 /122

    7.1 店铺自主营销 /124
        7.1.1 限时限量折扣活动 /124
        7.1.2 店铺满立减活动 /127
        7.1.3 店铺优惠券 /130
        7.1.4 全店铺打折 /133

    7.2 联盟营销 /134

    7.3 直通车推广 /136
        7.3.1 直通车概述 /136
        7.3.2 速卖通直通车的操作流程 /138

第8章 制胜法宝——数据纵横 /143

    8.1 行业数据分析 /145
        8.1.1 行业情报 /145
        8.1.2 选品专家 /148

    8.2 关键词分析 /151
        8.2.1 关键词分析指标 /151
        8.2.2 如何利用关键词优化商品 /153

    8.3 店铺数据分析 /154
        8.3.1 实时风暴 /154
        8.3.2 店铺流量来源分析 /155
        8.3.3 单品分析 /157

第9章 客户服务——速卖通客户开发与维护 /161

9.1 速卖通客户购买习惯 /163
9.1.1 如何抓住国外客户的需求 /163
9.1.2 北美客户购买习惯 /165
9.1.3 俄罗斯客户购买习惯 /166
9.1.4 巴西客户购买习惯 /166

9.2 速卖通评价 /167
9.2.1 评价档案 /168
9.2.2 评价档案的关键指标 /170

9.3 纠纷化解攻略 /172
9.3.1 三大指标定义及计算方法 /172
9.3.2 全球速卖通纠纷协商流程 /173
9.3.3 预防纠纷 /181

9.4 询盘管理 /188
9.4.1 日常商业谈判沟通邮件模板 /189
9.4.2 客户沟通邮件模板 /194

9.5 售后服务 /197
9.5.1 售后注意事项 /197
9.5.2 售后沟通邮件模板 /198
9.5.3 售后投诉处理技巧与邮件模板 /200

第10章 资金流转——跨境支付 /207

10.1 速卖通支付账户的创建流程 /209
10.1.1 美元收款账户的创建和修改 /210
10.1.2 创建、绑定和修改支付宝收款账户的流程 /214
10.1.3 速卖通如何提现及收费 /217

10.2 速卖通支付的主要工具 /220
10.2.1 信用卡(VISA/MasterCard) /220
10.2.2 MoneyBookers支付 /227
10.2.3 Western Union（西联支付） /229
10.2.4 Bank Transfer（T/T银行转账） /230

参考文献 /236

第1章

芝麻开门——
全球速卖通跨境电商平台介绍

跨境电子商务买手

本章要点
- ▶ 平台定位
- ▶ 平台规则
- ▶ 成功故事

知识目标
- ▶ 了解全球速卖通平台。
- ▶ 了解平台的卖家和买家的基本情况。
- ▶ 掌握平台基本规则。

技能目标
- ▶ 掌握选择产品类目。
- ▶ 熟悉平台各类规则，在上传产品、产品交易和知识产权保护等方面灵活运用。

素质目标
- ▶ 培养学生的创新能力、自主意识，激发学生的创新创业激情和对职业生涯的规划。

故事导读之一

沈同学，90后，浙江人。

2009年9月，沈同学高中毕业，进入义乌工商职业技术学院学习。

2010年11月，阿里巴巴全球速卖通与义乌工商学院联手创办速卖通班，沈同学作为旁听生第一次接触到速卖通。

2010年12月，沈同学尝试在速卖通上卖产品，一个星期后接到了平台的第一个订单。最初的一个月，沈同学的交易额从0飙升到3000美元，点燃了他下决心在速卖通创业的热情。

随后两年，每个月的交易额稳步增长。到2012年，开始稳定在3万美元左右。

现在，沈同学坚持经营速卖通店铺，并在模式、资金和人员等方面进行探索……

思考

1. 什么是全球速卖通？
2. 全球速卖通和传统外贸相比，它的优势在哪里？

2010年4月26日，全球领先的电子商务提供商阿里巴巴对外宣布，其在线外贸平台——"全球速卖通"（www.aliexpress.com）市场即日起正式开业，速卖通被大多数卖家称为"国际版天猫"。速卖通是出口跨境B2C的平台，覆盖220多个国家和地区的海外买家，每天的海外买家流量已经超过5000万人次。

1.1 平台定位

1.1.1 什么是全球速卖通？

速卖通（AliExpress）是阿里巴巴帮助中小企业接触终端批发零售商，小批量多批次快速销售，拓展利润空间而全力打造的融订单、支付、物流于一体的外贸在线交易平台。全球速卖通的核心优势是在全球贸易新形势下，全球买家采购方式正在发生剧烈变化，更多的终端批发零售商直接上网采购，直接向终端批发零售商供货，更短的流通零售渠道，直接在线零售支付收款，拓展了小批量多批次产品利润空间，创造批发零售商的更多收益。

从图1-1可以看出，速卖通相对于传统外贸，其外贸流程更加缩短。在传统贸易流程中，流程较长，每增加一个中介，产品的价格都会提高一些，当产品最终达到国外消费者手中时，其价格往往比出厂价高出很多，而速卖通的流通环节越来越少，毛利润就会不断提高。全球速卖通面向海外买家，通过支付宝国际账户进行担保交易，并使用国际快递发货。速卖通目前是全球第三大英文在线购物网站，也是中国最大的跨境电商平台。

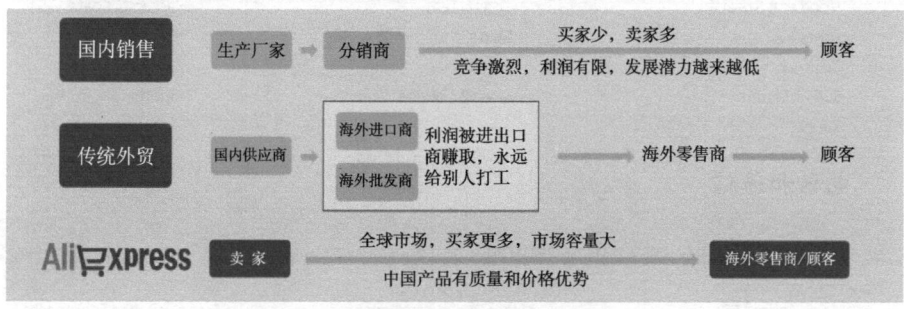

图1-1 速卖通与传统外贸流程对比

1.1.2 全球速卖通平台提供的产品

全球速卖通平台是为中国供应商（生产厂、国际贸易公司）和国际中小采购商提供在线交易服务的互联网平台。利用全球速卖通平台的服务，中国供应商能够直接把产品在平台上进行出售，国际采购商能够直接采购到最低价格的中国制造的全线产品，并享受到安全、快捷（如同B2C交易方式）的贸易过程。

目前全球速卖通平台的产品包括服装、服饰配饰、消费电子、珠宝饰品、箱包鞋类、玩具、运动及娱乐等,具体如下所示。

1. 所有类目

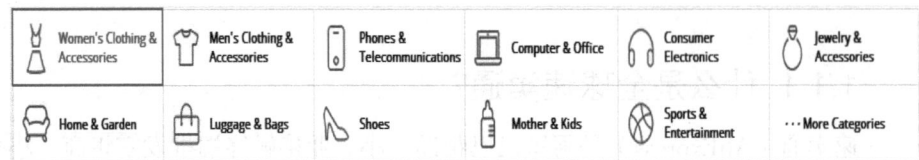

2. 具体目录

- 女装/服饰配件

Women's Clothing & Accessories

Dresses	Blouses & Shirts	Jackets & Coats
Tops & Tees	Accessories	Bottoms
Intimates	Jumpsuits	Suits & Sets
Hoodies & Sweatshirts	Socks & Hosiery	Sleep & Lounge
Sweaters	Rompers	Bodysuits

- 男装/服饰配件

Men's Clothing & Accessories

Hoodies & Sweatshirts	Tops & Tees	Jackets & Coats
Pants	Shirts	Jeans
Underwear	Accessories	Sweaters
Suits & Blazers	Sleep & Lounge	Shorts
Socks		

- 电话和通信

Phones & Telecommunications

Mobile Phone LCDs	Mobile Phone Accessories	Communication Equipments
Mobile Phone Touch Panel	Phone Bags & Cases	Mobile Phone Parts
Mobile Phones	Power Bank	

- 电脑办公

Computer & Office

DIY Gaming PC	Memory Cards & Accessories	PC Tablets
Computer Components	Computer Peripherals	Demo Board
Desktops & Servers	Laptop Accessories	Laptops
Mini PCs	Netbooks & UMPC	Networking
Office Electronics	Other Computer Products	Software
Storage Devices	Tablet Accessories	Tablet PCs
Wireless Adapter		

第①章 芝麻开门——全球速卖通跨境电商平台介绍

- **电子消费**

Consumer Electronics

Storage Devices	VR Devices	Smart Electronics
Electronic Cigarettes	Accessories & Parts	Camera & Photo
Home Audio & Video	Other Consumer Electronics	Portable Audio & Video
Video Games		

- **珠宝配饰**

Jewelry & Accessories

Necklaces & Pendants	Earrings	Rings
Bracelets & Bangles	Jewelry Sets & More	Beads & Jewelry Making
Wedding & Engagement Jewelry	Fine Jewelry	

- **家居**

Home & Garden

Kitchen,Dining & Bar	Home Decor	Home Textile
Arts,Crafts & Sewing	Festive & Party Supplies	Bathroom Products
Housekeeping & Organization	Pet Products	Garden Supplies
Household Merchandises		

- **箱包**

Luggage & Bags

Women's Bags	Men's Bags	Backpacks
Wallets	Kids & Baby's Bags	Luggage & Travel Bags
Functional Bags	Coin Purses & Holders	Bag Parts & Accessories

- **鞋类**

Shoes

Women's Shoes	Men's Shoes	Shoe Accessories
Women's Boots	Women's Pumps	Women's Flats
Men's Boots	Men's Casual Shoes	Women's Vulcanize Shoes
Men's Vulcanize Shoes		

- **孕婴童**

Mother & Kids

Baby Girls Clothing	Baby Boys Clothing	Girls Clothing
Boys Clothing	Baby Shoes	Children's Shoes
Baby Care	Activity & Gear	Safety
Baby Bedding	Feeding	Maternity
Family Matching Outfits		

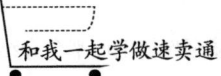

运动与娱乐
Sports & Entertainment

Sports Bags	Sneakers	Sport Accessories
Team Sports	Racquet Sports	Bowling
Camping & Hiking	Cycling	Entertainment
Fishing	Fitness & Body Building	Golf
Horse Racing	Hunting	Musical Instruments
Other Sports & Entertainment Products	Roller, Skate board & Scooters	Running
Shooting	Skiing & Snowboarding	Sports Clothing
Swimming	Water Sports	

健康美容
Beauty & Health

Hair Extensions & Wigs	Nails & Tools	Makeup
Health Care	Skin Care	Hair Care & Styling
Shaving & Hair Removal	Sex Products	Beauty Essentials
Tattoo & Body Art	Bath & Shower	Fragrances & Deodorants
Oral Hygiene	Sanitary Paper	Tools & Accessories

速卖通

手表
Watches

Men's Watches	Women's Watches	Lover's Watches
Children's Watches	Pocket & Fob Watches	Watch Accessories
Women's Bracelet Watches		

玩具
Toys & Hobbies

Remote Control Toys	Dolls & Stuffed Toys	Classic Toys
Learning & Education	Outdoor Fun & Sports	Action & Toy Figures
Models & Building Toy	Diecasts & Toy Vehicles	Baby Toys
Electronic Toys	Puzzles & Magic Cubes	Novelty & Gag Toys

婚庆用品
Weddings & Events

Wedding Dresses	Evening Dresses	Prom Dresses
Wedding Party Dress	Wedding Accessories	Celebrity-Inspired Dresses
Cocktail Dresses	Homecoming Dresses	Bridesmaid Dresses
Mother of the Bride Dresses	Quinceanera Dresses	

特殊用途商品
Novelty & Special Use

Costumes & Accessories	Exotic Apparel	Stage & Dance Wear
Traditional Chinese Clothing	Work Wear & Uniforms	World Apparel

- 汽摩具

Automobiles & Motorcycles

Auto Replacement Parts	Car Electronics	Tools, Maintenance & Care
Interior Accessories	Exterior Accessories	Motorcycle Accessories & Parts
Roadway Safety	Other Vehicle Parts & Accessories	

- 灯具

Lights & Lighting

Holiday Lighting	Lamps & Shades	Book Lights
Ceiling Lights & Fans	Commercial Lighting	LED Lamps
LED Lighting	Light Bulbs	Lighting Accessories
Night Lights	Novelty Lighting	Outdoor Lighting
Portable Lighting	Professional Lighting	

- 家具

Furniture

Home Furniture	Office Furniture	Children Furniture
Outdoor Furniture	Commercial Furniture	Bar Furniture
Furniture Accessories	Furniture Hardware	Furniture Parts

- 电子元器件

Electronic Components & Supplies

Active Components	EL Products	Electronic Accessories & Supplies
Electronic Data Systems	Electronic Signs	Electronics Production Machinery
Electronics Stocks	Optoelectronic Displays	Other Electronic Components
Passive Components		

- 办公文教用品

Office & School Supplies

Adhesives & Tapes	Office Electronics	Books
Office Furniture	Painting Supplies	Calendars, Planners & Cards
Cutting Supplies	Desk Accessories & Organizer	Filing Products
Labels, Indexes & Stamps	Mail & Shipping Supplies	Notebooks & Writing Pads
Office Binding Supplies	Other Office & School Supplies	Pens, Pencils & Writing Supplies
Presentation Boards	School & Educational Supplies	

- 家装（硬装）

Home Improvement

Lights & Lighting	Tools	Home Appliances
Security & Protection	Bathroom Fixtures	Kitchen Fixtures
Hardware	Electrical Equipment & Supplies	Building Supplies

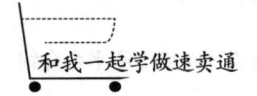

- 食品

Food

Medlar	Canned Food	Coffee
Dried Fruit	Grain Products	Honey
Jam	Nut & Kernel	Oils
Tea		

- 安全防护

Security & Protection

Security Alarm	Door Intercom	Access Control
Emergency Kits	Fire Protection	Safes
Self Defense Supplies	Video Surveillance	Workplace Safety Supplies

1.1.3 全球速卖通平台的卖家

全球速卖通平台上的主要卖家由外贸生产型企业、外贸公司、外贸SOHO一族组成，这类人群同时也很有可能是eBay、dhgate.com、tradetang.com以及淘宝等各类C2C平台上做生意的卖家。

速卖通从2015年开始真正转型，从速卖通收年费门槛开始，速卖通引导中国的跨境电商企业向跨境电商品牌化、品质化发展，自2016年2月开始，速卖通调整策略筛选有实力的卖家，由免费且宽松的入驻政策改为招商准入原则，就是以企业为单位申请入驻速卖通平台，并按要求交纳一定的年费。从2017年开始，速卖通继续加大了卖家的筛选力度。

1.1.4 全球速卖通平台的买家

全球速卖通面向全球220个国家和地区。由于新兴国家线下商品流通不够充分，再加上本地电子商务尚未成熟，没有形成完整的供应链支持，不能满足消费者的需求。因而速卖通有效弥补了市场空缺，成为新兴国家消费者的重要购物通道。和亚马逊、eBay定位不同，eBay、亚马逊等以品牌商为主，定位欧美高端客户，速卖通更具性价比优势，定位更加平民化。

在2012年，一些新兴市场，如俄罗斯、巴西、澳洲和东欧地区的成长非常迅速。俄罗斯市场在2013年的年交易额以400%的速度增长，达到7亿美元。

第①章 芝麻开门——全球速卖通跨境电商平台介绍

从2015年速卖通开始注重品牌化和品质化，经历2016年速卖通"双十一"后，买家群体已经发生改变，虽然稳居第一的还是俄罗斯，但美国、西班牙、英国、法国以及乌克兰发展更为迅猛。速卖通买家已经往欧洲地区在做转移，市场逐渐往高端国家走。

1.2 平台规则

卖家在速卖通平台上从事经营活动应遵守国家法律、行政法规、部门规章等规范性文件。作为交易市场的卖方，卖家有义务了解并熟悉交易过程中的买家市场的规定，配合买家完成交易。

1.2.1 禁限售商品规则

速卖通平台禁止发布任何含有禁限售商品的信息，如果卖家违反平台规则发布禁售、限售的商品信息，都将会得到一定的处罚。速卖通平台禁止发布商品及信息和对应违规处理如表1-1所示。

表1-1 速卖通平台禁止发布商品及信息和对应违规处理

禁止发布商品及信息	对应违规处理
一、枪支、军警用品、危险武器类	
1. 生化、化学、核武器、其他大规模杀伤性武器	严重违规行为，每次扣48分
2. 真枪、弹药、军火及大型武器	严重违规行为，每次扣48分
3. 枪支、弹药、军火的相关器材及主要部件	6分/次
4. 仿真枪(如：气枪、发令枪、BB枪、彩弹枪)、枪配件、鱼枪鱼叉	6分/次
5. 可致使他人暂时失去抵抗能力，对他人身体造成重大伤害的管制器具(如：电击器、辣椒喷雾、弓弩)	6分/次
6. 管制类刀具(如：弹簧折刀、超长刀、格斗刀、军用刀)——"刀具类商品发布规则"	6分/次
7. 严重危害他人人身安全的管制器具(如：指节套、甩棍、狼牙棒、浪人叉、飞镖等)	6分/次
8. 一般危害他人人身安全的管制器具(如：双节棍、钥匙棍)	2分/次

续表

禁止发布商品及信息	对应违规处理
9. 警用品（如警服、警徽、警棍、手铐等警用设备及制品）	2分/次
二、毒品、易制毒化学品、毒品工具类	
1. 麻醉镇定类、精神药品、致瘾性药物、天然类毒品、合成类毒品、一类易制毒化学品	严重违规行为，每次扣48分
2. 类固醇、二类易制毒化学品	6分/次
3. 三类易制毒化学品	2分/次
4. 毒品吸食工具及配件	2分/次
5. 帮助走私、存储、贩卖、运输、制造毒品的工具(如：大麻生长灯)	1分/次
6. 制作毒品的方法、书籍	1分/次
三、易燃易爆、危险化学品类	
1. 爆炸物	严重违规行为，每次扣48分
2. 易燃、易爆化学品	6分/次
3. 剧毒化学品	6分/次
4. 放射性物质	6分/次
5. 有毒化学品	2分/次
6. 消耗臭氧层物质	1分/次
7. 烟花爆竹、点火器及配件	0.5分/次
四、反动等破坏性信息类	
1. 含有反动、破坏国家统一、破坏主权及领土完整、破坏社会稳定，涉及国家机密、扰乱社会秩序，宣扬邪教迷信，或法律法规禁止出版发行的书籍、音像制品、视频、文件资料；恐怖组织	严重违规行为，每次扣48分
2. 反人权、种族歧视（如纳粹、3K党等）	2分/次
五、色情低俗、催情用品类	
1. 含有色情淫秽内容的音像制品及视频、色情陪聊服务、成人网站论坛的账号及邀请码	严重违规行为，每次扣48分
2. 儿童色情产品	严重违规行为，每次扣48分
3. 含露点以及暴力图片；"速卖通成人用品/情趣用品行业标准"	2分/次
4. 原味产品（原味内衣及相关产品），原味内衣指的是穿过的贴身衣物。无论从卫生角度，还是从败坏社会风气的角度来说，都是不适宜出售的，因此请不要发布	0.5分/次

续表

禁止发布商品及信息	对应违规处理
5.不文明用语	0.5分/次
六、涉及人身安全、隐私类	
1.身份证及其他证明身份的文件(如：出身证明、护照、签证、驾照)	严重违规行为，每次扣48分
2.用于监听、窃取隐私或机密的软件及设备	6分/次
3.用于非法摄像、录音、取证等用途的设备（如隐蔽伪装式录音、摄像设备）	2分/次
4.盗取或破解账号密码的软件、工具、教程及产物	2分/次
5.个人隐私信息及企业内部数据；提供个人手机定位、电话清单查询、银行账户查询等服务	2分/次
6.银行信用卡和借记卡、银行卡读卡器及复制器	2分/次
七、药品、医疗器械、美容仪器类	
1.药品(包括处方药、激素类、放射类药品)	6分/次
2.医疗咨询和医疗服务	6分/次
3.非处方药、口服性药	2分/次
4.中药材（仅处理国家有毒中药材目录中的商品）	2分/次
5.口服减肥药	0.5分/次
6.医疗器械(如:隐形眼镜、美容针、体外诊断试剂)	1分/次
八、非法服务、票证类	
1.单证,票据(如：纺织品配额),军事勋章	2分/次
2.金融服务、金融咨询、非法集资、投资服务、保险服务、银行服务	2分/次
3.法律咨询、彩票服务、教育类证书及相关服务	2分/次
4.追讨服务、代加粉丝或听众服务	0.5分/次
九、动植物、动植物器官及动物捕杀工具类	
1.人体器官、遗体（包括人体器官/遗体/遗骸/精子/卵子/血液等）	严重违规行为，每次扣48分
2.国内外重点保护类动物、濒危动物的活体、内脏、任何肢体、皮毛、标本或其他制成品，已灭绝动物与现有国家二级以上保护动物的化石(如CITES和约保护的濒危动物)	2分/次
3.鲨鱼、熊、猫、狗等动物的活体、身体部分、制品及任何加工机器	2分/次

续表

禁止发布商品及信息	对应违规处理
4.国内外重点保护类植物及制成品(如CITES和约保护的濒危植物)	1分/次
十、涉及盗取等非法所得及非法用途软件、工具或设备类	
1.信号屏蔽器(如：干扰器)	6分/次
2.盗窃车辆及工具	6分/次
3.赌博工具（如：老虎机）	2分/次
4.用来获取需授权方可访问的电视节目、网络、电话、数据或其他受保护、限制的服务的译码机或其他设备(如卫星信号收发装置及软件、电视棒)	2分/次
5.涉嫌欺诈等非法用途的软件	2分/次
6.用来发送垃圾邮件的软件或其他工具	2分/次
7.考试作弊工具	1分/次
8.可能用于逃避交通管理的商品(如：车牌遮挡器，安全带消声扣）	1分/次
十一、烟草及制品、电子烟类	
1.烟草（如：烟丝、烟叶）	6分/次
2.卷烟、雪茄等烟草制品	6分/次
3.电子烟液	6分/次
4.卷烟材料（如：卷烟纸、滤嘴棒、烟用丝束）	1分/次
5.烟草专用机械	0.5分/次
6.电子烟及配件——"电子烟发布规则"	0.5分/次
十二、收藏类	
1.伪造变造的货币以及印制设备	严重违规行为，每次扣48分
2.货币	2分/次
3.贵金属	2分/次
4.受国家保护的文物	2分/次
十三、虚拟类	
1.Bitcoin等虚拟货币	6分/次
2.iTunes，Xbox，PSN等账号及用户充值类商品	0.5分/次
3.发布虚拟、无形产品，即无实际物流可追踪的产品	0.5分/次
4.任何服务(除上列的服务以外)	0.5分/次

续表

禁止发布商品及信息	对应违规处理
十四、其他类	
1. 与运输行业有关的物品(如：飞行员制服、机场地勤人员制服、火车或地铁工作人员制服、公共运输的安全手册)	2分/次
2. 经权威质检部门或生产商认定、公布或召回的含非法添加剂的商品	2分/次
3. 涉嫌非法用途的物品（如：开锁工具、规避尿检的合成尿液）	1分/次
4. 禁售音像制品	1分/次
5. 使用过的化妆品	1分/次
6. 禁止在线交易的商品（如：化工品、酒类、保健食品及其他食品(茶叶、咖啡、糖果、坚果、干货除外)）	0.5分/次
7. 由不具备生产资质的生产商生产的，不符合国家、地方、行业、企业强制性标准	商品下架/退回或删除

1.2.2 商品交易规则

速卖通平台商品交易中禁止的违规行为，如果卖家出现此类行为，按情节一般、中等、严重、特别严重予以一定扣分甚至关闭店铺的方式处罚。

1. 虚假发货

虚假发货指在规定的发货期内，卖家填写的货运单号无效或虽然有效但与订单交易明显无关，误导买家或全球速卖通平台的行为。例如：为了规避成交不卖处罚填写无效货运单号或明显与订单交易无关的货运单号等。

虚假发货行为根据严重程度，分为虚假发货一般违规、严重违规及特别严重违规。虚假发货严重违规行为包括但不限于以下情况：

①虚假发货订单金额较大。
②买卖双方恶意串通，在没有真实订单交易的情况下，通过虚假发货的违规行为误导全球速卖通平台放款。
③多次发生虚假发货一般违规行为。

2. 信用及销量炒作

信用及销量炒作指通过不正当方式提高或者试图提高账户信用积分或商品销量，妨害买家高效购物权益的行为。

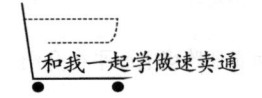

3. 诱导提前收货

诱导提前收货指卖家诱导买家在未收到货的情况下提前确认收货，也指卖家违反速卖通规则，涉嫌侵犯他人财产权或其他合法权益的行为。诱导提前收货行为包括但不限于：卖家在交易中诱导买家违背速卖通正常交易流程操作获得不正当利益的。

4. 严重货不对版

严重货不对版指买家收到的商品与达成交易时卖家对商品的描述或承诺在类别、参数、材质、规格等方面不相符。严重"货不对版"行为包括但不限于以下情况：
①寄送空包裹给买家。
②订单产品为电子存储类设备，产品容量与产品描述或承诺严重不符。
③订单产品为电脑类产品硬件，产品配置与产品描述或承诺严重不符。
④订单产品和寄送产品非同类商品且价值相差巨大。

5. 恶意骚扰

恶意骚扰指卖家采取恶劣手段骚扰会员，妨害他人合法权益的行为，如要求买家给好评或者因纠纷等原因谩骂买家。恶意骚扰行为包括但不限于通过电话、短信、阿里旺旺、邮件等方式频繁联系他人，影响他人正常生活的行为。

6. 不法获利

不法获利指卖家违反速卖通规则，涉嫌侵犯他人或平台财产权或其他合法权益的行为。不法获利行为包括但不限于以下情形：
①卖家通过发布或提供大量虚假的或与承诺严重不符的商品、服务或物流信息骗取交易款项的。
②交易中诱导交易对方违背速卖通正常交易流程操作并获得不正当利益的。
③发送钓鱼链接或木马病毒信息用于骗取他人财物的。
④利用非法手段骗取平台coupon、保证金、平台赔付基金等款项的。
⑤假借速卖通及其关联公司工作人员或速卖通店铺客服名义行骗的。
⑥通过第三方账户实施诈骗行为骗取他人财物的。
⑦卖家违反速卖通规则，通过其他方式非法获利的。

7. 严重扰乱平台秩序

严重扰乱平台秩序指干扰平台管理，严重扰乱平台秩序，损害其他用户或平台的合法权益的行为。严重扰乱平台秩序行为包括但不限于以下情形：
①恶意规避平台规则或监管措施的行为。

②通过恶意违规等方式干扰其他用户正常交易的行为。

③对买家购物过程带来了严重的不良体验,对速卖通平台的商业环境造成了恶劣影响的行为。

④其他严重扰乱平台秩序的行为。

8. 不正当竞争

不正当竞争包括以下两种情形:

①不当使用他人权利。卖家在所发布的商品信息或所使用的店铺名、域名等中不当使用他人的店铺名或域名等;卖家所发布的商品信息或所使用的其他信息造成消费者误认、混淆。

②卖家通过自身或利用其他会员账户对其他卖家进行恶意下单、恶意评价、恶意投诉的行为,影响其他卖家声誉与正常经营。

9. 违背承诺

违背承诺指卖家未按照承诺向买家提供服务,损害买家正当权益的行为。

10. 店铺严重恶意超低价

店铺严重恶意超低价指卖家发布大量以较大偏离正常销售价格的低价发布商品,在默认和价格排序时,吸引买家注意,骗取曝光和订单,店铺内大量商品存在低价发布行为,造成恶劣影响。

11. 引导线下交易

引导线下交易指卖家诱导买家进行线下交易的行为,损害买家和平台的正当利益。

商品交易违规处罚如表1-2所示。

表1-2 商品交易违规处罚

违规行为类型	处罚方式
虚假发货	虚假发货一般违规:2分/次 虚假发货严重违规:12分/次 (说明:速卖通平台将根据卖家违规行为情节特别严重的将进行扣除48分的判定。同时,被平台认定为虚假发货的,不论是虚假发货一般违规或是严重违规,平台将立即关闭该笔订单,并将订单款项退还买家,由此导致的责任由卖家承担。)
信用及销量炒作	1.对于被平台认定为构成信用及销量炒作行为的卖家,平台将删除其违规信用积分及销量记录,对信用及销量炒作行为涉及的订单进行退款操作,并根据其违规行为的严重程度,分别给予一般:6分/次;中等:12分/次;严重:24分/次;特别严重:48分/次;

续表

违规行为类型	处罚方式
信用及销量炒作	2.对于第二次被平台认定为构成信用及销量炒作行为的卖家，不论行为的严重程度如何，平台一律作清退处理。
诱导提前收货	一般违规：2分/次；严重违规：12分/次，性质特别严重的，给予账户直接扣48分或清退；
严重货不对版	1.被判定特别严重货不对版，直接扣除48分或直接关闭账户； 2.货不对版一般行为，一般：2分/次；严重：12分/次（说明：速卖通平台将根据卖家违规行为情节严重程度进行直接扣除48分或关闭账户的判定）
恶意骚扰	一般：2分/次；严重：12分/次；情节特别严重的，48分/次
不法获利	48分/次或直接清退
严重扰乱平台秩序	一般：2分/次；严重：12分/次；情节特别严重的，48分/次
不正当竞争	不正当竞争一般违规：1分/次，限期整改 不正当竞争严重违规：3分/次；情节特别严重的，48分/次
违背承诺	违背承诺一般违规：1分/次，对应商品下架处理 违背承诺严重违规：3分/次，情节特别严重的，48分/次
严重店铺超低价	一般违规：2分/次；严重违规：12分/次，性质特别严重的，给予账户直接扣48分或清退；
引导线下交易	一般违规：2分/次；严重违规：12分/次，性质特别严重的，给予账户直接扣48分或清退；

1.2.3 知识产权规则

全球速卖通在品牌国际化的道路上，发现部分不良商家恶意钻空子兜售侵权产品，严重侵害正规商品的市场份额，干扰消费者的选择，损害平台形象。因此平台严禁用户未经授权发布、销售涉嫌侵犯第三方知识产权的商品。若发布、销售涉嫌侵犯第三方知识产权的商品，则有可能被知识产权所有人或者买家投诉，平台也会随机对商品（包含下架商品）信息进行抽查，若涉嫌侵权，则信息会被退回或删除。投诉成立或者信息被退回/删除，卖家会被扣以一定的分数，一旦分数累计到达相应节点，平台会执行处罚。

具体知识产权规则和处罚如表1-3所示。

1. 规则解析

当谈到知识产权时，需要先明确该知识产权的具体类型，再根据类型的不同明确其具体的保护内容。平时经常接触到的知识产权类型主要为专利权、商标权、著作权。

（1）商标权

商标主管机关依法授予商标所有人对其注册商标受国家法律保护的专有权。

（2）专利权

一项发明创造向国家审批机关提出专利申请，经依法审查合格后向专利申请人授予的在规定的时间内对该项发明创造享有的专有权。

（3）著作权

著作权人对其创作的文学、艺术和科学作品等智力成果依法享有的专有权。

表1-3 具体知识产权规则和处罚

侵权类型	定义	处罚规则
商标侵权	严重违规：未经注册商标权人许可，在同一种商品上使用与其注册商标相同或相似的商标	1）三次违规者关闭账号 2）侵权情节特别严重者，直接关闭账号
	一般违规：其他未经权利人许可使用他人商标的情况	1）首次违规扣0分 2）其后每次重复违规扣6分 3）累计达48分者关闭账号
著作权侵权	严重违规：未经著作权人许可复制图片、电子书、音像作品或软件	1）三次违规者关闭账号 2）侵权情节特别严重者，直接关闭账号
	一般违规：其他未经权利人许可使用他人著作权的情况	1）首次违规扣0分 2）其后每次重复违规扣6分 3）累计达48分者关闭账号
专利侵权	外观专利、实用新型专利、发明专利的侵权情况	1）首次违规扣0分 2）其后每次重复违规扣6分 3）累计达48分者关闭账号 （严重违规情况，三次违规者关闭账号）

备注：

1. 速卖通会按照侵权商品投诉被处理或速卖通平台抽样检查时的状态，根据相关规定对相关卖家实施适用处罚；
2. 同一天内所有一般违规，包括所有投诉及速卖通平台抽样检查，扣分累计不超过6分；
3. 同一天内所有严重违规，包括所有投诉及速卖通平台抽样检查，只会作一次违规计算；三次严重违规者关闭账号，严重违规次数记录累计不区分侵权类型；
4. 违规处罚包括但不限于退回商品/信息及/或删除商品/信息；
5. 每项违规行为自由处罚之日起有效365天；
6. 针对会员侵权情节特别严重的行为，速卖通除直接关闭账号外，还将在关闭账号之日起，冻结关联支付宝账户资金，其中原因包括以确保消费者或权利人在行使投诉、举报、诉讼等救济权利时，其合法权益得以保障；
7. 会员因涉嫌侵权行为被司法执法机关立案或调查，速卖通有权配合司法执法机关对会员账号采取管理措施，包括但不限于关闭账号及其关联账号、冻结关联支付宝账户资金、其他速卖通认为合适的措施，直到案件办理终结及/或速卖通认为合适为止；
8. 速卖通保留以上处理措施等的最终解释权及决定权，也会保留与之相关的一切权利。

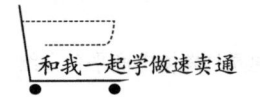

2. 卖家建议

（1）停止侵权行为。卖家应严格排查自己的在线商品，若存在侵权行为，请立即将侵权商品删除。同时，严格把控进货来源，杜绝来源不明的产品，建议实拍图片，提高图片质量，让买家可以更直观地了解商品，获得更多订单。

（2）发展有品质的自营品牌。如果你的产品有品质，注册自有品牌，跟平台一起，扩大自营品牌的影响力，让自己的品牌商品出海，不断增加附加值。

（3）完成品牌准入流程。完成品牌准入再发布品牌商品，不要发布未获得发布权限的品牌商品。

1.3 成功故事

在各行各业融入大市场赚取外汇的同时，也涌现出了一批值得我们学习的企业和个人，他们的营销案例值得我们学习与思考。

1.3.1 90后的老板梦

黑龙江人，毕业于普通二本学校，英语专业。店铺主要从淘宝寻找产品，通过淘代销，产品经过简单的修改就可以直接上传。店铺经营20天来每天都源源不断地有订单，为店主继续从事速卖通坚定了信心。店主把20天里从事速卖通的经历和大家分享：淘代销产品；设置产品名称和关键词；合理利用数据纵横；合理定价；抓住客户。

在合理定价这方面，产品的定价一定要合理，因为店主是批量定价的，所以有一个产品的定价不合理，客人就会及时钻空子，拍下付款了，如果卖家发货则肯定是赔钱，不发货就会判为成交不卖，影响产品排名。如果发生这个情况，一定要和顾客沟通，提供一些诱惑性的优惠，让顾客理解自己的疏忽，支付运费，如果客户拒绝，请求客户取消订单，并承诺以后一定不会再有这样的错误了，下次来本店购物，所有产品均折扣价，尽量让客户舒心，避免引起纠纷。

1.3.2 天猫卖家迈向速卖通国际化销售

2015年4月，VaLS品牌男装成功进驻阿里速卖通，作为一个从天猫转型来的卖家，品牌风格依然是"休闲、个性、时尚"，整个店铺的装修风格在此基础上，也极大地融入了西方文化。一直到4月底，店铺产品多达200个，已经初具规模了。

2015年5月，VaLS品牌男装店铺的工作重心开始转向销售，第一次尝试全球速卖通，因为有天猫店铺做强大后盾，在外销平台上有一定的优势，比如资金、供货、店铺装修等。但由于面对的目标客户群的截然不同，依然不可避免地遇到了一些问题。

1. 产品选款

VaLS品牌男装最初从天猫店起步，继而迅速发展壮大，在此期间已经积累了30多家长期固定的供应厂商，由产品部设计师精心设计与挑选，使产品最大限度地满足买家的需求。可以说，在产品选款方面应该不用费心。可即使占尽这样的优势，但问题还是接踵而来。一是中西方文化差异导致审美观不同，天猫店的爆款在速卖通上可能无人问津。二是中西方体形差异导致版型尺码不合身，国外男性体形普遍高大壮硕，产品版型和尺码偏小，无法达到国外男性的体形要求。

因此VaLS品牌男装应对现实问题，提出了具体的解决方案。

（1）针对速卖通市场开发产品。想做好速卖通市场，就要针对速卖通市场开发有竞争力的产品是必要的。对于国外男性的服装需求，VaLS品牌男装店铺设置服装顾问，从国外买家的角度在产品选款方面给予一定的建议。另外，VaLS品牌店铺时刻关注时尚潮流，了解最新流行动态，通过不断学习增强自身的审美观，使选款团队更加专业化。

（2）根据国外男性的身材进行剪裁，制作超大码衣服。现已拥有30多家供应厂商，做好男性的服装绝对没问题。从速卖通后台导出的搜索数据可以看出，很多买家都直接搜索超大码衣服，其实对于这部分买家来说，他们是不怎么挑剔的，只要尺码合适，他们一般是乐于下单的。

2. 打造爆款

营销界有个著名的"二八法则"，就是经营者要抓住20%的重点商品与重点用户，渗透营销，牵一发而动全身。在运营速卖通平台上，也可以效仿天猫，以国外的审美眼光，重点打造几个爆款。那么，我们可以从以下几点着手：

（1）选款。结合西方风俗文化，以西方人的审美眼光，设计选款，与天猫店区别对待。

（2）价格。所谓的爆款往往不是那些价格高的，价格高的产品固然质量好，但其面对的目标客户群可能只是小众，无法形成大众购买，也就成不了爆款。因此，打造爆款必须采取一个满足大众心理预期的定价策略，做到物美价廉。

（3）推广。近年来，电商行业竞争越来越激烈，"酒香不怕巷子深"的营销时代早已远去，我们的运营要以买家为导向，主动推销：合理运用直通车

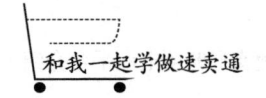

等推广工具，尤其是在爆款的推广上；充分利用平台限时限量折扣和全店铺折扣，积极参加平台活动，尤其是在3·28、6·18、11·11等大促期间，多频次推广，可以提升店铺及产品流量，增强产品转化率，积累潜在买家，短期内促进大量购买。

3. 价格竞争

价格竞争是每个行业都会出现的问题，VaLS品牌男装根据目标消费群的定位，制定了满足中低端男性服装需求的价格体系。

（1）VaLS品牌男装拥有长期固定的供应厂商，出厂价也已较为稳定了，对于速卖通产品的价格变化不会有太大影响。

（2）从速卖通男装类目来看，VaLS品牌男装的价格略高一些，俗话说"一分价钱一分货"，相信有天猫店的强大支撑，以及速卖通店铺页面的精致装修，可以引起不少买家的购买欲。

（3）质量和服务才是我们店铺的可持续生存之本，VaLS品牌男装在采购、选款、生产等各个环节严把质量关，售前、售后做好客户服务，买家第一次享受了愉快的购物体验，就会来第二次、第三次……吸引新客户，培养老客户，形成良性循环，价格就不足以构成威胁了。

4. 物流

物流方面，基于天猫店与中国邮局EMS长期固定的合作关系，VaLS品牌男装在全球速卖通开店之初，就选择了中邮航空小包，没有通过货代，直接从邮局发货。目前，我们所有的产品都是小包包邮，国外市场多达几十个国家，其中俄罗斯和白俄罗斯的订单几乎占了总销售额的50%，尤其在10月、11月，整个外销市场呈现国内大促期间的购买狂潮，物流也随之出现了拥堵现象。在物流方面，VaLS品牌男装开始新的尝试：

根据2013年我们做速卖通的物流现状。2014年，我们准备开始新的尝试：

（1）航空小包大堵期间，发往俄罗斯的包裹统一走陆运，避免拥堵。

（2）为了吸引美国买家，我们把E邮宝设置为免邮，虽然成本有所提高，利润减少，但是运输更安全，买家更受益。从长远利益来看，如果能吸引更多的外国买家购买，对于我们店铺的产品销量与品牌传播都有着积极意义。

本章小结

2010年4月26日，阿里巴巴成立在线外贸平台——"全球速卖通"（www.aliexpress.com），通过全球速卖通平台的服务，中国供应商能够直接把产品在平台上进行出售，国际采购商能够直接采购到中国制造的全线产品，并享受到安全、快捷（如同B2C交易方式）的贸易过程。

目前全球速卖通平台的产品包括20余种类目，有服装、服饰配饰、电子消费、珠宝饰品、孕婴童、玩具、运动及娱乐、健康美容和婚庆用品等。全球速卖通平台由成立初免费且宽松的入驻政策改为招商准入原则，因此平台卖家以企业为单位，并按要求交纳一定的年费。平台买家通面向全球220个国家和地区，因速卖通开始注重品牌化和品质化，平台买家已经往欧洲地区在做转移，市场逐渐往高端国家走。

全球速卖通平台有一系列平台规则，规范卖家在平台上的交易活动。作为交易市场的卖方，卖家用户有义务了解并熟悉交易过程中的买家市场规定。一是禁限售商品规则，速卖通平台禁止发布任何含有禁限售商品的信息，如果卖家违反平台规则发布禁售、限售和不适宜速递的商品信息，都将会受到一定的处罚。二是商品交易违规行为原则，速卖通平台在商品交易中禁止虚假发货、信用及销售炒作和诱导提前发货等11项的违规行为，如果卖家出现此类行为，按情节一般、中等、严重、特别严重予以一定扣分甚至关闭店铺的方式处罚。三是知识产权规则，平台严禁用户未经授权发布、销售涉嫌侵犯第三方知识产权的商品。因此卖家要停止侵权行为，发展有品质的自营品牌。

拓展阅读

速卖通：新增类型到期降级服务通知，变更"虚假发货"规则内容

9月13日消息，雨果网获悉，全球速卖通近日新增店铺类型到期降级服务通知及变更"虚假发货"规则内容。

据介绍，为了让平台更多的优质卖家，更好地享受店铺相关权益保障，全球速卖通预计于9月19日对店铺类型等相关功能进行优化升级。

功能点1：新增店铺类型到期降级服务

如果卖家店铺服务到期，但又未能及时更新相关资料，店铺相关权益将会自动降级。

被降级后卖家店铺权益，如店铺域名（如已设置）、品牌直达（如已设置）将被做自动回收处理，店铺名称初始化。

注意，以下两种情况会导致店铺相关权益降级：
- 店铺类型对应品牌的所有授权都到期。
- 店铺类型对应品牌的店铺类型授权材料到期。

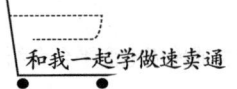

功能点2：新增店铺类型服务到期提醒服务

店铺类型在服务到期，店铺降级前的60、30、15、7天，系统会通过站内信方式对我们的卖家进行店铺降级前的提醒服务。届时卖家可通过系统提供的地址进行相关资料的更新。

另外，虚假发货行为关系着买家的体验和商业信誉，全球速卖通平台对该行为一直是严厉制止的，一旦发现、从严处罚。随着买家对物流信息要求的不断提高，及平台对物流确定性要求的整体升级，现平台对于虚假发货规则将新增以下内容：**卖家申明发货（即完成"填写发货通知"）5个工作日后运单无物流上网信息视为虚假发货。**

（1）"物流上网信息"—以物流商提供的首条信息为准，线上发货一般是仓库揽收/签收成功；线下发货一般为收寄成功信息或物流商揽收成功信息。

（2）更新后的规则对2016-10-01（美国时间）开始支付成功的订单生效。

雨果网建议：

（1）发货后若运单号有变更，及时修改声明发货的运单号。

（2）如使用线下发货，则应准确填写物流单号，按平台要求按时如实发货；如使用线上发货或无忧物流，则选择快递到仓服务，请选择稳定的物流商，确保货物能如期到仓。选择上门揽收服务，确保物流商上门时货物准备完毕，避免因备货原因导致的揽收。

除此之外，为保障无忧物流及线上发货运输效率，避免不必要的货物退回，您需要在发货时严格遵守物流线路的寄送限制，不要寄送违禁品。

2016年9月26日起，使用全球速卖通无忧物流及线上发货线路发货的包裹，如因卖家寄送以下三类违禁品，导致包裹在国内段退回，退回运费由卖家承担，物流商将以运费到付形式将包裹退还卖家：

● 打火机、指甲油、粉末等易燃易爆。

● 所有刀具、枪支、手铐等武器、弹药。

● 纯电池。

摘自雨果网，http://www.cifnews.com/article/22251

反馈表

单元名称		姓名		班级		年	月	日

请思考以下问题:
1. 全球速卖通的网址是什么？速卖通是一家什么类型的网站？
2. 速卖通和传统外贸相比，它的优势在哪里？
3. 全球速卖通的买家主要集中在哪些地区和国家？
4. 速卖通的商品交易准则有哪些？
5. 规避知识产权侵权行为，你给卖家哪些建议？
你认为本单元最有价值的内容是：
你对本单元的教学有何建议，哪些问题是你需要进一步了解或得到帮助的：
教师的教学方法是否有效，对你的学习是否有帮助：
教师评价：A. 熟练应用　　B. 掌握　　C. 熟悉　　D. 了解　　E. 没通过　　　　　　　　　　　　　　　教师签字：

第2章

慧眼独具——
选品技巧与定价策略

本章要点
- ▶ 站内选品
- ▶ 站外选品
- ▶ 定价策略

知识目标
- ▶ 掌握选品的基本技巧。
- ▶ 掌握产品定价公式和定价策略。

技能目标
- ▶ 学会通过数据纵横之行业情报和选品专家进行站内选品。
- ▶ 学会使用Google工具和数据分析进行站外选品。
- ▶ 学会为产品定价。

素质目标
- ▶ 根据市场规律为产品定价。
- ▶ 诚信交易,避免虚假交易的行为。

第②章 慧眼独具——选品技巧与定价策略

故事导读之二

本人在速卖通平台上有两家店铺，一家是做孕婴童类目，另外一家是做家居类目，经营一年多的时间，感受最深的就是如何选品和为产品定价。没有好的宝贝，无论如何努力都不可能达到理想的效果。作为一个新手卖家或中小卖家，最困惑的就是货源问题。好不容易选到了货源，可能在销售过程中，觉得自己的付出和努力都很多了，但是还是觉得销量太差。还有就是销售可以，但总无法做到有所提升。究竟如何选品、选好品呢？产品选择的好坏不仅能为店铺带来一定的销量，并且对于提升店铺的整个整体流量具有不可忽视的作用。选择产品最快速、最有效、最直接的方法就是从买家需求着手去选品。

产品价格是交易的核心，所有的交易条件都会在价格中得以体现，设置合理的上架价格对产品成交起着重要的决定作用。产品的定价要考虑产品类型（爆款、引流款、利润款）、产品的特质，同行竞品价格水平、店铺本身的市场竞争策略等。

思考

1. 作为新手卖家，如何更好地站内和站外选品？
2. 对于速卖通的新手卖家来说，如何给引流款、爆款、利润款定价？

2.1 选品

有了自己的店铺，选择合适的产品是至关重要的。没有好的宝贝，无论如何努力都不可能达到理想的效果。选择产品最快速、最有效、最直接的方法就是从买家需求着手去选品。这里主要介绍两种选品类型。

2.1.1 站内选品

选品，是速卖通商家的一大关注问题，是后期商品推广成交、店铺可持续发展的源头基础。站内选品从以下7个方面来介绍。

1. 数据纵横之行业情报

"行业情报"功能可了解速卖通各行业的市场行业，为店铺经营指导方向。通过数据纵横可以查询行业的流量占比、订单占比、竞争力、上架产品数、平均成交单价、买家国家分布，查询细化到可以了解某个叶子类目的行业趋势，具体操作步骤如下。

第一步：进入"我的速卖通"，点击"数据纵横"，然后在左侧栏点击"行业情报"，如图2-1所示。

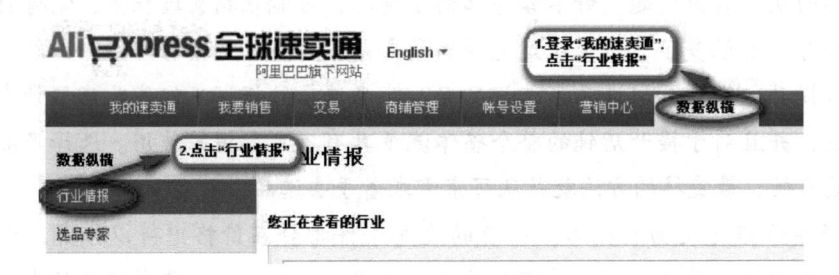

图2-1 行业情报

第二步：类目选择和时间范围，如图2-2所示。

图2-2 类目选择和时间范围

第三步：通过TOP行业排行榜查看最热卖、浏览率最高和竞争力最强的行业，如图2-3所示。

TOP行业排行榜	行业热卖	购买率	竞争力	排序依据	
	浏览占比	订单占比	竞争力	上架产品数	平均成交单价
1. 腕表	2.62%	3.06%	113.36%	336,973	$72.51
2. 手链，手镯	0.93%	1.85%	62.65%	160,650	$37.97
3. 耳环	0.47%	1.08%	54.63%	95,668	$22.39
4. 首饰套装	0.50%	0.81%	124.52%	61,397	$23.92
5. 首饰配件和部件	0.23%	0.64%	145.56%	36,290	$22.57

行业热卖排序依据：按当前数据周期效果中订单最多的TOP行业。

图2-3 TOP行业排行榜

第四步：了解某个行业下对应一段时间内的流量占比、订单占比、竞争力、上架产品数、平均成交单价和动态，还可以选择另外的任意两个行业进行比较，对比不同行业的数据指标，如图2-4所示。

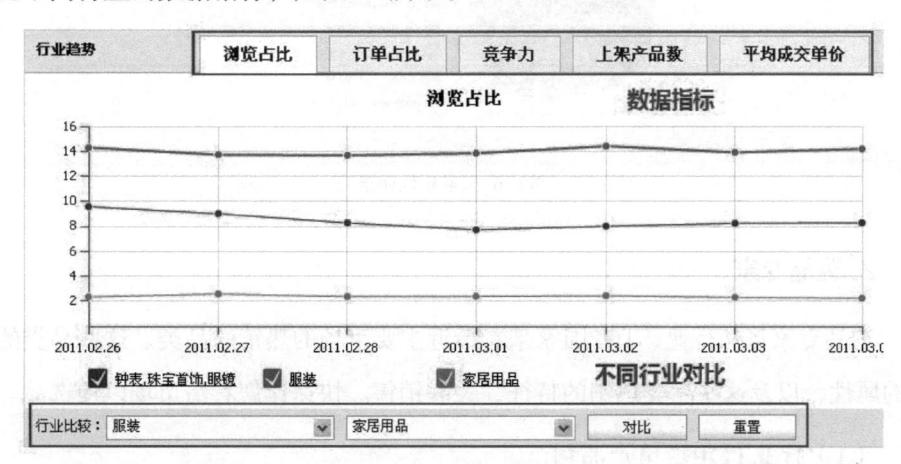

图2-4 行业趋势指标

第五步：查看各个行业下TOP卖家的店铺名称，并可以点击进入他们的店铺，如图2-5所示。

第六步：查看具体某个行业的买家地域分布，如图2-6所示。

图2-5 TOP店铺排行榜

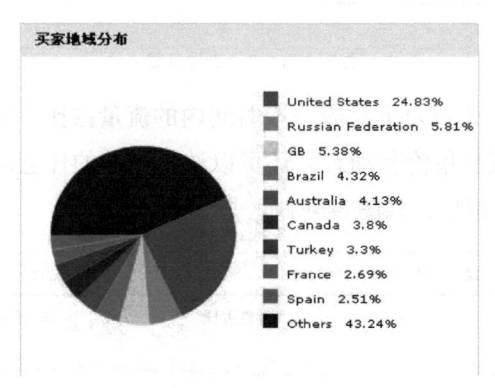

Lazada

图2-6 买家地域分布

2. 选品专家

选品专家将从行业、TOP国家来看最近主要市场的热销的品类、这些品类的热销的属性，以及这些品类热销的特征，关联销售。快速让您看清市场以便选品。

（1）行业TOP热销产品词

行业下TOP国家最近一段时间TOP热销的品类，圆圈越大，表示销量越高。颜色代表竞争情况，颜色越红，竞争越激烈；颜色越蓝，竞争越小，如图2-7所示。

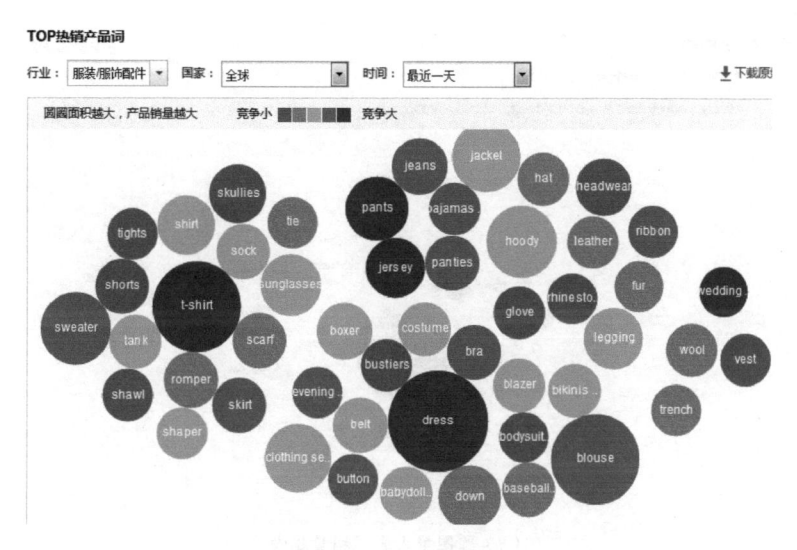

第②章 慧眼独具——选品技巧与定价策略

图2-7 行业TOP热搜产品词

（2）行业TOP关联产品

买家同时浏览、点击、购买的商品。连线越粗，产品与产品间的关联越强，即买家同时浏览、点击、购买的人越多。圆圈越大，销量越大；颜色表示竞争情况，颜色越红，竞争越激烈；颜色越蓝，竞争越小，如图2-8所示。

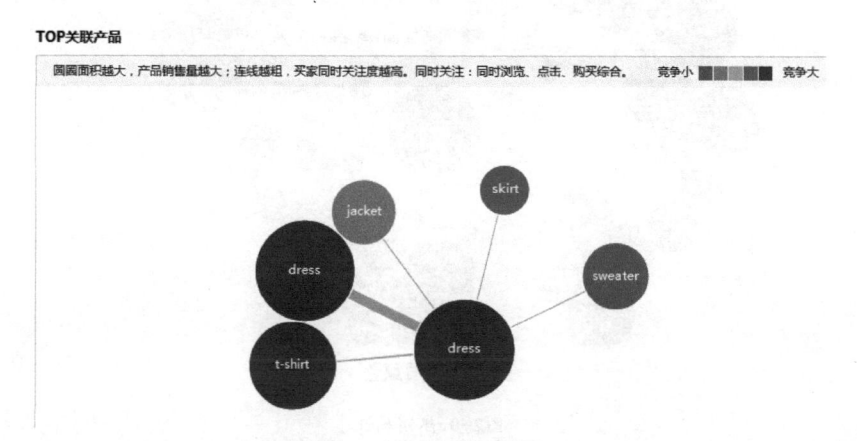

图2-8 行业TOP关联产品

（3）行业TOP热销属性

行业TOP热销属性指某个品类下热销的属性。点击加号可以展开TOP热销的属性值，点击减号可以收起属性值。点开后属性值的圈越大表示销量越大；同一类颜色在此图只作属性分类用，如图2-9所示。

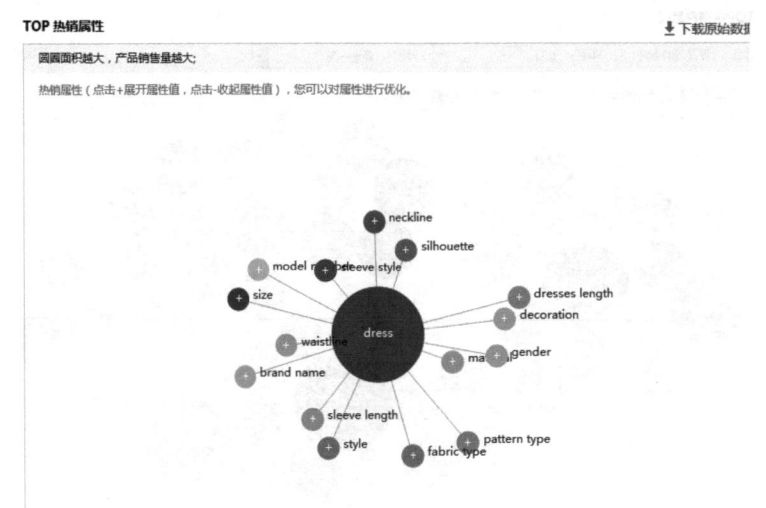

(a)圆圈越大表示销量越大

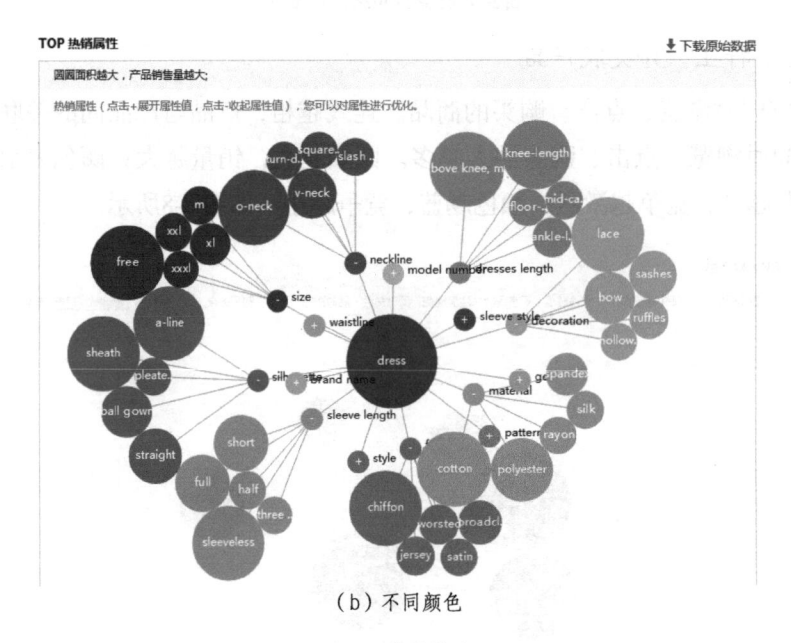

(b)不同颜色

图2-9 热销属性

例如：dress热销的属性，点击加号展示后可以看到相关信息——袖子长度：无袖最热销；面料：雪纺；裙长：膝盖以上，mini裙……可以结合自己商品特征，优化商品属性，提高买家找到商品的机会。同时也可以了解到目前热销的属性，方便选品。

第②章 慧眼独具——选品技巧与定价策略

（4）行业TOP热销属性组合

某个品类下热销属性组合中，相同颜色代表一类商品，圆圈越大表示销量越多，如图2-10所示。

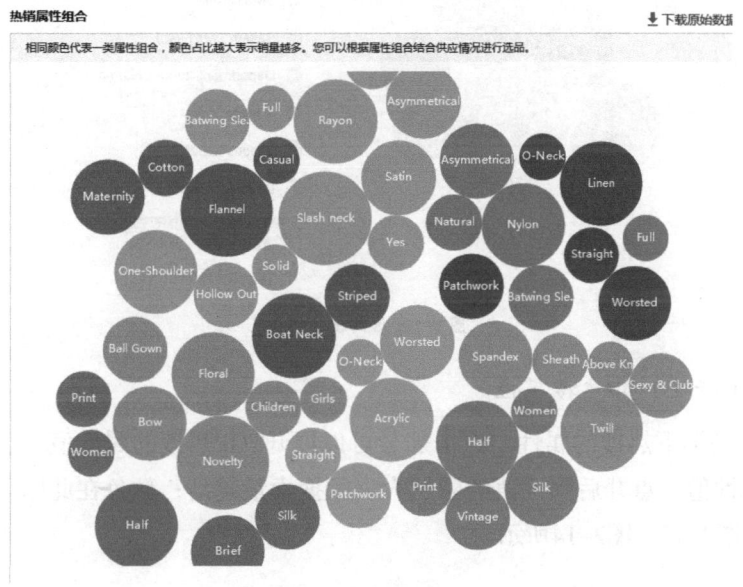

图2-10 热销属性组合

在图2-10所示的热销属性组合中，可以点击圆圈，查看属性组合详情。例如：点击绿色圆圈，弹出其属性组合详情框。这类商品特征有：带花的、蝴蝶结、蓬蓬裙、女童，如图2-11所示。

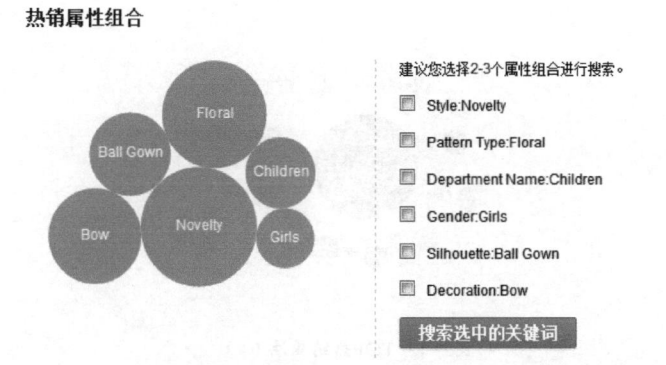

图2-11 热销属性组合

选择属性组合可以查看在平台上此类商品特征，同时也可以在其他网站搜索来看这类商品特征，如图2-12所示。

图2-12 热销属性组合

（5）行业TOP热搜属性

某个品类下热搜的属性。点击加号可以展开TOP热搜的属性值，点击减号可以收起属性值。点开后属性值的圈越大表示搜索量越高；颜色在此图只作属性分类用，如图2-13、图2-14所示。

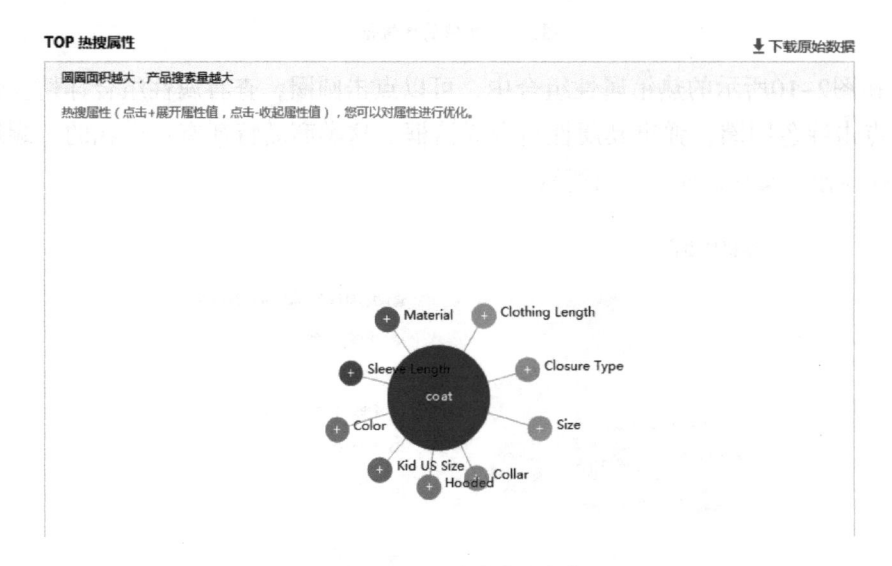

图2-13 TOP热销属性（1）

例如：从图2-14可以看出，目前外套热搜的属性特征，有材质：皮草、羊绒；颜色：黑色；外套长度：长款；大小：4XL、XXL。

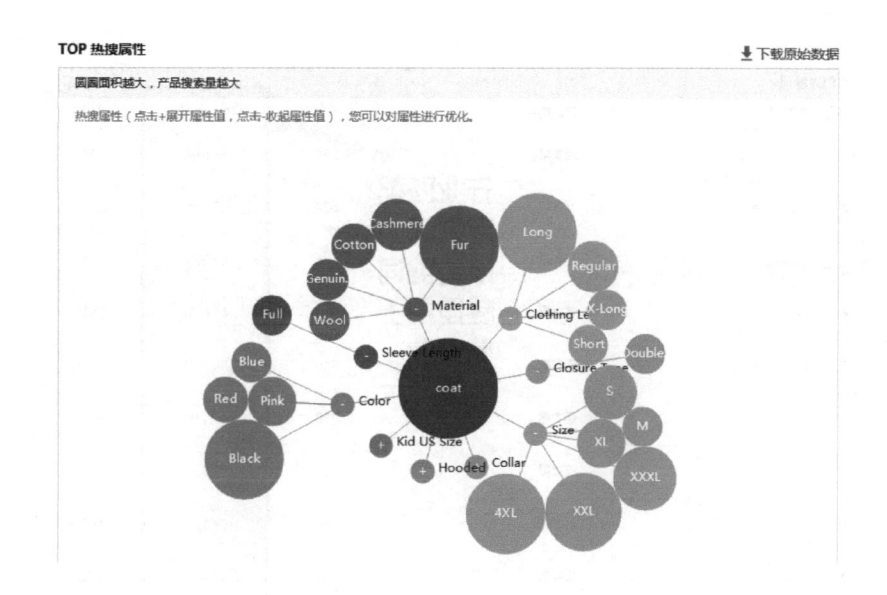

图2-14 TOP热销属性（2）

3.站内搜索词分析

买家心理存在一定的共性，从搜索关键词的搜索热度，卖家可以分析买家的心态，判断出买家想买什么产品，以及期望获得的服务。速卖通的数据产品——数据纵横拥有关键词查询功能。使用路径为卖家后台→"数据纵横"→"选品专家"→"热门关键词"。站内搜索词的查看路径，如图2-15、图2-16所示。

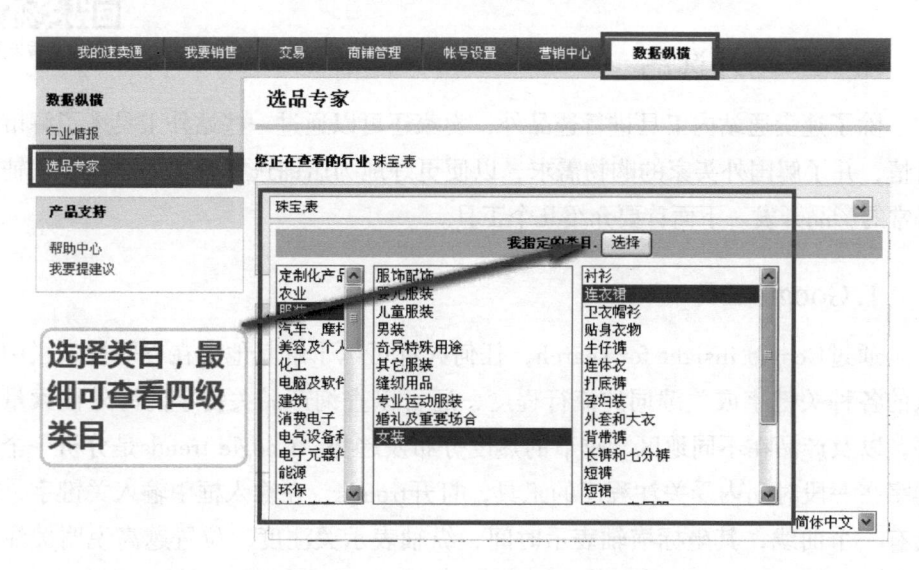

图2-15 选品专家

热门关键词				帮助
序号 关键词	产品类目	搜索量 ↓	行业匹配度 ↓	产品热度 ↓
1　casual dresses	连衣裙	254	68.97%	0.25%
2　maxi dress	连衣裙	520	65.29%	0.71%
3　bohemian dress	连衣裙	136	65.27%	0.77%
4　chiffon dress	连衣裙	176	61.57%	0.96%
5　casual dress	连衣裙	210	58.02%	0.12%
6　women dress	连衣裙	258	57.11%	0.63%
7　maxi dresses	连衣裙	322	56.05%	0.70%
8　cop copine	连衣裙	104	54.12%	0.00%
9　women's coat	连衣裙	233	49.02%	0.22%
10　summer dress	连衣裙	410	46.65%	0.40%

（行业匹配度越高，该关键词越适用于此行业）

图2-16 热门关键词

卖家可以通过了解分析这些关键词，发现海外买家最近的热搜甚至是热卖趋势，及时掌握最新商机。

2.1.2 站外选品

除了速卖通站内工具进行选品外，卖家还可以通过一些站外工具来了解市场行情，并了解国外买家的购物需求，以便更好地为店铺选择合适的产品，来辅助日常的产品开发。下面首要介绍几个工具。

1. Google工具

通过Google insight for search，任何人都可以了解其他人在谷歌搜索栏中敲入的各种关键字或关键词的流行程度，还可以查询产品关键字的海外搜索量排序，以及产品在不同地区、季节的热度分布及趋势。Google trends是分析一个关键字在一段时间内受关注程度的工具，打开trends，在输入框中输入关键字，就会有一个曲线，其坐标横轴表示时间，纵轴表示关注度，位置越高说明关注度越高。

Wish禁售指尖陀螺

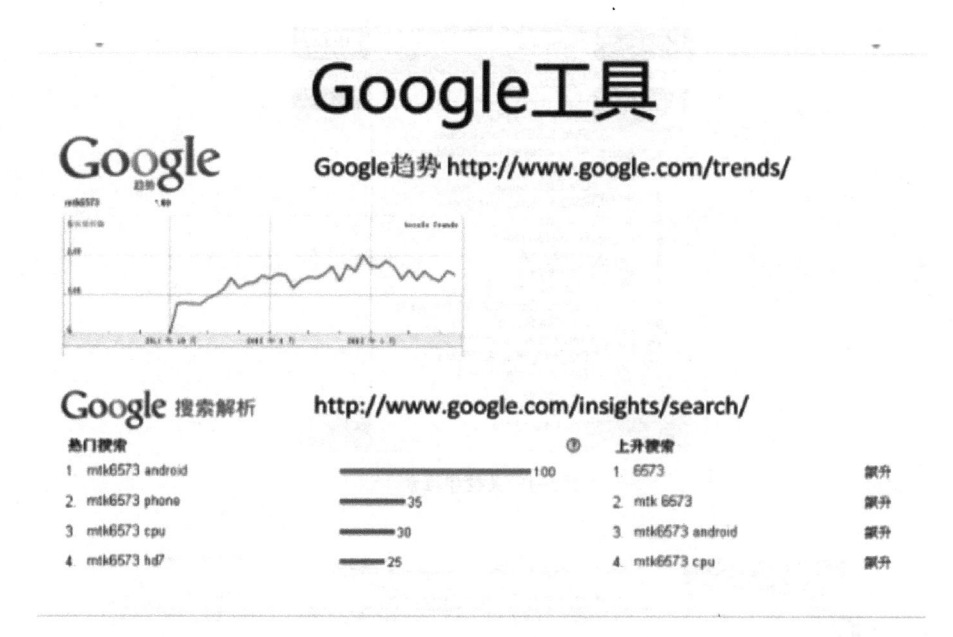

图2-17 Google工具

Google的这两个工具都能帮助我们了解某些产品目前的搜索热度以及过往时间段的发展事态。比如搜索一个手机芯片MTK6573，我们可以看到这一类手机产品从2011年10月份搜索量开始急剧上升，但上升3个月后到2012年1月份停止增长，在接下来的几个月都只维持在一定的搜索量，从这个数据来看MTK6573就不适合在这个时间点引入销售，我们应该选择一些在当前时间点发展比较快速的产品。除了查看当前搜索词的表现外，Google insight还能推荐相关搜索词的一些表现。

2. eBay数据

eBay Pluse可以方便地查看美国eBay35个大类目下被买家搜索次数最多的前10关键字，同理进入某个大类目下可以查看二级、三级、四级……类目下被买家搜索次数最多的前10关键字。通过搜索数据可以了解欧美国家客户的主流需求，该网站列举了各行各业被买家收藏次数最多的单品，可以看出价格和产品的链接，也能帮助我们很好地进行选品，如图2-18所示。

除了eBay Pluse，还可以使用Watched Item和Watch Count。它们的功能是可以方便地查看美国eBay各级类目下热卖的商品和查看eBay各国站点，关注度最高的商品，如图2-19、图2-20所示。

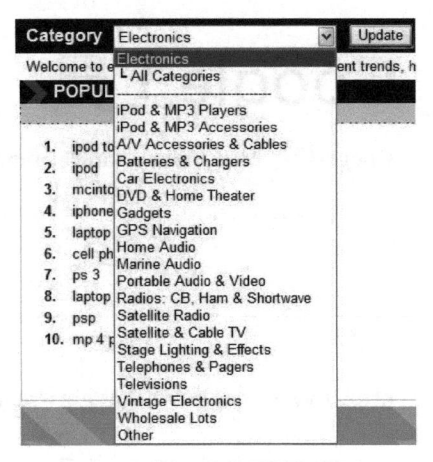

图2-18 关键字检索

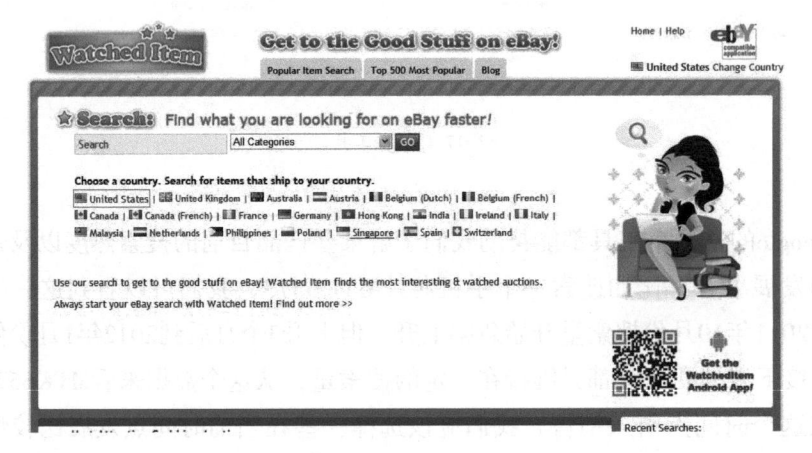

图2-19 Watched Item

图2-20 Watch Count

2.1.3 蓝海市场分析

"蓝海"是最近几年才兴起的热门概念,它的一个基本意思是说,要尽可能地另辟蹊径去进行市场定位。之所以要另辟蹊径,是因为热门的商品做的人太多了,竞争很激烈,付出的代价很大,成功的概率越来越小,不划算。基于这个基本的原因,"蓝海"对于网店而言是非常必要的。当红海厮杀得血雨腥风的时候,身处蓝海总会让你庆幸由生,一句话小需求大市场,那就是蓝海。商业和文化的未来不在于传统需求曲线上那个代表"畅销商品"的头部;而是那条代表"冷门商品"经常为人遗忘的长尾,如图2-21所示。

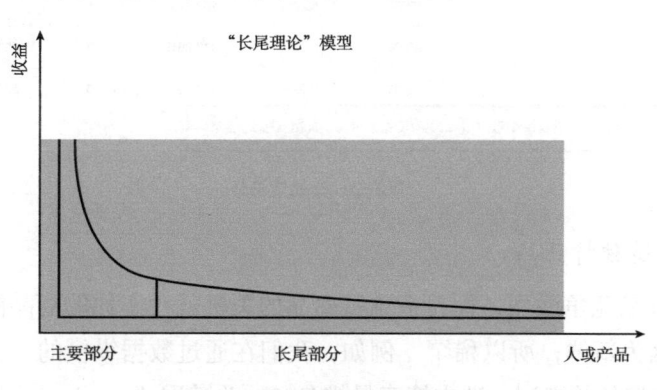

图2-21 长尾理论模型

举例来说,一家大型书店通常可摆放10万本书,但亚马逊网络书店的图书销售额中,有四分之一来自排名10万门以后的书籍。这些"冷门"书籍的销售比例正以高速成长,预估未来可占整个书市的一半份额。简而言之,长尾所涉及的冷门产品涵盖了几乎更多人的需求,当有了需求后,会有更多的人意识到这种需求,从而使冷门不再冷门。速卖通上的产品数相对成熟的网站如淘宝来说还很少,按照常理,大家选择都是些热门的商品,大量长尾的商品被卖家忽视。但这些没有人发布的商品并不意味着没有买家需求,只要选出那些搜索量大,竞争程度小的行业和产品,发现新的商机,自然不缺订单。我们可以结合数据纵横中的数据,逆向思维去发掘蓝海市场商机。

(1)发掘蓝海产品线

蓝海产品线就是那些卖家数量少,商品数量少竞争还不激烈的产品线。在数据纵横的行业情报中可以查询各条产品线的竞争力(行业下买家、卖家比值),竞争力越高,说明每个卖家可以分到的买家数越多,机会就越大。举个例子,我们在行业情报中选择"男装",按竞争力排序,竞争力最高的行业如图2-22所示,其中卫

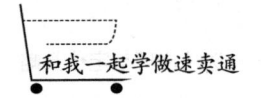

衣帽衫的产品数相对较少，说明现在进入这个行业机会是比较合适的。

图2-22 行业情报

（2）打造独特产品

热门的商品竞争激烈，而打造独特商品的关键就在于你的商品能够给顾客带来新鲜感，因为新鲜，所以稀罕。例如，我们在通过数据纵横的"选品专家"功能查看买家热搜的关键词，选中搜索量排名49的关键词"poncho coat"一词，查看对应的商品，如图2-23所示。

图2-23 热门关键词

第②章 慧眼独具——选品技巧与定价策略

搜索结果按销量排序，可以看到排名第一的产品同款重复严重，竞争激烈，利润较低，而另外几款独特的商品利润相对较高。这时候我们如果也发布同款热卖的商品一定竞争很激烈，所示发布其他款的"poncho coat"才是明智的选择，如图2-24所示。

图2-24 热销产品

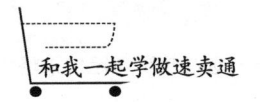

2.2 定价

做速卖通，有了产品以后，首要问题就是定价，但是目前为止，很多人都不太会定价，我们在定价时，可以结合店铺活动以及产品的利润率来确定产品定价。

2.2.1 关于价格的名词解释

在速卖通里，对排序起着重要影响的两大因素分别是销量以及关键词。而影响销量的最关键因素在于价格，讲价格之前先解释以下几个名词：

1. 上架价格（List Price，LP）

上架价格很好理解，即我们产品在上传时所填的价格。

2. 销售价格/折后价（Discount Price，DP）：

销售价格/折后价即产品在店铺折扣下显示的价格。

3. 成交价格（Order Price，OP）

成交价格是指用户在最终下单后所支付的单位价格。

综上所述，这几个价格直接的联系可以表示为：

销售价格=上架价格*折扣

成交价格=销售价格–营销优惠（满立减、优惠券、卖家手动优惠）

2.2.2 定价策略

搞清楚这几个价格的关系，那么我们就可以有针对性地对不同定位的产品采取不一样的定价策略。

1. 成本定价法

例如，张美从1688网站上采购了一批发夹，共100个，包装重量为450克（每个发夹的包装重量为30克），采购价为2.5元/个，国内快递费为8元，预期利润假定为100%，银行美元买入价按1美元=6.8元人民币，其他成本忽略不计，请计算上架价格。

- 如不计算跨境物流费用，则上架价格的计算公式为

上架价格=(采购价+费用+预期利润)/银行美元买入价

=（2.5+8/100+2.5）/6.8

=0.74（美元/个）

- 如果考虑包邮，则上架价格的计算分以下几步。

第一步：先计算跨境物流费用，查询中国邮政小包价格表，按照地区运费报价，包邮（176/kg,挂号费8元,折扣8.5折），则跨境物流费用为

跨境物流费用=30/1000*176*0.85+8=12.48（元）

第二步：计算上架价格。

上架价格=（采购价+费用+预期利润）/银行美元买入价

=（2.5+8/100+12.48+2.5）/6.8

=2.20（美元/个）

2. 竞争竞价法

采用竞争竞价法为商品定价的步骤如下。

第一步：搜索NECKLACES，在全球速卖通买家网页，在那好拟销售产品相关质量属性和销售条件，依照销量大小排序，搜索同行竞品卖家的价格，如图2-25所示。

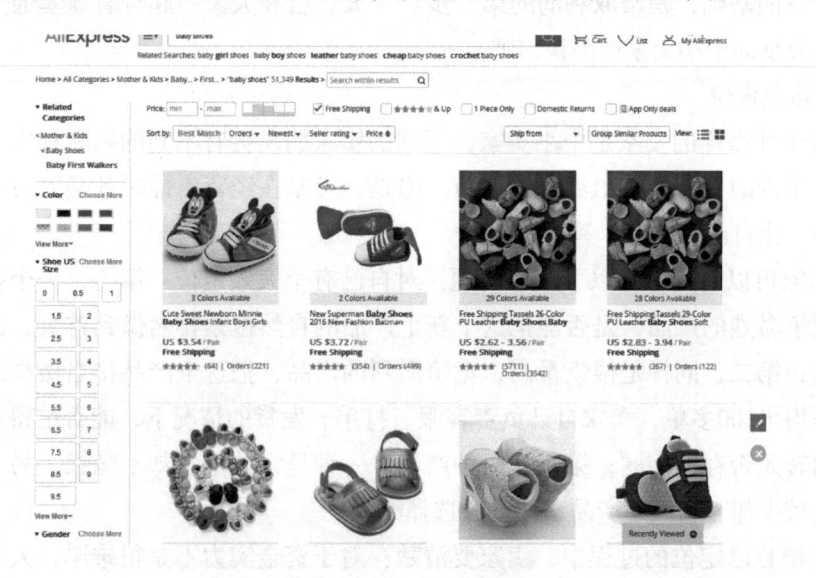

图2-25 同行竞品卖家价格

第二步：按照销量前10的卖家其产品价格做加权平均，其权重和加权平均价格计算公式为

权重=店铺销量/总销量

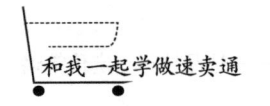

加权平均价格=（权重1*价格1+权重2*价格2+…+权重10*价格10）

本章小结

本章从速卖通选品和产品定价两个方面进行系统地介绍选品技巧与定价策略。对于速卖通卖家来说，不管是中小卖家，还是大卖家，选品都是十分重要的。只有选择适合店铺定位和平台定位的产品，才能有相对较好的销售业绩。本章，为一些速卖通卖家提供一些选品的基本技巧。产品定价是速卖通卖家另外一个重要的问题。在定价环节，卖家应当充分考虑店铺的定位和产品的利润率。通过打造引流款、爆款和利润款的战略为产品定价。不同类型的产品的定价策略有所不同。

拓展阅读

速卖通中小卖家选品三步骤

影响店铺销量的因素有很多，其中不容忽视的因素就是选品。一个店铺要想具有高于他人的流量、曝光度和下单量，就一定不能忽视选品。可以说，产品是店铺经营的基础，是赚取利润的第一步。今天，就和大家一起看看速卖通大学讲师大山分享的中小卖家选品诀窍吧。

1. 角色定位

对于什么样的卖家是中小卖家，不同的卖家朋友会有不同的判断标准，现在也没有明确的界限能给出清晰的判断。但是，卖家在经营店铺时务必要对自己有个定位，让自己心中有个答案。

卖家可以通过思考以下几个问题，对自己有个大致定位：第一，一个搜索量高，竞争激烈的产品，是否能把这个新上产品的自然搜索排名做到首页，甚至是前三名；第二，同样是搜索量高，竞争激烈的产品，把这个产品排名做高之后，每天平均出100多单，卖家自己负责客服、打单、发货的情况下，能否忙得过来，资金周转是否存在问题；第三，两种产品，一种是订单量多却不赚钱，另一种是订单量较少却有利润的产品，你愿意选择哪款。

在给自己定位的过程中，卖家要清楚：对于资金实力不是很雄厚，人手不充足的新手卖家来说，最好不要选红海产品，应该选择竞争相对小，利润却不小的蓝海市场。

2. 如何选品

如何选品是大家迫不及待想知道的，接下来就来介绍下这个过程。首先，卖家在速卖通后台，选择"选品专家"中的热销栏目，根据自己所在行业选择具体类目。之后，下载TOP热销属性最近30天原始数据Excel表。在这个过程中，要将成交指数转换为数字（可全选转换），点击转化为数字之后成交指数在之后过程中才可以使用。

将成交指数转化为数字之后，在Excel表中插入数据透视表，选中数值之后，建立新的工作表。

新工作表建立之后，要选择属姓名、属性值、成交指数三个项目。选定之后，这三个项目将会出现在行标签内，要注意将"成交指数"拖拽到数值栏下，并将值字段设置成"求和"方式，这样生成的数值才有意义。

以上步骤完成之后，将出现一个图表，卖家要了解的就是这个图表中的属性值。通过这个表格，我们可以清晰地看出什么样的产品在平台上可以热卖，卖家就可以选择具备这些属性的产品进行销售。

到这里，细心的卖家也许已经发现，这些热销产品的属性和上传产品时的属性是相对应的。如果将这些属性利用到上传产品环节，是否意味着能够增加产品的曝光和品类排名？

实际上，类目搜索和成交额占总搜索和成交额的一半左右。因此，类目属性填写一定要准确，这对增加产品曝光、提高成交量是非常有利的。另外，新手卖家要注意主图、副图、标题、SKU图片、属性、宝贝详情页是单品优化中至关重要的部分。

3.选品网站推荐

首先是Best Selling。卖家可以在其中找到热销产品和每周热卖榜，卖家可以选择不同类目进行查看。

实际上，类目搜索和成交额占总搜索和成交额的一半左右。因此，类目属性填写一定要准确，这对增加产品曝光、提高成交量是非常有利的。另外，新手卖家要注意主图、副图、标题、SKU图片、属性、宝贝详情页是单品优化中至关重要的部分。

摘自http://www.100ec.cn 2015年03月05日11:15 中国电子商务研究中心

反馈表

单元名称		姓名		班级		年	月	日

请思考以下问题：

1. 速卖通站内选品有哪几种工具？

2. 速卖通站外选品有哪几种工具？

3. 如何通过站内搜索词分析来选择产品？

4. 什么是蓝海产品？如何来发掘蓝海产品？

5. 速卖通产品定价策略有哪些？

6. 一件衣服产品重量0.5公斤，进货价40元，运费单价96元/公斤，折扣0.88，海关报关费8元，汇率为6.2元人民币/美元，利润率20%，平台费率5%，活动折扣30%，产品定价多少？

你认为本单元最有价值的内容是：

你对本单元的教学有何建议，哪些问题是你需要进一步了解或得到帮助的：

教师的教学方法是否有效，对你的学习是否有帮助：

教师评价：A. 熟练应用　　B. 掌握　　C. 熟悉　　D. 了解　　E. 没通过

教师签字：

第3章

商品发布——
速卖通平台产品发布

本章要点
- ▶ 产品发布的步骤
- ▶ 产品类目
- ▶ 设置运费模板和价格

知识目标
- ▶ 了解产品发布涉及的基本知识。

技能目标
- ▶ 掌握产品发布的基本流程。

素质目标
- ▶ 提升实践操作能力。

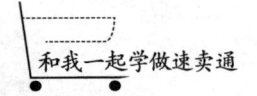

故事导读之三

某速卖通商铺上架了一款女童连衣裙,产品发货期设置为7天,但是在客户下单付款后7天内未发货,因此该订单被平台判定为成交不卖。而速卖通产品如果被判定为成交不卖,那么会产生以下后果:第一,下架成交不卖所涉订单对应的产品。第二,在一定时间内成交不卖的次数和比率累计达到一定量后,将给予整个店铺不同程度的搜索排名靠后处理;情节严重的,将对店铺进行屏蔽;情节特别严重的,将冻结账户或直接关闭账户。因此,该款女童连衣裙被强制下架,并且由于之前已经存在很多次这种情况,商铺直接被平台屏蔽了。

思考

1. 什么是成交不卖?
2. 对于速卖通的卖家来说,这个案件给予你什么启发?

在完成了选品和产品定价之后,进入了产品发布的环节。在网上交易,买家无法看到产品的真实信息,只能根据产品的图片、描述来进行判断,因此真实准确地描述一个产品尤其重要。在速卖通发布一个产品主要包含以下几个步骤。

产品发布

3.1 登录账号

打开速卖通登录界面如图3-1所示,登录速卖通的账号,进入后台的管理页面,如图3-2所示。在这里可以看到速卖通的页面,显示的语言是中文,更加方便我们进行操作,当然也可以根据自己的需要选择其他语言。

图3-1 速卖通登录界面

第③章 商品发布——速卖通平台产品发布

图3-2 后台管理界面

3.2 产品发布

1. 进入产品发布界面

点击界面左边"快速入口"下面的"发布产品",如图3-3所示。

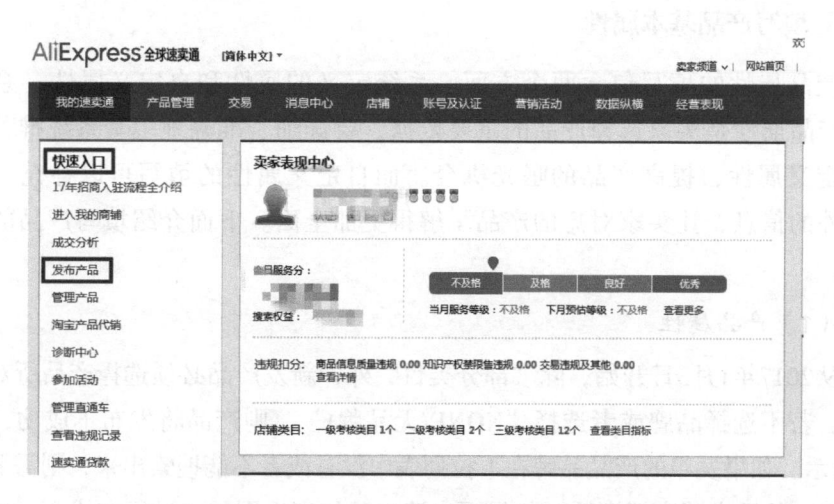

图3-3 发布产品

2. 选择类目

转到发布产品的页面后,选择要发布的产品类目如图3-4所示,然后根据类目提示进行操作,选好产品类目后点击下方的"我已阅读以下规则,现在发布产品"按钮，进入商品详情页。请注意一定要根据自己产品所属的实际类目进行选择，方便买家更加快速地找到你的产品。速卖通2016年4月初起，速卖通不再接受非企业身份的商家入驻；2016年下半年之后，商家则必须有品牌才可以入驻。而在企业申请入驻速卖通时就已经根据你的经营范围进行限定，所以阴影部分是你无权发布的类目，黑体字是你当前有权限发布的产品类目。如果需要开发新的类目则必须再次申请。

图3-4 选择类目

3. 填写产品基本属性

产品属性的填写包含两个方面，系统定义的属性和自定义属性。系统定义的产品属性是买家选择产品的重要依据，要详细、准确地填写系统推荐属性和自定义属性，提高产品的曝光机会。而自定义属性的填写可以补充系统属性以外的信息，让买家对您的产品了解得更加全面。下面介绍填写产品的基本属性。

（1）产品属性

从2017年1月3日开始，除"部分类目"外，新发产品必须选择产品所对应的品牌。若不选择品牌或者选择"NONE(无品牌)"，则产品将发布不成功，如图3-5所示。如果发布的产品品牌在下拉列表中没有或者不能搜索出来，则需要先添加商标，然后申请商标资质。如果要申请自己的商标则需要进行在线商标申请。商家一定要正确选择品牌和型号名称，产品的品牌或者型号错选将会被速卖通反作弊系统判定为问题产品受到相应的处罚。材质选项如果没有要选择的内容，请在选择"other"后，在文本框内填写材质的正确信息。其他项目要根据产品的具体情况进行填写。

图3-5 产品属性

（2）产品标题

产品标题是买家搜索到产品并吸引买家点击进入您的商品详情页面的重要因素，如图3-6所示。字数不应太多，要尽量准确、完整、简洁，利于买家搜索。一个好的标题中可以包含产品的名称、核心词和重要属性。

【例1】Baby Girl Amice Blouse Pink Amice Coat With Black Lace /Suit 1–6Month Age Baby Sample Support.

建议不要出现"free shipping"字样，因对搜索曝光没有帮助且若填写"free shipping"字样，但未能履行，会受到相应处罚。

产品标题设置下一般可设为：销售方式+产品材质/特点+商品名称，还可包含产品的其他信息，如品牌、状态、颜色、类型等。

【例2】(12 pieces/lot) 100% cotton men's underwear

在设置产品标题时，需要注意的是不要在标题中罗列，堆砌相同意思的词，否则会被判定为标题堆砌而会受到搜索排名靠后处罚。例如，某产品标题设为cell phone, mobile phone, mobile telephone, oem cell phone，则会受到排名靠后的处罚。

速卖通对于三个类目实行邀约招商

图3-6 产品标题

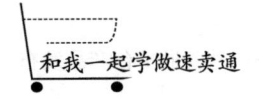

(3) 产品图片

商家可以通过"从我的电脑选择"或者"从图片银行选择",来设置产品图片,如图3-7所示。在选择产品图片时,可以选择发布多图产品。多图产品的图片能够全方位、多角度展示您的产品,大大提高买家对产品的兴趣。建议上传不同角度的产品图片。多图产品最多可以展示6张图片。图片格式JPEG,文件大小在5MB以内;图片像素建议大于800*800;横向和纵向比例建议1:1到1:1.3之间;图片中产品主体占比建议大于70%;背景白色或纯色,风格统一;如果有Logo,建议放置在左上角,不宜过大。另外,不建议自行添加促销标签或文字。特别需要注意的是切勿盗用他人图片,以免遭受平台的处罚。

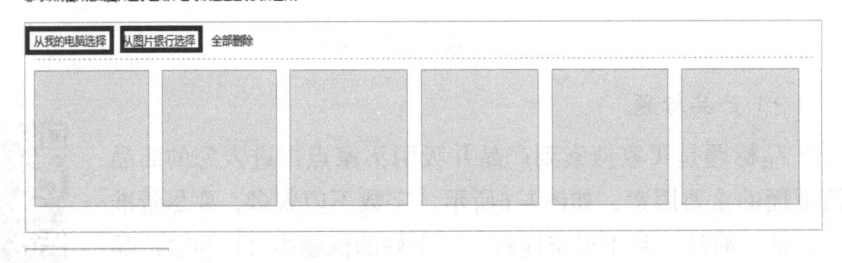

图3-7 添加产品图片

(4) 最小计量单位

根据产品的实际情况进行选择,如图3-8所示。

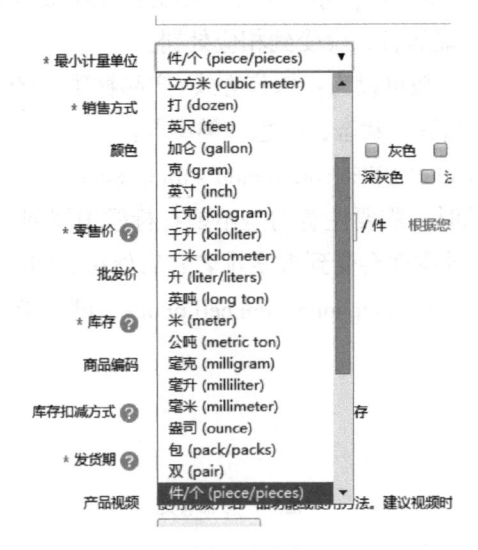

图3-8 最小计量单位

（5）销售方式

根据产品实际情况进行选择销售方式，如图3-9所示。

图3-9 销售方式

（6）价格设置

产品价格有两种：零售价和批发价如图3-10所示。零售价是指买家页面展示的价格（已包含交易手续费）。而卖家实际收入则可以按如下公式计算：

卖家实际收入=零售价*（1-佣金费率）

佣金费率有可能发生变化，但应按实际产品成交时您的佣金费率为准，此处展示的实际收入仅为参考收入。

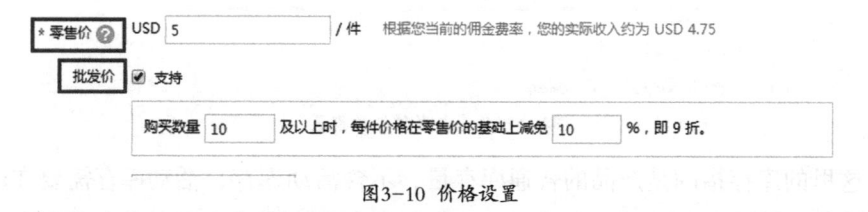

图3-10 价格设置

需要注意的是商家需要合理设置产品价格，如果出现超高价、超低价、运费倒挂等会被认定为价格作弊，归入违规产品中。当店铺搜索作弊违规产品累计达到一定量后，将给予整个店铺不同程度的搜索排名靠后处理；情节严重的，将对店铺进行屏蔽；情节特别严重的，将冻结账户或直接关闭账户。

【例1】卖家发布一款手机，将价格设置成0.1美元/piece销售，会被判为超低价销售。

批发价是针对支持批发的商品，可勾选"支持"。可以在弹出的窗口中设置起批数量和批发价格。批发价格以折扣形式填写。

【例2】零售价为$100，"批发价在零售价基础上减免10%，即9折"，表示批发价为$90。

（7）产品库存与发货期

同款产品可能由于产品属性的不同，价格会有所不同，所备的库存也不同，如颜色、尺码等，可以分别进行设置如图3-11所示。如果这些属性都一样的话可以批量设置。需要注意的是针对不同颜色进行设置价格时，一定要注意产品是按照打包方式进行销售的还是按照单个销售的，此外对于每个颜色的产品，可以上传本产品的缩小图，也可以选择系统定义的色卡，还可以按照每种不同的颜色设

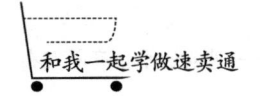

置是否有库存。

图3-11 库存与发货期的设置

这里的库存指的是产品的普通库存量，不含活动库存，活动库存需要在产品报名活动时另行设置，买家完成付款时会扣减产品的普通库存。当产品存在多个SKU时，需要对各个SKU设置库存量。SKU是指不同颜色和尺码的排列组合，如红色L码、红色M码分别是两个SKU。

【例1】商家创建了含有5个SKU的衣服（价格为20美元/件），分别对5个SKU设置了库存20，则这款衣服的普通库存为100。同时她又报名参加了限时限量打折活动，同时设置活动库存为20件，设置活动折扣为50%off，当该活动开始后，产品以10美元/件进行售卖，且买家下单后扣减的是活动库存（活动库存为20），不扣减普通库存。当活动库存20件售卖完毕或者活动结束后，商品将展示原价20美元/件，同时买家下单支付成功后，扣减普通库存（普通库存为100）。

需要注意的是当产品被售罄（即库存量为0）时，产品还会处于"正在销售"状态，但是买家不能进行购买以及添加购物车操作。同时，卖家需时刻关注库存量并及时补货，避免因无货导致成交不卖。

此外，关于发货期（见图3-11）的计算是从买家下单付款成功且支付信息审核完成（出现发货按钮）后开始计算的。假设您设置的发货时间为3天，买家下单付款成功且点击"发货"按钮出现后，您必须在3日内填写发货信息（周末、节假日系统会做相应顺延）。若卖家未在发货时间内填写发货信息，系统会关闭订单，货款将全额退还给买家。建议卖家发货后及时在发货期内填写发货信息，否则可能出现货款两失的情况。

【例2】如果发货期为3天，如订单在北京时间星期四下午17:00支付审核通过，则发货超时时间为北京时间星期二下午17:00。

【例3】如果发货期为1天，订单在北京时间星期天上午1:00支付审核通过，则发货超时时间为北京星期一上午1:00。发货期填写范围：1~7天。需要注意的是商家一定要谨慎设置发货期为1天的商品，避免产生成交不卖现象。

4. 产品简要描述及详细描述

尽量简洁清晰地介绍产品的主要优势和特点，不要将产品标题复制到简要描述中。产品的详细描述（见图3-12）是让买家全方面了解产品并有意向下单的重要因素。优秀的产品描述能增强买家的购买欲望，加快买家下单速度。一个好的详细描述主要包含以下几个方面：

（1）产品重要的指标参数和功能，例如服装的尺码表，电子产品的型号及配置参数。

（2）5张及以上详细描述图片。

（3）售后服务条款。

此外，速卖通还支持产品视频，使用视频介绍产品功能时要控制视频的时间，时长最好不超过4分钟，画面长宽比16∶9，暂不支持wmv格式。视频需审核通过后才能展示，展示位置为详细描述的顶部，如图3-12所示。

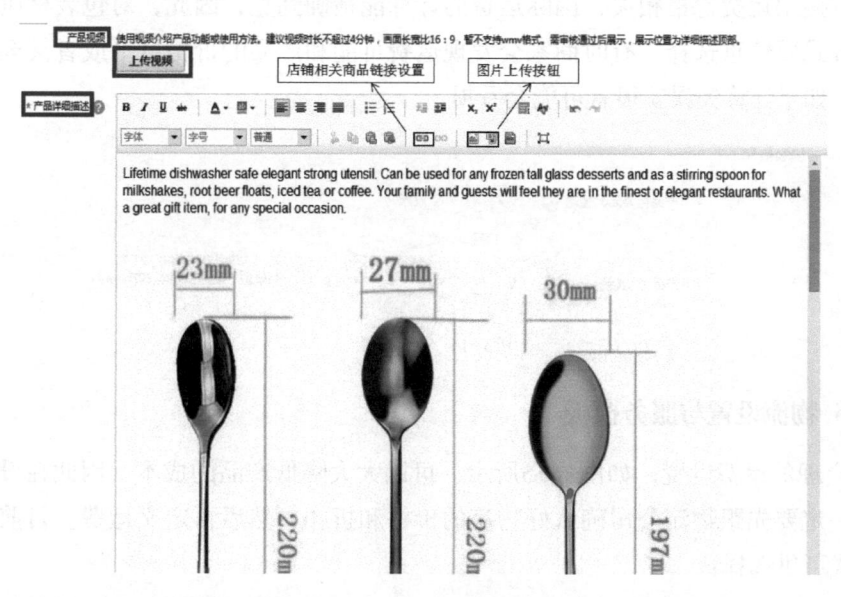

图3-12 产品详细描述

另外，现在还可以设置无线端，如图3-13所示。

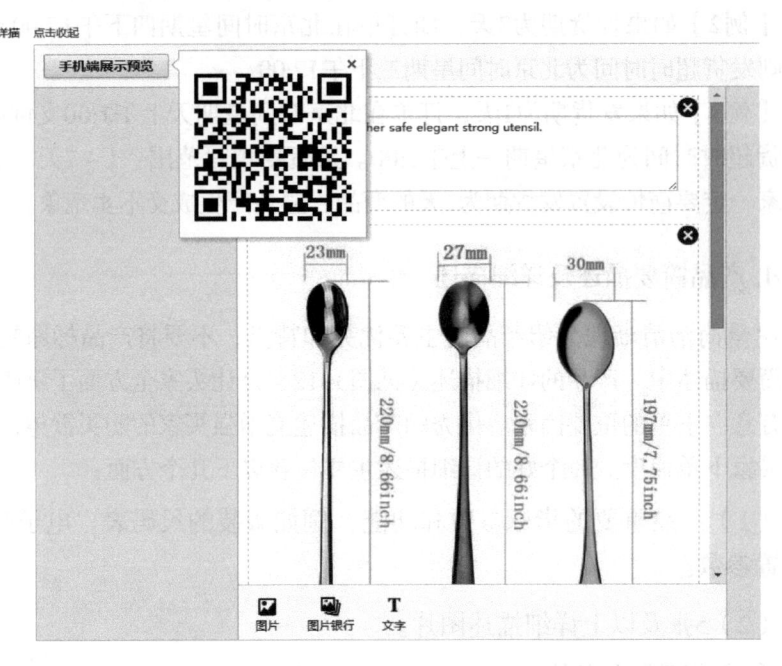

图3-13 手机端设置

5. 包装信息

在填写包装设置时，如图3-14所示，一定要填写产品包装后的重量和体积，这会直接跟运费价格相关，国际运费的计算能精确到克，因此，对包装材质和包装的方式要慎重选择。有时商家会发现运费可能和产品的价格持平或者甚至高于成本，如果计算失误就很有可能会亏损。

图3-14 包装设置

6. 物流设置与服务模板

合理的运费设置，如图3-15所示，可以大大降低产品的成本，因此在设置之前，一定要先跟物流公司确认好物流的价格和折扣，然后再定义运费。目前有两种方式可供选择：

（1）可以直接选择系统提供的"新手运费模板"，后期可以选择采用速卖通合作的物流服务商或者自己联系货代公司发货。

（2）自定义运费模板：根据自己的经验，与快递公司协商好物流折扣，再设置合理的运输方式及价格，进行模板设置（后期会进一步介绍）。运费模板灵活使用，可以更好地降低产品成本。

图3-15 物流设置

服务模板，如图3-16所示，设置初期可选用"新手服务模板"，后期可以根据自己的具体情况进一步设置。

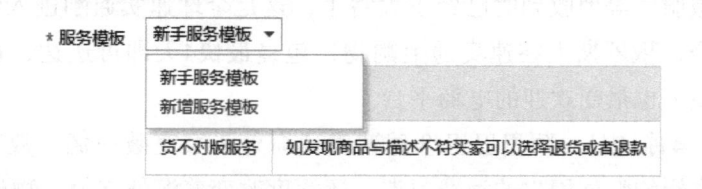

图3-16 服务模板

7. 其他信息

（1）产品组：商家可以根据需要设置多个产品组，将同类产品放在一个产品组里面。选择正确的产品分组，方便后期买家在您店铺中查找产品，同时也便于商家后期对产品的管理。

（2）产品有效期指产品在审核成功后展示的有效期限，产品过期将自动下架。

在商家编辑完产品之后，点击"预览"按钮看一下效果，然后点击"提交"

按钮，如图3-17所示，就可以看到产品会进入审核，24小时后可以去检查一下产品的审核情况，审核通过后，买家就可以找到该产品。当然商家也可以选择暂时不提交，将其保存到草稿箱中。

图3-17 提交

本章小结

对于速卖通平台而言，了解速卖通产品上传的相关基础知识，掌握产品上传的步骤，以及每个步骤下的详细设置是必须掌握的技能，只有在这基础上才能有后续的产品优化。

拓展阅读

速卖通改变海外基础设施，成全球电商"布道者"

在俄罗斯，一个包裹曾经60天才能收到。一个俄罗斯人在网上买了一件薄羽绒服，等他收到时已经下大雪了，这是全球速卖通刚进入俄罗斯时的情况。如今，俄罗斯人在速卖通上购物，包裹最快4天即可送达，速卖通已成为俄罗斯最大也最受欢迎的电商平台。

4月10日，阿里巴巴全球速卖通海外买家突破一亿。数字的背后，速卖通正在影响海外用户的消费习惯，还深度改变着海外支付、物流等基础设施。

1. 电商基础设施落后，俄罗斯邮政曾被订单挤爆

海外很多国家和地区的电子商务还处于初始阶段，其支付和物流水平远远不及中国发达。据统计，在东盟国家，超过6.8亿人口中，其中3.6亿人口迄今无法获得基础的银行服务。在印尼，由于线下网点奇缺，许多人连充手机话费都很困难，由此在印尼街头，滋生了一个独特的职业，代用户充话费的摩托青年。

在印度近13亿的人口中，只有4亿张银行借记卡、2300万张信用卡，印度农村地区很多人甚至从没进过银行。在拉美地区各类支付方式中，现金支付平均占比达40%左右。据媒体报道，相对较低的网上银行渗透率及当地消费者眼中依赖的付现或货到付款的习惯，长期阻碍着当地电子商务的发展。

一些国家的物流基础也十分薄弱，连俄罗斯都处于起步阶段。速卖通卖家运营总监胡彦辉告诉记者，在俄罗斯，之前一个包裹要等60天才能收到。"他们给我们写邮件，一个俄罗斯人买了我们这边一件薄款羽绒服，等他收到时俄罗斯已经下大雪了。我们卖家非常不好意思地说，再寄一件厚的羽绒服，等他收到时雪已经熔化了，又不需要了。"胡彦辉说。

另一个被媒体广泛关注的案例是，2012年起速卖通的俄罗斯订单增长迅猛，导致俄罗斯海关包裹大规模积压；2013年3月，速卖通产生了17万个包裹，而俄罗斯邮政的日处理能力只有3万，许多俄罗斯用户收货时间被延至半年，俄罗斯邮政遭到抗议；两个月后，俄罗斯政府下令撤换俄罗斯邮政的CEO。

2.速卖通西班牙用户，下单5小时后收到中国手机

全球速卖通使这一切都得到了显著改善。速卖通联合菜鸟物流与俄罗斯邮政等达成战略合作，设计香港直飞莫斯科的新线路，最快的包裹4天即可送达。菜鸟物流已开辟跨境专线16条、跨境仓库74个、物流合作伙伴超90家，货达224个国家和地区。速卖通订单的不断增长倒逼一些地区更新了陈旧的邮政运转机器并促使其银行系统变革，速卖通提供的大数据服务也提高了其邮政清关、分拣的效率。

"物流对跨境电子商务很关键。如今的速卖通已从信息传递者变成智能物流调度中心。速卖通的大数据预测能帮助卖家更精准地配货，也让消费者拥有买跨境商品就像在当地商店一样的体验。"全球速卖通总经理沈涤凡告诉记者。通过速卖通的海外仓，西班牙马德里的用户下单5小时后就收到了来自中国的红米手机。

另据了解，速卖通如今已覆盖了海外的所有主流支付方式，还为不同国家和地区提供差异化比如提供本地货币的服务。速卖通联合支付宝已打通全球220多个国家和地区的资金渠道，和海外200多家金融机构达成合作，支持18种货币结算，为全球用户铺设了一条安全、快捷的跨境线上支付的绿色通道。

不久前，阿里巴巴集团宣布，在马来西亚打造中国以外的第一个世界电子贸易平台（eWTP）"数字中枢"。马云说，未来在全球任何一个地方，都将实现快递72小时可达。据媒体报道，eWTP旨在推动建立自由、开放和普惠的全球电子商务市场；电子商务和支付是推动全球贸易的中坚力量，全球速卖通推动海外支付和物流等基础设施的建设，已成为一个实足的全球电子商务"布道者"。

——摘自《IT论坛》

反馈表

单元名称		姓名		班级		年　月　日
请思考以下问题： 1.产品标题设置有什么要求？ 2.物流设置需要注意什么？ 3.产品分组有什么意义？ 4.发货期是怎么计算的？如果我的发货时间是2天，订单是北京时间周一13：00完成付款的，那我需要在什么时间前发货？ 							
你认为本章最有价值的内容是： 							
你对本章的教学有何建议，哪些问题是你需要进一步了解或需要得到帮助的： 							
教师的教学方法是否有效，对你的学习是否有帮助： 							
教师评价：A.熟练应用　　B.掌握　　C.熟悉　　D.了解　　E.没通过 教师签字							

第4章

尽善尽美——
速卖通店铺优化

本章要点

- ▶ 店招与店名
- ▶ 店铺的页面设置
- ▶ 店铺的自定义设置
- ▶ 卖家案例

知识目标

- ▶ 学会店招与店名的基本概念、设计思路。
- ▶ 学会店铺页面的基础模块内容设置。

技能目标

- ▶ 掌握店招图片的处理。
- ▶ 掌握自定义模块的设置。

素质目标

- ▶ 培养跨境电商专员基础的页面处理能力。

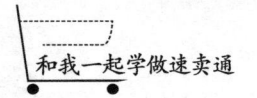

故事导读之四

自由兵在2012年入驻速卖通平台,但一开始因为自身产品定位原因并没有投入心思经营,"当时产品的定位是中高端路线,成本高而需求人群少,经营颇为困难。"而到了2015年,公司再次尝试速卖通,刚好速卖通平台也在升级,剔除了一些不正规的商家。"同时加入平台的俄罗斯精品馆商城,也符合我们的定位,一拍即合,此后我们发现市场就回来了。我们始终没有放弃速卖通,只是在等待一个机会。一直以来,我们的主要顾虑就是市场定位,至于语言、物流ERP等方面,由于我们有在国内市场七八年的经营经验和人才储备,以及速卖通平台的指导,很快地就将这些问题迎刃而解了。"

在提升品牌知名度和提高销售额的过程中,自由兵遇到了不少瓶颈。2015年7月,在速卖通的信誉是两颗星,后来进行了品牌推广,到2016年年初,单店平均每月销售额就在6万美元左右。说到入驻速卖通,自由兵认为:"首先还是要修炼内功,例如语言的分析、专业营销,还有就是物流的选择,包括海外仓的选择。另外,就是让更多的人群知道,提高知名度,一旦更多的人知道了,销量也就上来了。"

思考

1. 速卖通店铺的深度优化发现包括哪些?
2. 如何提升店铺的品牌度?

4.1 店招与店名

卖家一开始要先确定自己店铺的基本特色、主营产品以及目标客户。店铺装修除了色彩要协调外,风格也要整体统一。在选择分类栏、店铺公告、产品分组等方面时,风格要有整体的考虑。店铺的公告、店名、店标等文字性的资料和产品图片都要事先准备好。在前期的准备工作结束后,请点击"商铺管理"里面的

"马上装修",然后点击左侧"旺铺装修"里面的"马上装修",就可以进入店铺的装修平台了。可以根据自己店铺的风格和所卖产品的类型自行设计店铺。

4.1.1 店招的设计

店招是店铺最重要的标志之一,一个好的店招可以给顾客留下深刻的印象,让买家更容易记得店铺。店招是店家传达信息的一个重要手段。店招设计不仅仅是一般的图案设计,最重要的是要体现店铺的精神、产品的特征,甚至店主的经营理念等。

下面将讲述怎样设计好一个出色的店招,让更多的买家光临。

1. 店招的个性独特设计

店招用来表达店铺独特性质,要让买家认清店铺的独特品质、风格和情感。因此,店招在设计上除了要讲究艺术性外,还需要讲究个性化,让店招与众不同。图4-1所示的是一个个性店招的例子。这个店招清晰地传达给了顾客,该店铺是主打时尚类鞋子、裤子等产品的Fashion Shop。

图4-1 店招的例子

设计个性独特店招的根本性原则就是要设计出可视性高的视觉形象,要善于使用夸张、重复、抽象的手法,使设计出的店招达到易于识别、便于记忆的功效。店主在设计店招前,需要做好材料收集和材料提炼的准备。店招设计里面的图片都要依靠图片素材完成,因此,需要提前收集合适的图片素材,这些素材可以在网络上收集,如在百度中搜索"店招素材",就会在网页中显示很多相关的素材网站,在不涉及版权的前提条件下,都可以下载使用。在进行设计时,要按照店铺的整体风格进行设计,主色调、文字都要配合公司或者个人卖家的理念,比如,经营的是厨房用具产品,那么店铺的店招在设计时就要围绕厨房场景,要根据所卖的产品进行设计,用颜色给顾客们一个有缤纷有活力的家的感觉。

2. 店招的设计要求简练、明确、醒目

店招是一种直接表达的视觉语言,要求产生瞬间效应,因此店招设计要求简

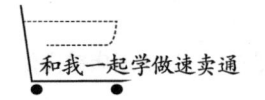

练、明确、醒目。图案切忌复杂，也不宜过于含蓄，要能从各个角度、各个方向上看都有较好的识别性。另外，店招不仅仅起到视觉的作用，还表达了一定的含义，给买家传达明确的信息。

3. 店招制作的基本方法

店招的设计是一项高度艺术化的创造活动。没有良好艺术素养和设计技术的人无法制作出个性化并具有高价值的店招。一般来说店招由文字、图像构成。其中有些店招用纯文字表示，有些店招用纯图像表示，也有一些店招既包含文字也包含图像。有商品标志的卖家，可以将商标用数码相机拍下来，然后用Photoshop软件处理，或通过扫描仪将商标扫描下来，再利用图像处理软件进行编辑。如有绘图基础的卖家，可以利用自己的绘图技能，先在稿纸上画好草图，然后用数码相机或使用扫描仪扫描的方法将图像输入计算机，再使用图像处理软件进行绘制和填充颜色。

设计好店招后，就可以通过店铺管理工具将店招图片发布到网络店铺上了。下面详细讲解将店招发布到店铺上的操作方法。

首先点击页面上的"商铺管理"，然后点击右上角的"编辑"按钮，进入图4-2所示的店招编辑模块。店招图片的模块高度在100～150px之间，宽度：1200px，然后将店招的图片复制到以下的链接地址框中，再点击"替换店招"按钮后就可以保存了。

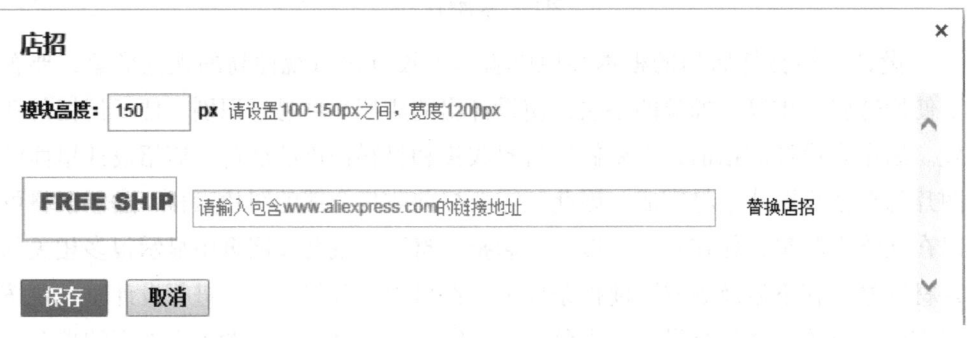

图4-2 店招编辑模块

4. 店招的文案

店招上面的最常见文案，一般都采用团队名称或者店铺名称，比如High Quality Virgin Hair，可见这家店铺是销售高质量的真人头发类目，当然也可以用一段激励人的口号或体现公司服务理念的一小段话语。改版后的店招，又增加了关键词的搜索功能，在这里也可以添加一些热门的关键词作为店铺的营销型文案。除此之外，店招还可以使用店铺促销信息的文案、参加平台活动的文案，以及店铺内一些特殊优势介绍的文案等。

4.1.2 商铺名称的设置

商铺的名称一般包括：英文字符，可含空格、标点符号，但不得超过64个字符，商铺名称在平台具有唯一性，同一个店面只能存在一个，不能重复，若将店名更改成平台已经存在的名称，系统则默认为无效更改。但是在设置店名时要注意以下事项：

- 店名每半年仅有一次更改机会。
- 商铺名称不得违反任何法律法规、平台规则，例如不得包含任何违反第三者版权、违禁、禁止或限制销售的产品名词。

正因为商铺名称每半年才允许更改一次，所以在商铺开通后一定要先考虑好自己店铺以后的主打经营产品的类型，然后根据所经营的产品再来确定如何设置适合的店铺名。如图4-3所示，该商铺取名为OKAROS Sanitary Ware Co.,Ltd，因为该店铺所有的产品都是各类水暖卫浴相关的配套产品，所以该店铺设置了这样的店铺名称，让买家在看到店名时就能清晰明了地知道该店铺的主打产品。

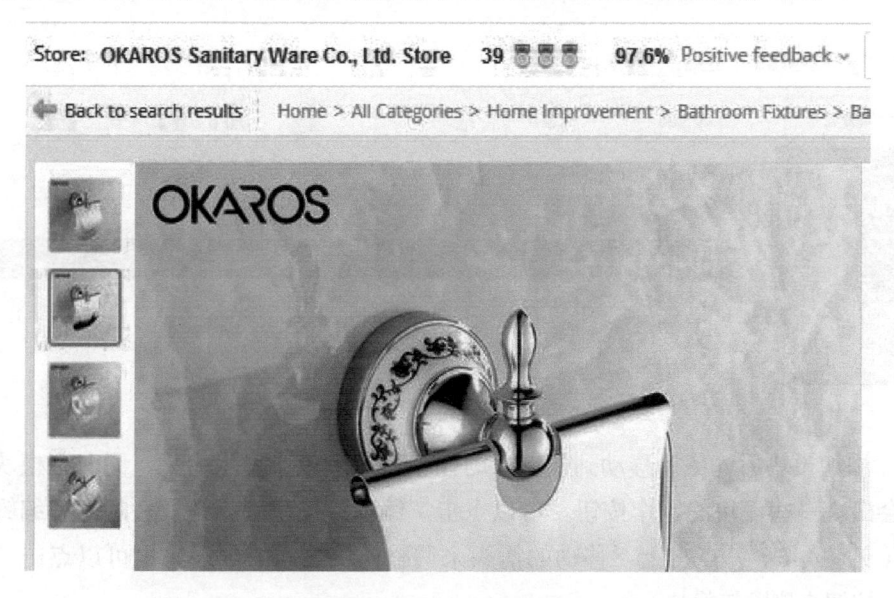

图4-3 速卖通店名的例子

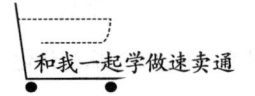

4.2 店铺的栏目设置

4.2.1 模块的管理

速卖通的基础模块包含店招板块、图片轮播模块、联系信息、收藏店铺、商品推荐模块、自定义内容区等。第三方模块相对于系统模块则更加丰富一些,包含新品上市、限时导购、自定义模块、全屏轮播、优惠券、分类导航、广告墙、页角等。

店铺的栏目设置决定了你店铺展现在买家面前的最终效果,你可以通过页面管理来增加、删除页面上的模块,或者修改模块的内容和顺序等。有些卖家对于自己的店铺不做基本的栏目设置,那么买家就算逛到你的店铺,也会觉得你的店铺没有任何吸引力,你也就失去了潜在的买家。而有些卖家花了很多的精力精心设计店铺的栏目,而且经常会根据店铺的爆款产品变动来改变相应的栏目展现,这样也会在很大程度上吸引到更多的买家。

先点击进入"页面编辑"界面,这个界面中,在左侧(见图4-4)可以选择需要编辑的页面(目前只开放了商铺首页的编辑),然后在右侧对这个页面中的内容进行编辑。右侧所有灰色的区域都是不可编辑的,其余区域可以通过点击"添加模块"按钮来添加想要使用的模块,点击后将弹出如图4-5所示窗口。

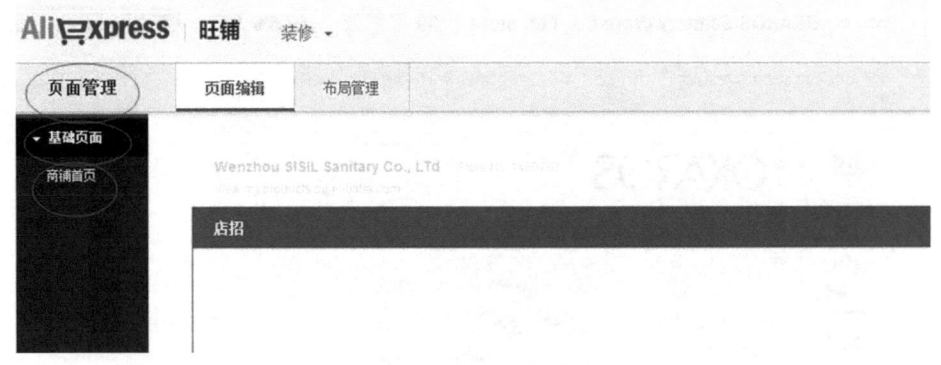

图4-4 "页面编辑"界面

添加模块后,鼠标移动到模块上时该模块的颜色会发生变化,同时在模块上方会出现一些模块的操作按钮。可以点击"编辑"按钮来打开模块的内容编辑页面(见图4-6),点击上下移动的箭头来调整模块之间的顺序,也可以点击"删除"按钮来删除该模块。

商品推荐模块是商铺中最重要的模块,它承担了在商铺页面中向买家展示商品信息的任务,灵活运用好商品推荐模块可以有效降低商铺商品管理的成本,并且可以提升商铺的转化率。

图4-5 模块管理

图4-6 "编辑"按钮

打开商品推荐模块的设置界面,可以看到图4-7所示的内容,它们分别表示如下含义:

(1)模块标题,即商品推荐模块的标题,用于在装修平台标志出模块的名称,同时,如果勾选了"显示模块标题"选项的话,那么在买家页面展示时就会展示标题栏,反之则不展示标题栏,直接展示商品信息。

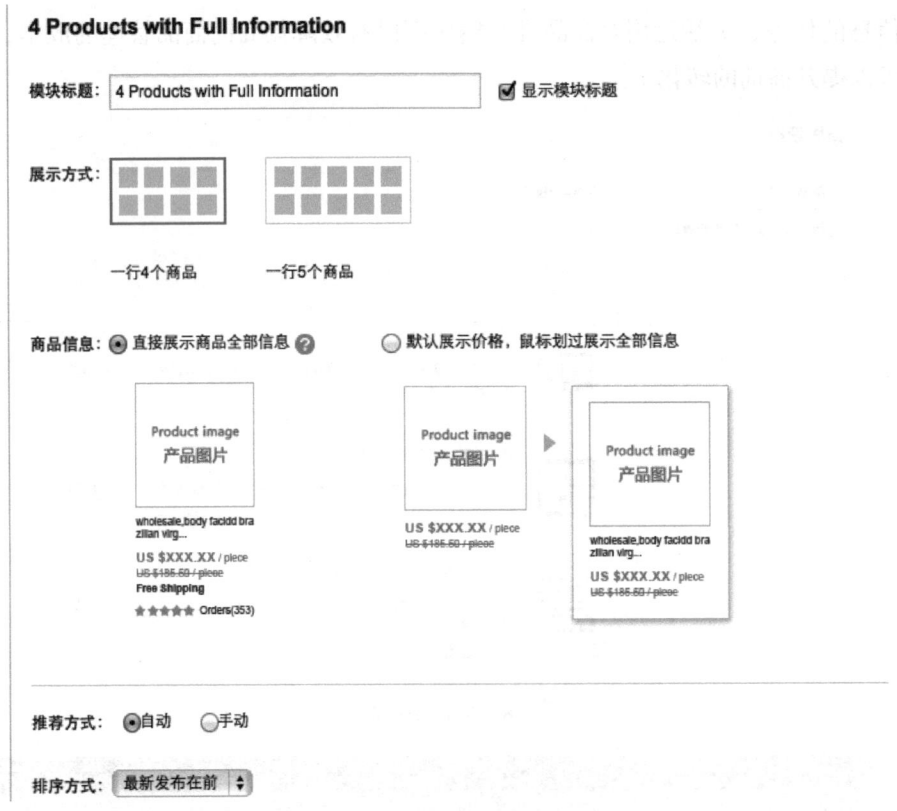

图 4-7 商品推荐模块

（2）展示方式。对于添加在右侧的商品推荐模块，可以选择一行展示4个或者5个商品，对于添加在左侧的商品推荐模块，则只能选择一列展示4~20个商品。

（3）商品信息。对于添加在右侧的商品推荐模块，可以选择两种商品展示方式，即一种是直接展示商品全部信息，直接将商品的标题、价格、是否免运费、销量、评价等直接展示全，另一种是默认展示价格，鼠标划过展示全部信息，表示只展示价格，当鼠标划过时展示详细信息。前者会让买家十分快捷地了解到商品的信息，但是文字内容较多，也会干扰买家。

4.2.2 商品的分组

合理的商品分类可以使店铺的商品种类更加清晰，方便卖家和买家快速浏览与查找自己想要的宝贝。如果店铺发布的商品数目众多，那么合理的分类就显得更为重要，具体操作步骤如下。

（1）点击"产品管理"下面的"产品分组"选项，就可以进入后台的产品分组模式，如图4-8所示。如果是新建分组的话，也是按照这个步骤来新建产品分类，如果是对于已经存在的产品分组进行管理，则可以后期进行编辑。

第④章 尽善尽美——速卖通店铺优化

图4-8 产品的分组

（2）如图4-9所示，可以点击"新建分组"按钮，为自己店铺新设产品分组，也可以在大的分组下面设立二级的"子分组"，输入分组的组名，再点击"保存"按钮就可以了。要注意子分组和分组之间的关联度，跨越性不要太大，分组的名字也要根据买家的需求和市场的现状来设置相应的名字，吸引买家的眼球。

图4-9 新建分组和创建子分组

（3）设置分组需注意的问题。

第一，一个店铺目前可以上传和经营多个类目的产品。在注册店铺时填写的经营类目只是作为平台的参考内容，不会展示到买家页面，所以在设置产品分组时，你也可以设置或者上传非注册时填写的产品类目。但是需要注意的是，产品分组之间的跨越性不要太大，整个店铺的产品要保持统一的风格，比如主营产品是鞋子的话，最好90%以上的产品分组都要是鞋子或者鞋子配套的系列产品。

第二，新建的产品组不会立即展示在商铺上，一般需要24～48小时的同步时间，或者如果该产品组里面的产品数量为0，则该产品组将默认不在前台显示。

第三，合理的产品分组排序能够将你商铺的商品以最合理、最能吸引买家购买意愿的方式展现。结合平台商铺的数据分析，如下格式的产品分组会更容易吸引买家。促销产品分组，如New Arrive，Promotion，Discount。热门品类的分组，如：iPhone4配件，iPad配件。按照所属行业常用规则的产品分组，如卖平板电脑

067

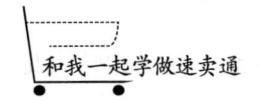

可以按照屏幕尺寸。其他，放一些无法归类的商品。

（4）分组时应避免出现的错误。

第一，不要出现无分组的产品，无分组的产品会导致系统在你的分组里面增加一个额外的other分组。

第二，不要只注重促销，促销的分组比重不要过多，最好不要超过3个。

第三，不要将不相关的商品加在产品组里面。

第四，不要用买家不容易搞懂的专业信息进行分组。

第五，不要有过多的产品分组，尽可能将产品分组控制在20个以内，超过20个分组买家是无法记忆的。

（5）自定义规则分组。

产品分组除了上面讲到的手动分组，还有自定义规则分组。按照自定义规则分组，简单来说，就是系统根据卖家自己指定的规则自动把产品分到这个组里面，无须再手动添加商品，如图4-10所示。

图4-10 自定义规则分组

点击"按自定义规则分组"按钮后，出现如图4-11所示界面，在"分组名称"框中输入自定义的分组名称并选择指定排序规则，但是"指定发布类目"、"指定发布时间"和"指定价格范围"三个项目中至少需要选中一个选项，设置完成后再点击"确定"按钮，才能够提交成功。

注意：与手动分组相比，该种分组方法限制较多，第一，可设置的产品分组数量较少，最多只可设置5个分组；第二，自定义规则分组下面无法创建子分组。

图4-11 自定义规则分组的设置

4.2.3 Banner 横幅的设置

商铺"横幅自定义"功能是打造"卖家自主营销型商铺"而开发的第一项自定义功能。卖家可以通过自定义的横幅向买家推销你的热点商品,也可以使用横幅创建自己的店铺活动,提高商铺交易转化率。

下面介绍如何使用横幅功能。

1. 设计准备一张合适的图片

商铺横幅长宽要求为710*200像素(A+卖家为710*300像素),如图4-12所示,不合尺寸的图片会影响对买家的吸引效果。横幅图片只支持JPEG或者JPG格式的图。横幅的样式设计要更有促销性,吸引买家点击或者采购。

图4-12 商铺横幅长宽要求

2. 上传、设置商铺横幅

进入卖家后台,点击"商铺管理"中的"商铺横幅"界面,再点击"自定义横幅",就可以上传横幅图片了,如图4-13所示。也可以在"上传横幅"界面使用"点击下载标准尺寸Banner源文件"来下载模板,并根据个性化的需求进行修改。上传图片后,你还可以设置该图片点击后所链接的页面。复制想要的商铺页面URL地址,粘贴后点击"确认"按钮即完成设置。注意:横幅的链接只能添加你商铺所属的页面。最多可以上传3个横幅,前台将展示你选中的一个横幅,在需要时可以进行切换,如果想要使用新的横幅,用新的图片去替换不再使用的横幅即可。

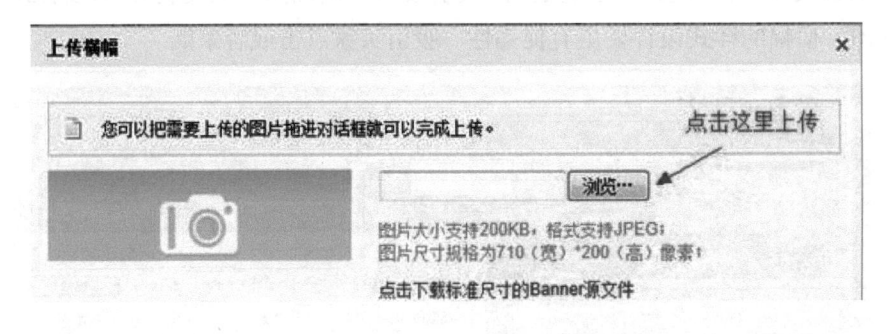

图4-13 横幅制作

3. 等待横幅图片的后台审核

横幅的图片上传后，通常需要24小时的后台审核时间，通过审核后，你可以选取通过审核的图片之一，再点击"保存"按钮。系统会在每天12点更新横幅信息，你的商铺就能展示你精心制作的横幅了。不过在上传横幅图片时，要注意自己的图片里面不要包含任何侵权logo的字眼，不然后台的审核会通不过。

4.2.4 主图的设计

当买家在aliexpress.com进行搜索时，出现在买家眼前的就是产品主图，主图可以直接影响商品的点击转化率。比如一个俄罗斯的买家想购买一款不锈钢纸巾盒，那么当他在买家首页搜索paper holder stainless steel时，系统肯定会根据每个产品的订单、好评、店铺等基本因素，展现给买家不同的搜索产品，那么决定买家会点击进入哪一款产品的因素肯定是价格和产品主图。目前在速卖通平台上，主图大致可以分为以下3类。

（1）白底主图，如图4-14所示。这款白底的不锈钢纸巾架，主图的特点

第④章 尽善尽美——速卖通店铺优化

是：大气干净、简单明了、主图突出，便于卖家后期申报平台活动及参加大促活动等，因为现在很多的后台活动对于产品的基本要求是白底主图。

（2）边框主图，如图4-15所示。速卖通整个平台的底色基本上都是白色，边框主图刚好能利用这一点，在众多产品中起到聚焦的作用，便于客户发现、点击。但是通过搜索买家界面可以发现，很少有卖家会使用边框主图，基本上搜搜页眉前面3～4页的搜索产品中只会出现1～2款产品是用边框主图的，这可能和速卖通平台活动的主图导向要求相关，也影响了卖家的主图选择。

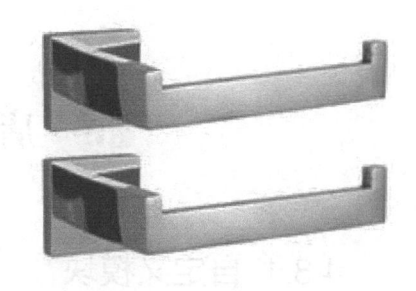

图4-14 白底主图

（3）背景主图，如图4-16所示。背景主图作为一个色块，其吸引力还是非常大的，但是很多卖家在使用时，不容易把握住一个度，反而在主图上面加入很多英文描述，这样反而导致高质量的主图成为了牛皮癣主图[①]，反而影响产品的排名。

图4-15 边框主图　　　　　　图4-16 背景主图

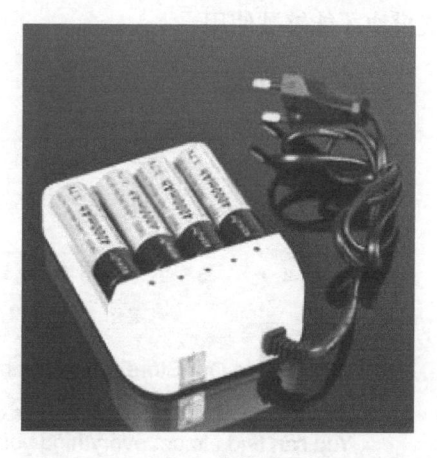

综上所述，我们应该明白店铺应该使用何种主图，如果是报活动款，则尽量使用干净大气的白色主图，平时可以用一些简单的背景主图和边框主图以增加点击转化率。同时，我们也应当注意避免首图容易出现的一些误区：主体很多，没有重点；画面杂乱，主体不突出；图片很暗，主体不突出；图片比例不一致，非正方体；文字太多，遮盖主体。

---

① 牛皮癣主图：在主图中添加很多文字的标注，页面不干净的主图。

4.3 店铺的自定义设置

4.3.1 自定义模块

速卖通的自定义模块就是可供卖家自由设置内容的区域,可以使用编辑器或者HTML源码编辑来录入需要展示给买家的内容。巧妙地使用该模块会给店铺带来更多的曝光和人流。如图4-17所示,卖家可根据自己店铺的特点及产品编写一段欢迎客户来店的简单欢迎及问候语,也可配上合适的图片。

We are top 10 sells on Aliexpress.com offering bathroom sanitary products. You can find almost everything you need for your bathroom with competitive price.We are always here.

So come and get what you need.

需要注意的是:自定义模块的内容是需要通过审核的,只有审核通过的自定义模块才能够被使用。

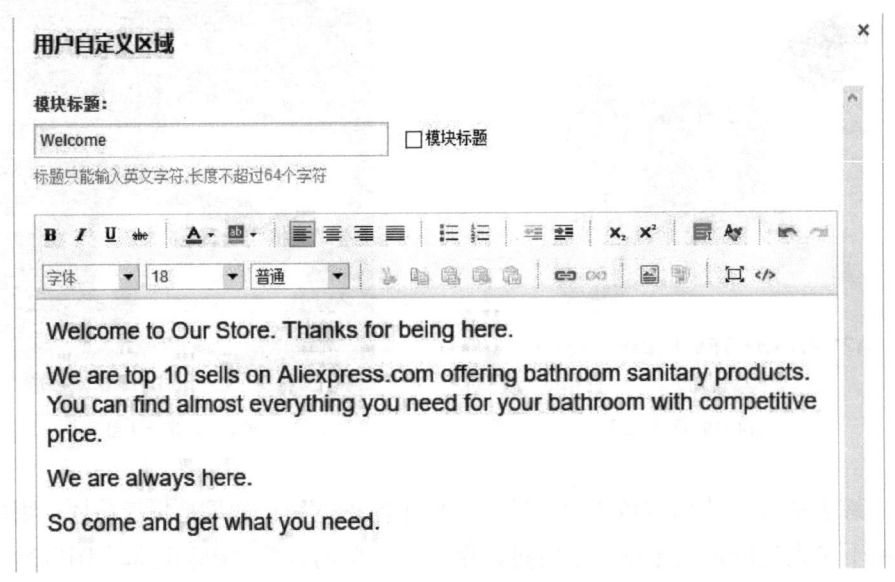

图4-17 自定义模板

自定义模块并不局限于产品,它还可以在店铺内更直观地添加内容,引导消费,做一个良好的导购员。在基础板块中最多可以添加5个自定义内容区,在同一个自定义板块内,字符数不能超过5000个。自定义模板的应用非常广泛,语言栏板块也属于自定义内容，首先将语言图标设计出来，切片，然后加入语言链接，如图4-18所示。

图4-18 语言模板

备注：语言链接代码如下。
意大利：http://it.aliexpress.com/store/123456(用自己店铺的编号代替)
韩国：http://ko.aliexpress.com/store/123456
阿拉伯：http://ar.aliexpress.com/store/123456
德国：http://de.aliexpress.com/store/123456
西班牙：http://es.aliexpress.com/store/123456
荷兰语：http://nl.aliexpress.com/store/123456
日语：http://ja.aliexpress.com/store/123456
法语：http://fr.aliexpress.com/store/123456
葡萄牙语：http://pt.aliexpress.com/store/123456
土耳其语：http://tr.aliexpress.com/store/123456
俄语：http://ru.aliexpress.com/store/123456
泰语：http://th.aliexpress.com/store/123456

4.3.2 产品信息模块

产品信息模块属于商品详情页中的模块，用它来制作关联营销或者进行通知、活动预告等。产品信息模块可以快速加入多个产品或者一个分组的产品中，可以方便卖家添加关联产品，或者加入平台的公告、通知、促销活动，以及售后信息等。单击"产品管理"→"产品信息模块"→"新建模块"，这时会出现两种类型选择：关联产品模块和自定义模块。

产品关联模块最多可以选择8个相关的产品，其优点是操作简单、工作效率高，能够统一主图风格，提高美观度，如图4-19所示。

图4-19 关联产品模块

4.4 卖家案例

我根据自己最近关注的一家速卖通店铺,和大家做一个分享,基本上包含了一个典型店铺的分析思路。

1. 店铺概况

蓝冠店铺,最近30天评价总数在6600个左右,按照速卖通平台的评价数和销量比,该店铺的月订单数量大概在15000~20000单,产品均价在$10.00左右,所以,该店铺的月销售金额约有15W~20W美元,该店铺的产品利润率大概有20%左右,店铺月利润大概在20W~25W人民币。

在剖析这个样板店铺的过程中,我究竟看到了什么呢?

2. 店铺装修

店铺装修一般,其实就线上店铺来说,店铺装修只具锦上添花的作用,没必要把大量精力花费在店铺装修上,无论你怎样装修,若不能够在产品、关键词、引流方面下功夫,依然不会有流量和销量的。店铺装修本身带不来流量和销量。

3. 产品描述

产品图片处理精良,给人感觉很大气,产品描述中字体统一,页面简洁整齐,没有花哨的描述,但让人感觉很专业。这里也给很多新卖家提个醒,不要觉得描述中用很多红红绿绿的颜色,大大小小的字体就能起到醒目和吸引客户的作用,也许这样只能显得你不够专业。同时,在产品描述中,插入了新品推荐和关联营销。新品推荐属于手工操作部分,但对于拉动新品的销量会起到一定的作用，关联营销则可以对打造爆款和提高客户重复购买率有所帮助。

另一方面，在系统自动生成的产品属性方面，该卖家填写非常完整，几乎没有空出不填的。系统属性填写的完整性，也利于其产品的曝光。

4. 关键词

标题中除了正常的关键词之外，额外添加了葡萄牙语的核心关键词。

本章小结

本章主要介绍了速卖通店铺的基本页面装修、店招与店名的基础设计、商品页面的设置流程。通过本章的学习，学会如何设计专业的商品详情页、店铺的自定义模板推荐、商品推荐等平台操作技能。

拓展阅读

4月1日，全球速卖通更新知识产权新规执行通知。《通知》称北京时间2017年4月12日起，针对侵权行为将不再区分是否投诉或是否被平台抽查，侵权严重违规行为也将不再以分数累计，并实行三次违规成立者关闭账号（侵权情节特别严重者直接关闭账号）

什么是"侵权情节特别严重"？

所销售的商品在产品属性、来源、销售规模、影响面、损害等任一因素方面造成较大影响的，或者构成严重侵权的其他情形（如以错放类目、使用变形词、遮盖商标、引流等手段规避）。

据了解，2016年以来速卖通平台就进一步加大知识产权侵权的处罚和监控力度，打击恶意钻空子兜售侵权产品行为。

2016年9月8日平台首次公布知识产权新规。

2017年1月3日，平台启动招商政策，针对速卖通账户实际控制人的其他阿里巴巴账户曾因售假处以特定严重违规行为处罚或发生过严重危及交易安全的情形的，该账号将不予准入。

2017年2月22日，针对侵权情节特别严重的行为如若以错放类目、使用变形词、遮盖商标、引流等手段规避侵权的用户，速卖通将保留所有认为合适处罚的权利，包括但不限于关闭用户账号且冻结其关联支付宝账户资金两年的权利。

摘自：雨果网

反馈表

单元名称		姓名		班级		年	月	日

请思考以下问题：
1. 速卖通的店名基本需要包括哪些要素？
2. 横幅的大小多少合适？为什么？
3. 速卖通店铺的分组以什么作为分类标准？为什么？
4. 店铺如何提升品牌度？

你认为本章最有价值的内容是：

你对本章的教学有何建议，哪些问题是你需要进一步了解或得到帮助的：

教师的教学方法是否有效，对你的学习是否有帮助：

教师评价：A. 熟练应用　　B. 掌握　　C. 熟悉　　D. 了解　　E. 没通过
教师签字

第5章

图片美化——
产品图片处理

本章要点

- ▶ 美工图像基本概念
- ▶ 调整照片效果
- ▶ 选择照片中所需要的内容

知识目标

- ▶ 了解图像的基本概念。
- ▶ 掌握使用Photoshop软件裁剪照片的方法。
- ▶ 熟悉掌握对图片颜色调整、清晰度调整、有瑕疵图片修复。
- ▶ 熟悉掌握图片中所需内容的选取。

技能目标

- ▶ 能使用Photoshop软件裁剪图片。
- ▶ 能使用Photoshop软件调整图片的颜色、清晰度，有瑕疵图片的修复。
- ▶ 能使用Photoshop软件选取图片中所需要的内容。

素质目标

- ▶ 发现美、欣赏美的能力。

故事导读之五

2016年"双十一"期间三只松鼠首页，整个画面以"双十一"为主题展开。首先，根据三只松鼠联想到一个梦幻森林的场景，为了更加烘托出"双十一"的氛围，用架子鼓和音符作为辅助的元素；其次，为了让画面有舞台展示的效果，增添了地板和幕布。红色的幕布和绿色的树叶搭配在一起色彩非常艳丽。最后，"双十一"文字采用霓虹灯字体，让画面感觉气氛更加浓厚。在产品展示中采用树叶、坚果、木质展示牌等元素，都是与营造的整个环境相呼应的，增强了画面的整体性。

思考

对于速卖通的卖家来说，如何将图片进行处理给顾客产生视觉冲击力，吸引顾客关注从而提升网店的流量，并且刺激其购物欲望从而使目标流量转变为有效流量？

Photoshop软件是Adobe公司开发的最为出名的图像处理软件之一，该软件可以进行图像扫描、编辑修改、图像制作、广告创意、图像输入与输出等图像处理应用，被广泛应用于平面设计、数码照片处理、包装设计等。Photoshop是一款功能非常强大的图形图像处理软件，专业的平面设计师需要3~5年的设计实操才能精通Photoshop软件，这对网店卖家来说，时间是最大的成本。为了让读者更好、更快地设计处理好图片并上传网店销售，本书将结合实际案例重点介绍Photoshop软件在网店美工中最常见、最容易用到的功能。

5.1 美工图像基本概念

1. 像素、分辨率与常见图片格式

（1）像素

像素是一个很小的矩形颜色块，是组成图像的最基本单元，一个图像就是由很多这样的颜色块横竖排列组成的。需要观察像素时，可将图像进行放大，放大到一定程度时，可以看见图像变成锯齿状，有一个个小方块，这些小方块就是像素。像素英文显示为pixel或px，当图片尺寸以像素为单位时，每1厘米大约等于28像素。

（2）图像分辨率

图像分辨率是用来描述图像的一个信息，指的是在一定长度上像素的数量，其单位为ppi（pixels per inch），即每英寸上的像素数量。图像的分辨率越高，表示每英寸长度上的像素数量越多，则图像越精细，颜色过渡越平滑，且图像包含的信息量也越大，图像文件也越大。

（3）常见的图片格式

①JPEG格式。JPEG格式的图片是网络中用得最多的图片格式。支持真彩色、CMYK、RGB和灰度模式。尾缀名为".jpeg"或".jpg"。JPEG图像压缩算法能够在提供良好的压缩性能的同时，具有比较好的重建质量，被广泛应用于图像、视频处理领域。该格式的图片具有高保真效果，低容量的特点。

②PSD格式。PSD是Adobe公司的图形设计软件Photoshop的专用格式。PSD文件可以存储成RGB或CMYK模式，还能够自定义颜色数并加以存储，还可以保存Photoshop的图层、通道、路径等信息，是目前唯一能够支持全部图像色彩模式的格式。用PSD格式保存图像时，图像没有经过压缩。所以，当图层较多时，会占很大的硬盘空间。

③GIF格式。GIF格式最多只能容纳256种颜色，适合颜色少的图像。这种格

式可以保存成透明或半透明；GIF格式可以做动画图片。网络上常见的动画图片都是GIF格式。

2. 速卖通网店装修设计中常见图片参数

速卖通网店中最常用的图片尺寸参考如表5-1所示。

表5-1 速卖通网站中最常用的图片尺寸

图片名称	尺寸
店标	最佳尺寸为80×80（宽×高，单位为像素，以下类似）
店铺招牌	最佳尺寸为950×118
导航	最佳尺寸为950×32
宝贝主图	尺寸为800×800至1200×1200之间，模特正面图800×1200
图片轮播	尺寸与店铺具体布局有关。高度可根据卖家需要自行设定(100~600像素)如果是通栏布局，则宽度为950像素；如果是两栏布局，则宽度为左侧栏190像素，右侧栏750像素
详情页图片	一般宽度750像素，高度随意

5.2 调整照片效果

5.2.1 裁剪照片

相机拍摄的图片，通常因图片大小、角度方位等问题而需要裁剪，裁剪工具类似于我们日常生活中的剪刀。裁剪工具可以在工具箱中点击"裁剪工具"按钮打开，如图5-1所示，其选项栏中可以设置需要裁剪的尺寸和分辨率。

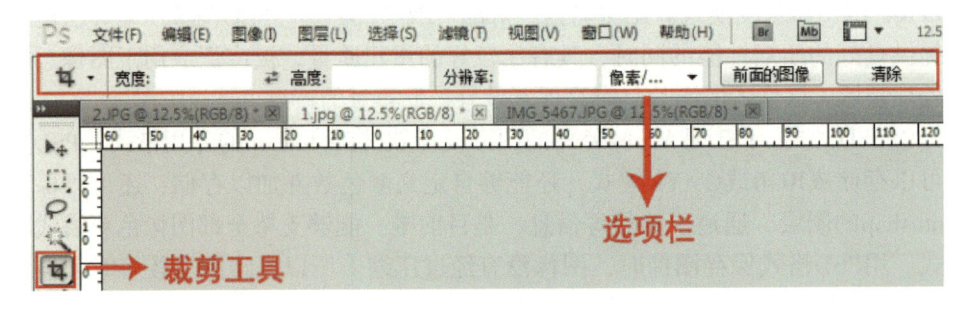

图5-1 裁剪工具

1. 固定尺寸裁剪

商品的主图通常是正方形，速卖通的建议是800px*800px～1200px*1200px。而我们用相机拍摄的照片通常为4：3比例，需要进行裁剪才能用于主图。操作步骤如下。

步骤1：在主菜单中选择"文件"→"打开"命令，找到需要裁剪的图片，双击打开。

步骤2：选择裁剪工具或按快捷键C，如图5-1所示，在选项栏中输入主图的尺寸，宽度800px，高度800px。

步骤3：将鼠标移至图像区域，当出现双箭头标志时，点击鼠标左键取好顶点，然后往右下方拖动出主图需要的区域，如图5-2所示。

步骤4：选好裁剪区域后，按Enter键（或点击鼠标右键，在弹出的快捷菜单中选择"裁剪"或"取消裁剪"）进行裁剪，效果如图5-3所示。

步骤5：选择"文件"→"储存为"命令，输入主图文件名，格式存为jpeg（jpg）格式，选好路径，点击"保存"按钮，这张图片即可上传到网店商品主图位置使用（后面操作中，保存文件步骤将省略或者直接写为保存文件）。

图5-2 固定尺寸裁剪

图5-3 裁剪后正方形主图

2.裁剪矫正倾斜图像

如果拍摄的照片角度倾斜,则可利用裁剪工具进行矫正。操作步骤如下。

步骤1:打开图片,如图5-4所示,可以发现水杯有明显的倾斜。

步骤2:用裁剪工具先画出调整框(如果前面设置过固定尺寸像素值,在本案例中先去掉高宽像素值,或者点击图5-1所示选项栏右边的"清除"按钮)。

图5-4 倾斜的杯子

步骤3：将鼠标移动到调整框的右上角，当鼠标变成双向弯曲箭头时，按下鼠标左键可以转动调整框，让调整框的水平线与杯子顶端平行，如图5-5所示。

步骤4：按Enter键完成裁剪，效果如图5-6所示。

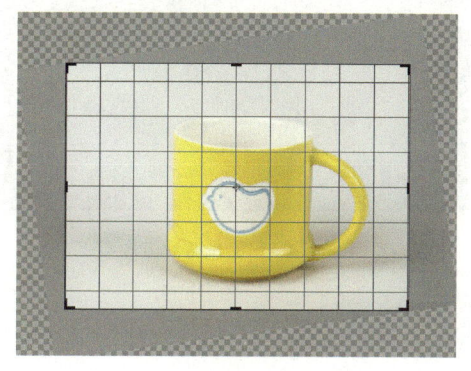

图5-5 调整虚线框

图5-6 剪裁修正后效果图

3.裁剪矫正透视变形图像

如果拍摄的照片有透视变形倾斜的问题，也可以利用裁剪工具进行矫正。操作步骤如下。

步骤1：打开图片，如图5-7所示（照片中的相框有明显的透视变形倾斜的问题）。

步骤2：用裁剪工具先画出调整框，然后在裁剪工具选项栏的"透视"选项框内打钩，然后用鼠标拖移调整框的4个角，如图5-8所示。

图5-7 矫正前图片

图5-8 勾选选项栏"透视"选项

步骤3：将调整框的4个角拖到图像中相框的4个角上，如图5-9所示。再按Enter键。

完成裁剪矫正透视变形操作，如图5-10所示。

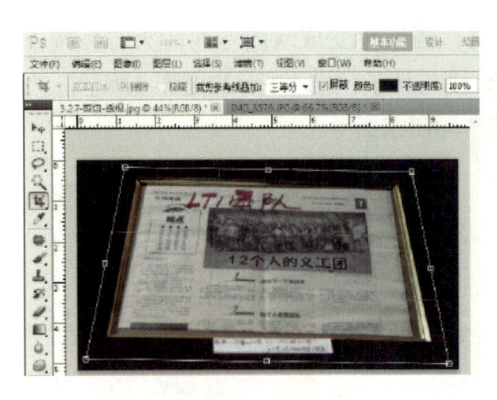

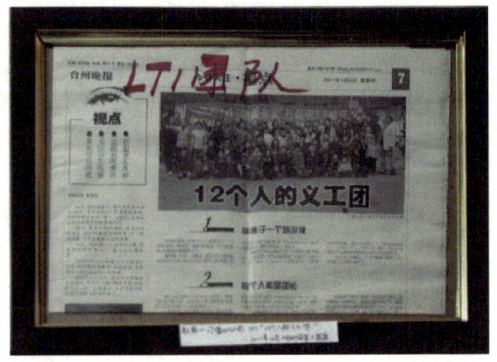

图5-9 移动4个顶点至需裁剪部位　　　　　　图5-10 矫正后图片

5.2.2 调整照片颜色

相机拍摄的照片经常会因为光线的不合适而产生各种色调问题,如曝光不足或曝光过度、有偏色、太暗或太亮等,对此我们可以使用Photoshop调色工具进行调整。

1. 亮度调整——色阶工具

色阶指的是一张图像中,像素从最暗到最亮的区域的分布情况。如图5-11所示的衣服,整体色调偏暗,可用色阶进行调整,调整好的衣服亮度明显好看多了,如图5-12所示。

图5-11 调整前色调偏暗　　　　　　图5-12 色阶调整后效果图

操作步骤如下。

步骤1：在主菜单中选择"图像"→"调整"→"色阶"命令（快捷键Ctrl+L），如图5-13所示，可打开"色阶"对话框。

步骤2：在"色阶"对话框中，如图5-14所示，将输入色阶中的白色三角形往左推动，图像就会渐渐变亮，直至恢复到实际衣服的亮度，然后点击"确定"按钮并保存图片，调整后衣服的效果如图5-12所示。

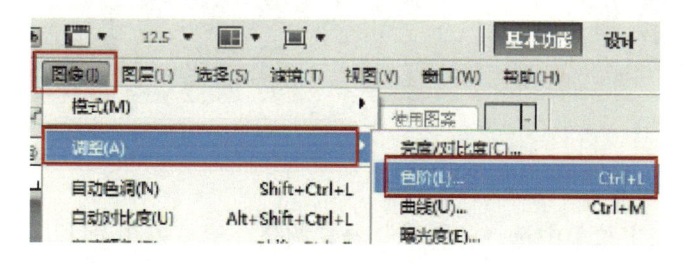

图5-13 "色阶"命令

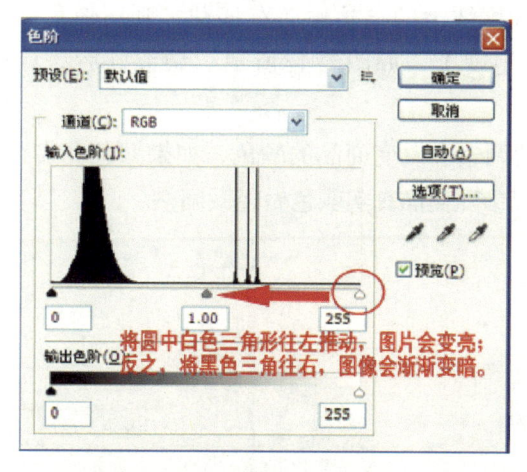

图5-14 "色阶"对话框

2. 色彩调整——色相/饱和度工具

饱和度调整可以使图像的颜色更饱满、更鲜亮。图像颜色不够饱满，可以使用色相/饱和度来调整。色相/饱和度调整后的草莓图片明显增加了客户的购买意愿，如图5-15、图5-16所示。

图5-15 颜色欠饱满的原图　　　　　　图5-16 调整后效果图

操作步骤如下。

步骤1：在主菜单中选择"图像"→"调整"→"色相/饱和度"命令（快捷键Ctrl+U），如图5-17所示，可打开"色相/饱和度"对话框，如图5-18所示。

步骤2：将饱和度线上的三角标向右移动，则图像色彩变饱满鲜艳（往左移动会减弱饱满鲜艳度），如图5-18所示。调节好后，点击"确定"按钮并保存。

步骤3：色相的调整会改变商品的颜色，如果颜色真实，可不调整，如果颜色有偏差，具体可以参照商品真实颜色做轻微调整。

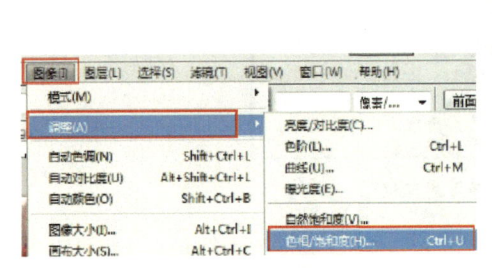

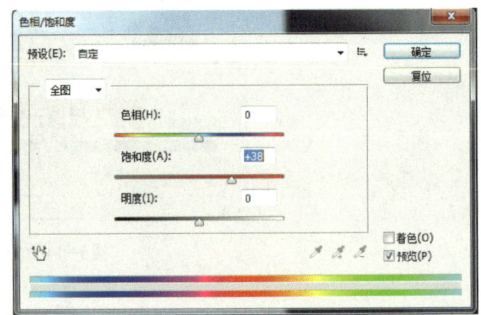

图5-17 "色相/饱和度"命令　　　　　　图5-18 "色相/饱和度"对话框

5.2.3 调整模糊的照片

锐化工具可以使图像的细节更清晰、更锐利。提高图片清晰度的操作步骤如下。

步骤1：打开草莓图片。

步骤2：执行"滤镜"→"锐化"→"USM锐化"命令。

步骤3：打开"USM锐化"对话框，如图5-19所示，可以分别调整"数量"、"半径"、"阈值"，使图像变清晰。

步骤4：如果想让主体区域更清晰，可以使用"羽化"命令设置合适的数值，再进一步使用色阶、曲线、饱和度命令进行调整，这样效果就更精美了，如图5-20所示。

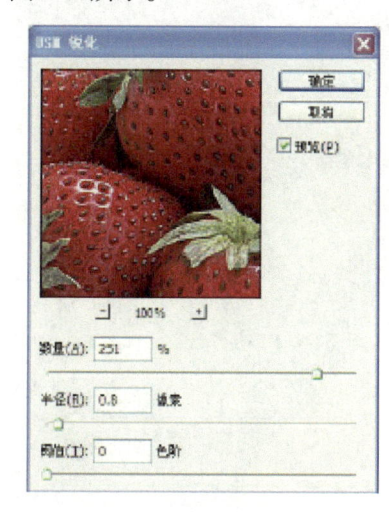

图5-19 "USM锐化"对话框　　　　图5-20 "USM锐化"后的草莓图

5.2.4 修复有瑕疵的照片

1. 污点修复画笔工具

污点修复画笔工具主要用于去除较小的污点，比如去斑、去痘等。用污点修复画笔工具点击需要修复的地方，软件会根据画笔周边的颜色信息进行自动计算，用得到的结果来替代需要去除的污点，操作步骤如下。

步骤1：打开图片。

步骤2：选中污点修复画笔工具 ，如图5-21所示（如果没有，请在对应位置点击鼠标右键，在弹出的快捷菜单中选择"污点修复画笔工具"）。

步骤3：在属性栏中点击"画笔大小"按钮 ，将画笔数值调整到稍微大于痘痘标准。再将鼠标移动到需要修复的污点上，点击鼠标左键，如图5-22所示。

图5-21 选中污点修复工具

步骤4：然后放开鼠标，即可修复污点，修复后的效果如图5-23所示。

图5-22 污点修复工具修复

图5-23 修复后效果图

2.修补工具

（1）作用：将选中区域的像素由其他区域的像素替换或替换其他位置的像素。

（2）特色：适合较大范围面积像素的修改和替换，而且保留了原像素亮度信息。

（3）原理：其原理说明如图5-24所示。

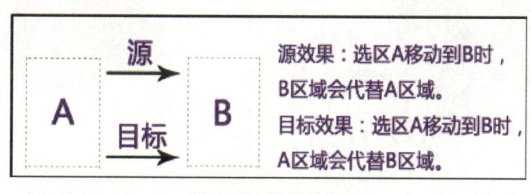

图5-24 修补原理

（4）属性栏：修补工具属性栏如图5-25所示。

图5-25 修补工具属性栏

实际案例背景：如图5-26所示，我们需要删除鞋子，那怎么办呢？我们可以使用修补工具来完成。操作步骤如下。

步骤1：打开图片。

步骤2：选择修补工具，如图5-27所示，并在属性栏中选择"源"，在图片中拖动鼠标，将要去除的鞋子框选。

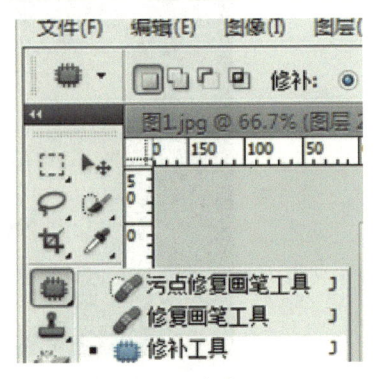

图 5-26 案例图　　　　　　　　　　　图5-27 修补工具

步骤3：鼠标放在选取区域内，将区域拖动到纯色背景中，如图5-28所示。

步骤4：松开鼠标，修复替换就成功了，如图5-29所示。

图5-28 修补移动替换　　　　　　　　图5-29 修补替换后效果图

3.仿制图章工具

图章，顾名思义，是用来盖印图像的。仿制图章工具在工具箱中的图标如图5-30所示。

仿制图章工具用来复制图像的某一部分，以达到修复图

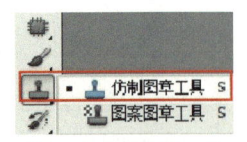

图5-30 仿制图章工具

像的作用，可以用来复制部分图像、消除人物脸部斑点、去除不相干的杂物、填补图片空缺、去水印等（仿制可以在两张图像上进行）。图5-31、图5-32是使用仿制图章去叶子前后对比图。操作步骤如下。

图5-31 仿制图章前图

图5-32 仿制图章盖印叶子后图

步骤1：打开图片，如图5-31所示，若需要将左边的叶子去除，则需要将叶子左边的底板进行仿制。

步骤2：点击仿制图章工具，鼠标放在叶子左边的区域，按住Alt键不放，此时工具的图标会变成十字同心圆，如图5-33所示，此时点击鼠标左键一次，便设置了仿制图章工具的仿制源，即完成图章取样。

步骤3：将鼠标移至叶子上，按住鼠标左键并移动鼠标，即可擦除叶子，结果如图5-32所示。

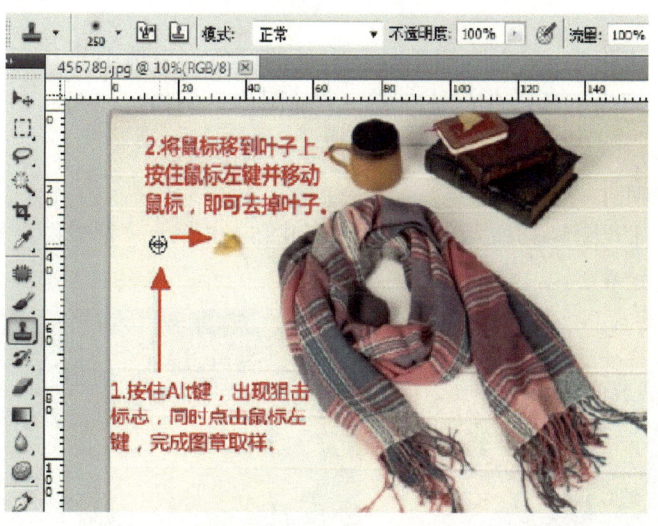

图5-33 仿制图章工具

5.3 选择照片中所需要的内容

选择照片中所需的内容，在网店图片处理过程中也是最重要的工作之一，将选取的图片合成到新背景中，以增加消费者购买的欲望。在网店的实际应用中最常见的抠图有魔棒抠图、快速选择工具抠图、多边形套索工具、选框工具、钢笔工具和通道抠图，下面我们来具体介绍。

5.3.1 使用魔棒工具抠图

（1）适用范围：背景色单一图片的抠图。

（2）容差属性：在选取颜色时所设置的选取范围，容差越大，选取的范围也越大，其数值为0~255。魔棒工具位置和容差位置，如图5-34所示。

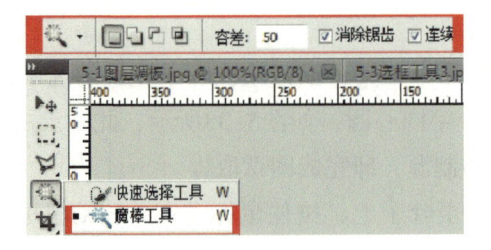

图5-34 魔棒工具

（3）使用原理：根据魔棒工具点击处的颜色，来选中与其颜色基本一致的区域。因此，魔棒工具适合背景颜色一致的图像。例如，如图5-35所示，鞋子的背景是粉色的，颜色较一致，可使用魔棒工具来选择背景。

操作步骤如下。

步骤1：打开图5-35所示的"鞋子"和图5-36所示"背景图"图片。选择魔棒工具（快捷键W）。

图5-35 鞋子 　　　　　　　　　　图5-36 "背景图"

第 5 章　图片美化——产品图片处理

步骤2：在"鞋子"图片窗口中，将属性栏中"容差"值设为30、勾选"消除锯齿"和"连续"，如图5-34所示。

步骤3：点击粉色区域，即可出现跳动的虚线将粉色区域选中，如图5-37所示。

图5-37　粉色区域

步骤4：如果要选中鞋子，则只需将选区反向选择，在粉色选区上点击鼠标右键，然后在弹出的快捷菜单中选择"选择反向"（快捷键Ctrl+Shift+I），如图5-38所示，完成后，鞋子被虚线包围，成为选区，如图5-39所示。

图5-38　选择反向　　　　　　图5-39　选中鞋子

步骤5：选择"编辑"→"拷贝"命令（快捷键Ctrl+C），再切换到"背景图"窗口，选择"编辑"→"粘贴"命令（快捷键Ctrl+V）。

步骤6：调整鞋子的大小（自由变化工具Ctrl+T），并移动扣好的"鞋子"到相应位置，最终效果如图5-40所示。

图5-40 最终效果图

5.3.2 使用快速选择工具抠图

快速选择工具可以根据物品和背景的颜色差别，来选出物品，也是常用的抠图工具之一。快速选择工具适合于背景色单一的图片抠图。

操作步骤如下。

步骤1：打开图片，在工具箱中打开"快速选择工具"，如图5-41所示。

步骤2：在属性栏中点击"添加到选区"模式，并设置画笔大小（快捷键"["缩小，"]"放大），如图5-42所示。

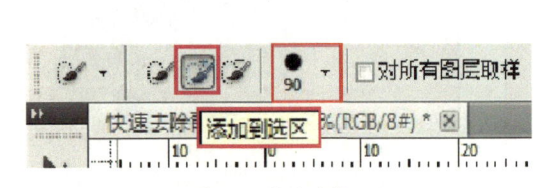

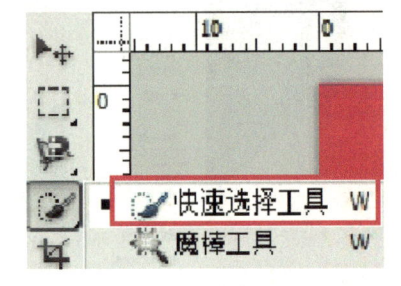

图5-41 快速选择工具　　　　图5-42 快速选择工具属性栏

步骤3：将鼠标在"钱包"上点击拖动，钱包会部分选中，如图5-43所示。一直点击拖动鼠标左键，最终选中钱包，如图5-44所示。

步骤4：类同于5.3.1魔棒工具抠图步骤5、步骤6。

第 5 章 图片美化——产品图片处理

图5-43 用"画笔"添加部分选区　　　图5-44 选中钱包的所有选区

5.3.3 使用钢笔工具抠图

钢笔工具常见于对圆弧形物体和直线型物体的精准抠图，在美工的实际工作中非常实用。

图5-45 喷头

操作步骤如下。

步骤1：打开"喷头"图片，如图5-45所示。

步骤2：在工具箱中点击钢笔工具（快捷键P），再点击属性栏中的路径，如图5-46所示。

图5-46 钢笔属性栏

步骤3：在"喷头"图主体边缘任何一个位置选择一个起点，点击一下出现一个锚点A点，如图5-47所示。

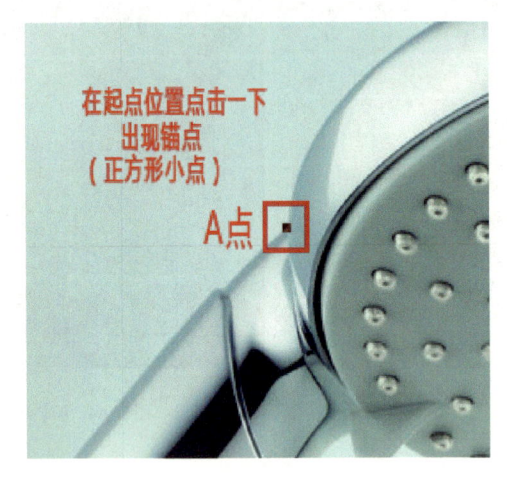

图5-47 新建起始锚点A

步骤4：顺着抠图的边找下一个点点击左键，又出现一个锚点（此时，鼠标左键不要松开），如图5-48所示，沿着边的方向拉出去或左右旋转，当弧度刚好紧贴商品边时松开鼠标，如图5-49所示。

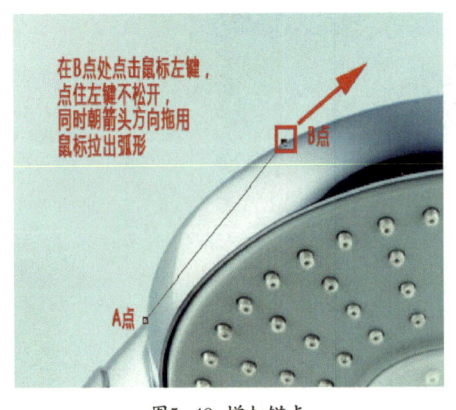

图5-48 增加锚点　　　　　　　　图5-49 拖出弧度

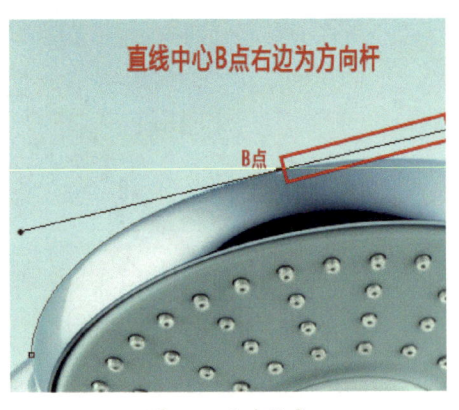

步骤5：再将鼠标移动至直线的中心点，并按住Alt键，出现如图5-50所示标志，在线段中心点点击鼠标左键，去掉方向杆（B点右半边直线）。

步骤6：按住Ctrl键移动直线杆子，精细调整弧度，力求弧度贴紧需抠物体边缘，如图5-51所示。

步骤7：沿着需抠取的物体边缘，不断重复上面步骤，将需抠取的物体全部选中，并闭合路径，如图5-52所示（碰到直线边时，直接点击下一个锚点即可）。

图5-50 去掉方向杆　　　　　　　　图5-51 精调弧度

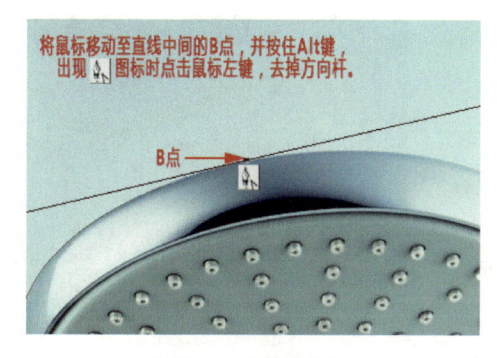

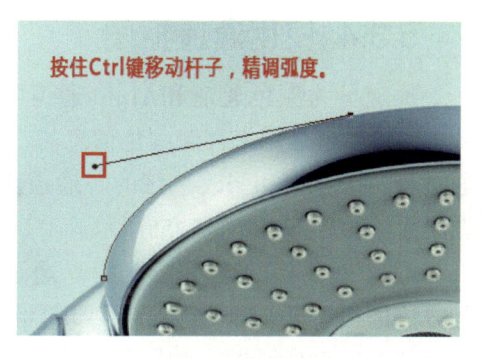

步骤8：在图5-52选中的鼠标路径内部点击鼠标右键，在弹出的快捷菜单中选择"建立选区"，如图5-53所示，设置羽化半径为"1"。

图5-52 选中商品并点击"建立选区"　　　　图5-53 建立选区后效果图

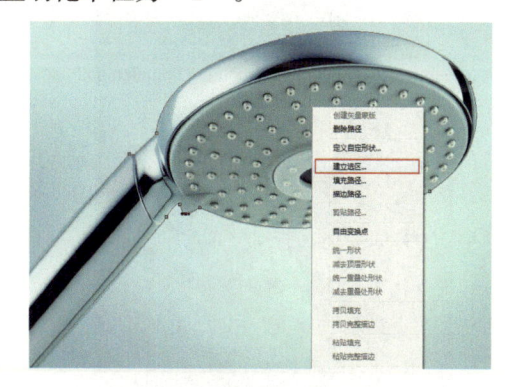

步骤9：选择"编辑"→"拷贝"命令（快捷键Ctrl+C），然后打开背景图，选择"编辑"→"粘贴"命令（快捷键Ctrl+V）。

步骤10：调整抠好的"喷头"大小（自由变换工具Ctrl+T），并移动扣好的"喷头"到合适的位置，最终效果如图5-54所示。

图5-54 最后效果图

5.3.4 使用通道抠图

通道分为颜色通道和Alpha通道两类，其中颜色通道是用来存储颜色信息的，Alpha通道是用来存储和修改选区的。通道面板在图层面板的后方，如图5-55所示。

通道最常见的应用是抠图。通道抠图的方法适用于烟花、头发、毛绒玩具等。例如，如图5-56所示的人物图片，将人包括头发一起抠出，放到另一个背景图像（见图5-57）中，效果如图5-58所示。

图5-55 通道面板

图5-56 卷发美女

图5-57 枫叶

步骤1：打开"卷发美女"图片。

步骤2：打开通道面板，分别选择红、绿、蓝3个单色通道，观察其效果。选择人物头发与背景反差最大的通道，在这幅图像中，选择红色通道，如图5-59所示。

图5-58 效果图

图5-59 查看通道效果并选择红色通道

步骤3：拖动红色通道到"通道"面板下方的"新建"按钮上，复制出一个"红副本"通道，如图5-60所示。

图5-60 复制通道

步骤4：按Ctrl+L键，打开"色阶"对话框。调整"红副本"通道的色阶，使其黑白对比更明显，如图5-61所示。

步骤5：执行"图像"→"调整"→"反相"命令，使图像中的黑白互换，如同黑白胶片一样，如图5-62所示。

步骤6：使用"画笔"工具，设置前景色为白色，将人物面部及身体都涂成白色，如图5-63所示。

步骤7：按住Ctrl键单击"红副本"通道，得到图像的选区，然后执行"反向选择"命令，或按住Ctrl+Shift+I快捷键进行反选，设置背景为选区，将背景色设为黑色，并按Ctrl+Delete快捷键填充。如果一次不行，可以重复填充多次，效果如图5-64所示。

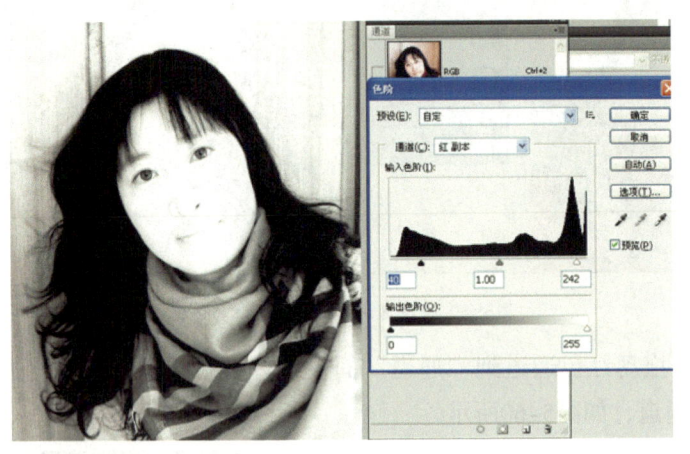

图5-61 调整通道的色阶

步骤8：再次按快捷键Ctrl+Shift+I选择图像，用"画笔"工具涂抹头发梢上的细节，注意调节画笔的不透明度，如图5-65所示。

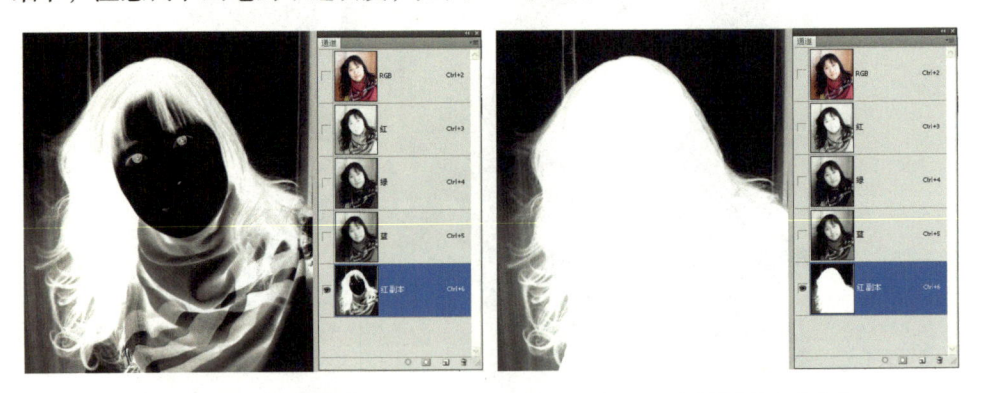

图5-62 使用"反相"命令　　　　　　　　图5-63 用画笔涂抹大片白色

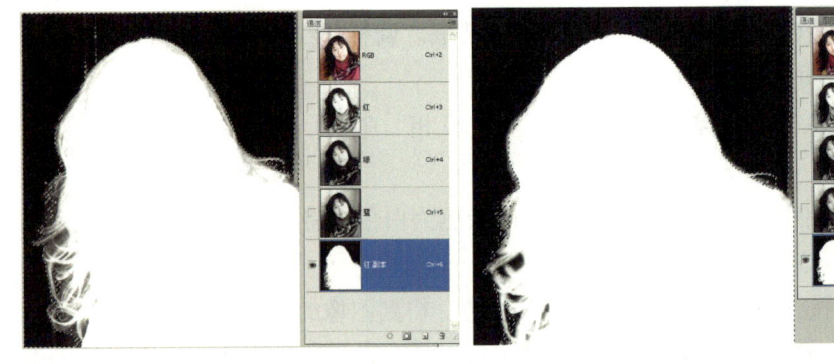

图5-64 用黑色填充背景　　　　　　　　图5-65 用画笔头发细节

步骤9：按住Ctrl键单击"红副本"通道，得到图像的选区。关闭"红副本"通道前面的显示按钮，打开"RGB"通道前面的显示按钮。

步骤10：返回到"图层"面板，按快捷键Ctrl+C复制图层，按快捷键Ctrl+V粘贴图层，得到"图层1"，这时可以看到图像被提取到了"图层1"中，如图5-66所示。

图5-66 完成抠取图像

步骤11：打开素材图片"枫叶"，将刚才提取的人物图像移动到"枫叶"素材中，调整人物的位置，用裁切工具去掉多余的部分。最后图像效果如图5-58所示。

本章小结

本章主要学习了图像的基本概念以及图像的裁剪、颜色调整、瑕疵图像的修复等方法，并学习了利用魔棒、快速选择、钢笔、通道等工具选择图片中所需内容的方法。通过本章的学习希望读者在掌握这些基本工具和命令的基础上，熟悉各工具的属性栏及各功能之间的联系和区别，以便在以后的图片处理过程中能运用自如。

拓展阅读

速卖通珠宝饰品行业主图优化规范要求

珠宝饰品行业在2016年已经上线商品主图质量浮优打劣项目，商品主图质量的高低会影响搜索排序。另外，商品的第2~第6张图片，暂时不纳入此次图片质量评分体系，但是请各位卖家尽量上传优质图片，以免影响产品的转化率。

1.商品主图的统一规范

（1）商品主体

重点展示一类主体且商品主体居主图中央，情侣对戒、多指戒、模特佩戴或手拿以突出商品的也算一类主体，禁止出现拼图。

注意：除了Beads，Charms，Jewelry sets，Jewelry Findings &Components，Jewelry Packaging & Display，Jewelry Tools & Equipments外，其他叶子类目中商品主图中主体在5个及以上，会被定义为兜底的劣质图片，直接被搜索端做降档处理。

（2）商品背景要求

纯色背景或实景背景（实景拍摄分为室内和室外两种，其中模特佩戴或手拿也算实景，但需要突出商品而非模特），禁止出现杂乱无法突出商品主体的背景。

（3）图片尺寸

800*800及以上，横向纵向比例建议在1:1到1:1.3之间。

（4）Logo

全店统一摆放在图片左上角，不得影响商品主体的展示。

（5）图片边框

图片不能出现边框。

（6）文字

图片中不能出现多余文字，禁止出现中文；颜色非常浅的印有店铺ID的简单水印可以接受并定义为中等图片，搜索排序不升也不降。

除商品主图外的其他商品图片建议：商品图片数量请设置5张及以上，至少包括一张模特实拍图或者一张细节图！

2.优质的商品主图示例

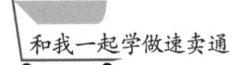

3. 需要整改的商品图示例

转载至雨果网http://www.cifnews.com/article/24750

反馈表

单元名称	姓名	班级	年 月 日

练习题

一、选择题

1. 使用以下哪种工具可以调整模糊的照片?( )

   A. 路径　B. 亮度／对比度　C. 锐化　D. 色阶

2. 下列哪种方式能改变照片的实际像素大小?( )

   A. 视图→放大　B. 视图→缩小　C. 切片工具　D. 裁剪工具

3. "自动色调"工具主要是调整以下哪种照片?( )

   A. 曝光不准确　B. 偏色　C. 模糊　D. 有污渍的照片

4. 使用仿制图章工具时，需要配合按以下哪个键选择仿制源?( )

   A. Alt　B. Shift　C. Ctrl　D. Enter

5. 使用钢笔工具时，按住以下哪个键可以将角点转换为平滑点?( )

   A. Alt　B. Shift　C. Ctrl　D. Enter

6. 下列哪个不是图像的尺寸单位?( )

   A. cm　B. mm　C. px　D. cs

7. 当照片曝光不足时，可以使用图层混合模式中的哪种来调整?( )

   A. 正片叠底　B. 滤色　C. 变亮　D. 线性加深

8. 水印的功能主要是( )。

   A. 美观　B. 防止盗图　C. 提高商品辨识度　D. 提升产品档次

二、填空题

1. 新建的通道默认为( )通道。

2. 钢笔工具可以绘制出( )路径和( )路径。

3. 羽化选区的快捷键是( )。

4. 打开曲线调板的快捷键是( )。

5. 通道工具在抠出( )物体时非常有优势。

6. 曝光过度的照片可以使用图层混合模式中的( )来调整。

7. 按住( )+( )键，可快速将选区内的内容负责到新图层中。

三、判断题

1. 色彩的三个要素是颜色、明度和纯度。（ ）

2. 可以使用"色阶"和"色相—饱和度"工具调整偏色的照片。（ ）

3. "仿制图章"工具的作用是制作公司图章。（ ）

4. 钢笔工具绘制的路径可以转换为选区。（ ）

5. 使用通道工具抠图可以形成半透明的效果。（ ）

6. 网络商品照片像素越高越好。（ ）

四、问答题

1. 可以使用哪些方法来调整曝光不准的照片？

2. 可以使用哪些方法来调整模糊的照片？

3. 可以使用哪些方法来去除照片上的瑕疵？

4. 可以使用哪些方法来进行抠图？

你认为本单元最有价值的内容是：

你对本单元的教学有何建议，哪些问题是你需要进一步了解或得到帮助的：

教师的教学方法是否有效，对你的学习是否有帮助：

教师评价：A. 熟练应用　　B. 掌握　　C. 熟悉　　D. 了解　　E. 没通过

教师签字

第6章

货通全球——仓储物流

本章要点
- 物流方式概述
- 发货的流程
- 速卖通物流模板的设置

知识目标
- 学会邮政小包的概念、设置。
- 学会国际商业快递的各种运费计算。

技能目标
- 掌握速卖通的Free Shipping包邮模板设置。
- 掌握不同国家订单的发货流程。

素质目标
- 培养学生处理国际订单包裹的能力。

和我一起学做速卖通

故事导读之六

某卖家刚开始在经营商铺的前期,因为没有经验,所以商铺里面的所有商品都设置成卖家包邮。她接到的第一个订单是俄罗斯的,客户在她店铺上拍了一个汽车千斤顶,售价为17美元,提示Free Shipping。由于她对于所经营的商品重量也不是很清楚,给商品设置的重量是0.5kg。等到她拿到真实的货物准备发货时,发现商品的实际重量是3kg,结果3kg的商品通过邮政小包根本发不出去,邮政小包包裹的重量最高极限是2kg。

所以她只能和客户沟通,让客户那边申请取消订单,和客户解释说物流运输不出去,而且运费太高。但是这个客户不能理解,一定让她发货,并称如果不发货的话就投诉店铺到平台。最后她用商业快递发给客户,单单运费就花了320元人民币,这一笔订单也让她深刻明白设置运费模板时要千万小心、谨慎。

思考

1. 从上面的案例中你学会了什么?
2. 对于速卖通的卖家来说,设置货物的运费模板时要注意什么问题?
3. 邮政小包和商业快递有什么区别?

通过前面几章的学习,我们了解到如何选择零售行业,如何装修自己的速卖通店铺,怎样去推广自己的产品,也知道了接到订单后该如何去安排货源、准备发货等流程。那么，在一切准备就绪之后，接下来我们就要解决如何把商品交到客户手中。

由于跨境电商业务的特殊性，与国内一般的物流服务不同，跨境电子商务的国际物流在快递周期、运输费用、计算标准、产品包装信息等方面要复杂得多，市场上可供速卖通卖家选择的物流服务商也与国内快递公司会有较大差异。本章，我们将从邮政小包、物流服务商的选择、邮政小包的价格计算等方面，详细介绍跨境电子商务的国际物流。

6.1 物流方式概述

随着近年来"双十一"、"双十二"等促销活动所受到的关注越来越多，外贸业务的增长也发生了巨大的变化。个人和公司都开始转向做国际外贸，并在速卖通、eBay、亚马逊、独立平台网站等进行跨境电商贸易。由于跨境贸易中卖家可以选择不同的物流商进行发货，速卖通的物流方式有很多，包括：邮政小包、E邮宝、国际快递、专线物流、无忧物流、海外仓等，下面重点介绍前4种。

6.1.1 邮政小包

1. 国际小包的介绍

国际小包是中国邮政集团公司专门针对国内轻小件寄递市场推出的全新产品，重点关注电子商务行业的各类寄递需求，向协议客户提供个性化服务，实行批量交寄、预约投递、上门签收、投递过程短信通知。

国际小包定义：重量在2000克以内，外包装长宽高之和小于90厘米，且最长边小于60厘米，通过邮政服务寄往国外的小邮包，可以称为国际小包。国际小包分为普通空邮和挂号两种。前者费率较低，但不提供跟踪查询服务；后者费率稍高，可提供网上跟踪查询服务。

中国邮政小包和香港小包、瑞士小包、瑞典小包、新加坡邮政小包、马来西亚小包等服务一样是针对小件物品的空邮产品，可寄达全球200多个国家的各个邮政网点。它是作为专业的跨国电子商务物流供应商为电子商务卖家提供的又一个服务全面、价格合理的邮递方案。

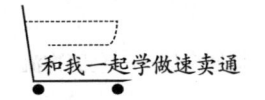

2. 邮政小包的优势

在国内速卖通或其他平台的外贸业务，卖家可以选择的几种物流方式中，邮政小包优势主要有以下几点：

（1）通邮范围广。邮政国际小包可以邮寄到全球200多个国家和地区，只要有邮寄的地方都可以送达，大大扩展了速卖通卖家的市场空间，有利于广泛拓展国外市场。另外，其适用的货物范围很广，一般是没有特别限制的，除非是国际违禁品。

（2）邮寄便捷。邮政小包免去了各种繁杂的手续和单证，包裹直接交接邮寄，且计费方式全球统一，以重量"克"计算费用，不计首重和续重，大大简化了运费核算与成本控制，而且交寄方便。

（3）价格优惠。我国的邮政小包与万国邮政联盟合作，相对于其他运输方式（如EMS、四大快递、国内民营快递等）来说，邮政小包服务有绝对的价格优势，卖家采用此种发货方式可最大限度地降低成本，提升价格竞争力。

（4）全程跟踪查询，安全、掉包率低。包裹发出后可以即时在中国邮政官网实时查询包裹动态，每时每刻都可跟踪到包裹动态，大大方便卖家的查询需求。

（5）通关强。由于我国邮政是万国邮政合作的，还是卡哈拉组织的成员，在邮政海关清关时一般不会发生扣关的情况，通常也不会产生其他运费，通关效率很高。

3. 邮政小包的时效

正常情况：16~35天到达目的地。

特殊情况：35~60天到达目的地，特殊情况包括节假日、政策调整、偏远地区等。

时效承诺：物流商承诺货物60天内必达（不可抗力及海关验关除外），因物流商原因在承诺时间内未妥投而引起的限时达纠纷赔款，由物流商承担（按照订单在速卖通的实际成交价赔偿，最高不超过300元人民币）！

4. 邮政小包的运费表（见表6-1）

运费根据包裹重量按克计费，1g起重，每个单件包裹限重在2kg以内。

（1）计费重量单位：一般以每0.5kg（0.5公斤）为一个计费重量单位。

（2）首重与续重：以第一个0.5kg为首重(或起重)，每增加0.5kg为一个续重。通常起重的费用相对续重费用较高。

表6-1 中国邮政小包新资费计算

计费区	资费标准（元/kg）（不含挂号费）	挂号费：8元
1	62	
2	71.5	
3	81	
4	85	
5	90.5	
6	105	
7	110	
8	120	
9	发新加坡小包	
10	发新加坡小包	
11	96.3	

计费区说明
1区：（亚洲）日本
2区：（亚洲）新加坡、印度、韩国、泰国、马来西亚、印度尼西亚
3区：（欧洲）奥地利、克罗地亚、保加利亚、斯洛伐克、匈牙利、瑞典、挪威、德国、荷兰
（大洋洲）澳大利亚
（亚洲）以色列
4区：其他

6.1.2 E邮宝

国际E邮宝是中国邮政为适应国际电子商务寄递市场的需要，为中国电子商务卖家量身定制的一款全新经济型国际邮递产品。目前，该业务限于为中国电子商务卖家寄件人提供发向美国、俄罗斯、加拿大、英国、法国和澳大利亚的包裹寄递服务，今年4月份又增加了乌克兰、以色列、沙特阿拉伯三个国家。

国际E邮宝提供两种包裹交运的方式，分别是中国邮政速递人员上门揽收和卖家自送。目前开通的邮政速递人员上门揽收的城市共32个，分别是：北京、天津、青岛、苏州、南京、上海、杭州、宁波、义乌、温州、福州、漳州、厦门、广州、深圳、东莞、泰州、金华、莆田、佛山、中山、嘉兴、成都、武汉、沈阳、大连、石家庄、郑州、南阳、昆明、无锡、重庆。E邮宝的单件限重和邮政小包一样，也是在2kg以内，单件包裹的长、宽、高合计不超过90cm，最长一边不超过60cm。

E邮宝的价目表表6-2所示。

表6-2 E邮宝价目表

国家	价格	计算方式
美国	80/kg + 7	每件7元挂号费，起重60克
澳大利亚	80/kg + 25	每件25元+每克0.08元

续表

国家	价格	计算方式
英国	70/kg + 25	每件25元+0.07元/克
加拿大	70/kg + 25	每件25元+0.07元/克
法国	70/kg + 26	每件26元+0.07元/克
俄罗斯	100/kg + 10	10元/件+0.1元/克,起重50克

6.1.3 商业快递介绍

UPS、DHL、FedEx、TNT这些商业快递,通达全球大多数国家地区,首重和续重均为0.5kg,有燃油费和其他杂费,送货3~5个工作日可以到达,官方网站能提供实时跟踪。这几种商业快递有着各自的优势地区,分别是:UPS对应北美地区;DHL对应欧洲地区;FedEx对应东南亚地区;TNT对应中东和东欧。

1. EMS

EMS又称邮政特快专递服务,是中国邮政集团旗下的中国速递服务公司提供的一种快递服务。主要经营国际、国内EMS快递业务,是中国速递服务的最早供应商,也是目前中国速递行业的最大运营商和领导者。公司拥有员20000多人,EMS业务通达全球200多个国家和地区以及国内近2000个城市。更重要的是,该业务在海关、航空等部门均享有优先处理权,它以高速度、高质量为用户传递国际、国内紧急信函、文件资料、金融票据、商品货样等各类文件资料和物品。

EMS国际快递价格清关的优点:网络强大、价格合理、实重发货不收材积,可不用提供商业发票即可清关,而且具有优先通关的权利。特别是对敏感的货物,一般都可以通关。通关不过的货物可以免费运回国内。

2. DHL

DHL又称敦豪航空货运公司,1969年创立于美国旧金山,现隶属于德国邮政全球网络。DHL是全球快递、洲际运输和航空货运的领导者,也是全球第一的海运和合同物流提供商。在中国大陆,DHL与中国对外贸易运输总公司合资成立了中外运敦豪,是进入中国市场时间最早、经验最为丰富的国际快递公司。DHL拥有世界上最完善的速递网络之一,可以到达220个国家和地区的12万个目的地。在中国的市场占有率达到36%。

DHL国际快递专线优势:建立欧洲专线及周边国家专线服务优势服务速度快、轨迹齐全、安全、可靠,查询方便,在美国、西欧有强大的清关能力。世界上绝大多数快递货物都是通过DHL运转的。

3. FedEx

FedEx又称联邦快递国际快递公司，是一家国际性速递集团，提供隔夜快递、地面快递、重型货物运送、文件复印及物流服务，总部设于美国田纳西州，其年收入高达320亿美元。FedEx于1984年进入中国，现在每周有11个班机进出中国，是拥有直飞中国航班数目最多的国际快递公司。

FedEx国际快递价格：价格量大从优。强力推荐到中南美洲及欧洲区域，而其他公司则是报在最贵的一区，公布价格相差30%~40%。还有在东南亚一带，21kg以上的大货，FedEx的价格只有DHL、UPS的一半，但运输速度一样快。

4. UPS

UPS又称为联合包裹服务公司，起源于1907年在美国西雅图成立的一家信差公司，是世界上最大的快递承运商与包裹递送公司，资产达515亿美元。其商标号称是世界上最知名、最值得景仰的商标之一。同时也是专业的运输、物流、资本与电子商务服务的领导性的提供者。UPS从世界范围来看，其实是快递行业的老大，历史最为悠久，且与FedEx一直是对手。但在中国，UPS的影响力要次于FedEx。UPS的强势地区为美洲地区，性价比最高。

5. TNT

TNT国际快递集团是全球领先的快递邮政服务供应商，为企业和个人客户提供全方位的快递和邮政服务，公司总部设在荷兰的阿姆斯特丹。TNT拥有欧洲最大的空陆联运快递网络，能实现门到门的递送服务，并且正通过在全球范围内扩大运营分布来最大幅度地优化网络效能。TNT于1988年进入中国市场，拥有26家国际快递分公司及3个国际快递口岸。拥有国内最大的私营陆运递送网络，服务覆盖中国500多个城市。

6.1.4 国际专线物流

1. 国际线上专线的概况

国际专线服务是"互联易"通过整合全球资源，与海外快递公司合作，将货物在国内分拣，直飞航班进行清关和配送。"互联易"开通的专线有：中俄专线、中澳专线、中美专线、欧洲专线、Aramex专线等，国际专线操作灵活，时效

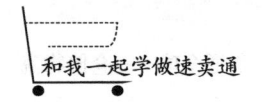

快,服务稳定,全程物流跟踪信息查询,适合运送高价值、时效要求高的物品,且大部分地区无须收取偏远地区附加费。一般时效3~5个工作。"互联易"专业物流如图6-1所示。

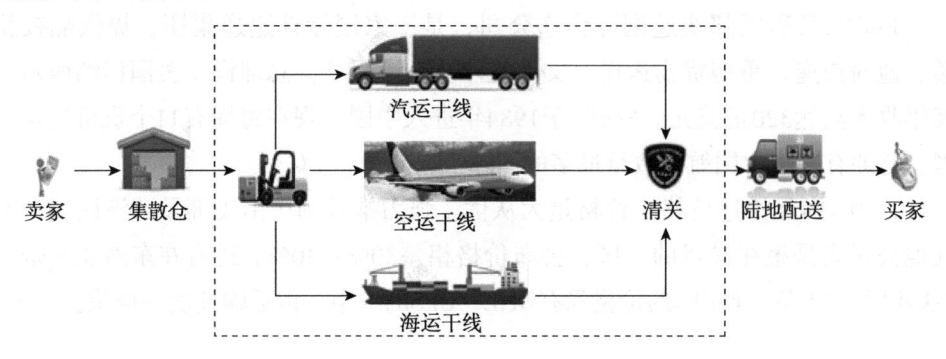

图6-1 专线物流

2. 国际线上专线例子——中东专线

中东专线又叫Aramex专线,创建于1982年。其提供的服务范围包括国际和国内快递、物流和仓储、档案和信息管理、电子商务和网络购物等。Aramex在全球310多个地方雇用超过8100多名员工,其强大的联盟网络可覆盖全球。

Aramex的运费包括基本运费和燃油附加费两部分,其中燃油附加费每个月均有变动,以Aramex网站或泰嘉网站上公布数据为准。

Aramex一般发货两天内可以上网查询。为对客户保证安全性,阿里电商收取货物及操作开单收取运费后。如果发生上网前快件丢失,阿里电商将按照申报价值赔偿客户损失(上限为100美元),最高不超过3倍运费。Aramex包裹上网后,在寄递过程中因非客户过失而发生丢失、短少、损毁和延误,阿里电商会协助客户向Aramex快递公司申请赔偿。快件损坏或丢失,Aramex将按申报价值赔偿,最高不超过100美元,但对间接损失和未实现的利益不承担赔偿责任。

跨境物流介绍

6.2 发货的流程

6.2.1 选择适合的物流

要想顺利地完成一笔交易,可靠而快捷的国际物流环节是必不可少的。但是跨境物流方式有很多不同的选择，有各种国际商业快递，邮政大、小包；E邮宝；各种线上的物流商等。那么我们在面对不同的产品订单时，要综合考虑运费、安全度、运送速度以及买家的实际需要等因素，选择适合自己的跨境物流。

例如，卖家A在后台收到一个新订单，乌克兰的客户买了两件亲子装，并且已经付款，两件亲子装的重量在500g。

这个订单的客户是乌克兰的，现在从中国到乌克兰的跨境物流有好几种选择，比如：邮政小包、乌克兰新开通的E邮宝物流、线上发货，还有其他的商业快递，我们要做的任务是根据几种选择的运费和物流时间综合选择，选择出最适合这笔订单的跨境物流。

①邮政小包到乌克兰的运费：乌克兰在邮政小包里面的国家是属于运费5区的，那么1kg的货物到乌克兰的运费=90.5×0.5 + 8= 53.25元。所以这笔订单如果通过邮政小包的话，运费大概在54元左右。

②E邮宝到乌克兰的运费。E邮宝到乌克兰的线路是今年4月份中国邮局刚开通的，之前E邮宝只能发6个国家：美国、俄罗斯、法国、加拿大、澳大利亚、英国。E邮宝到乌克兰的资费标准是：8元+0.1元/克（起重50克）。所以这笔亲子装如果发E邮宝的话，运费=700×0.1 + 8 =70.8元。

③如果发商业快递的话，以商业快递DHL为例来计算运费。DHL的运费比较贵，一般走小货的价格都在两三百元左右，不划算。

所以我们在综合考虑价格的基础上，我们这笔订单就选择发邮政小包到乌克兰。

6.2.2 填写发货通知

邮政小包的发货现在国内可以直接去邮局发货，或者给各地的邮局下面的不同货代点，区别在于每个发货点给的折扣价和时效会不一样。比如这笔订单我们从邮局或者货代拿到的邮政小包"货运跟踪号"是"RJ225238595CN"。在后台的"填写发货通知"里面，把上面的小包单号填进去，填的时候请确认"物流服务名称"是"China Post Registered Air Mail"，把"货运跟踪号"填好，下面的"发货状态"选择"全部发货"如图6-2所示。

图6-2 填写发货通知

图6-2 填写发货通知(续)

备注：后台的物流单号填写提交后，在5天之内可以进行修改单号，而且每个订单可以有2次的修改机会。卖家如果发货的物流方式和买家下订单时选择的物流不一致，最好在发货时给客户写封站内信告知对方，以避免后期的客户纠纷。卖家如果超过了5天的修改期，后期物流有新的变动，应该通过站内信和邮件的方式一并告知客户新的物流跟踪号，并且要重点跟踪。

6.2.3 对货物打包贴面单

用剪刀把物流面单按打印的边缘小心剪下，然后用透明胶将面单平整地贴在外包装的表面，尤其要注意面单上面的物流条形码不能有皱褶，以便通过各国海关时顺利通过扫描，我们也能跟踪到全面的物流信息。跨境的物流面单和国内的快递面单不一样，不能使用不干胶的打印纸，只能用透明胶全部贴好，这是为了防止在国际运输中淋湿等情况下对面单的破坏，如图6-3所示。

图6-3 货物打包贴面单

6.3 速卖通物流模板的设置

1. 运费模板介绍

在现有的速卖通运费模板中，共有以下4种，卖家可以根据自己店铺的实际情况选择合适的运费模板。如果是新手在前期运营阶段时，可以选择第一种标准运费，等后期经营了一段时间后，对于各个国家，不同产品的运费有了初步了解后，就可以选择后面的几种运费模板。

（1）标准运费模板

平台按照各物流服务提供商给出的官方报价计算运费。决定运费的因素通常为：货物送达地、货物包装重量、货物体积重量。如果卖家为不同的运输方式减免了折扣，平台会将在官方运费的基础上加入折扣因素后计算出的运费值呈现给下单的买家。

（2）物流折扣（减免）

在卖家联系货运代理公司时，货运代理公司会给卖家以一定的折扣（折扣的多少视卖家与货运代理公司的协议而定，也可以使用平台线上发货的折扣），卖家可以将此折扣信息填写在卖家的产品的运输折扣内容里，以吸引买家下单。

（3）卖家承担运费

卖家承担运费即包邮，卖家可以将运费成本添加到产品价格中，买家展示页会面出现Free Shipping的字眼从而吸引买家下单。

（4）自定义运费

卖家可以自由选择对不同的国家设定不同的运费类型，包括标准运费、卖家承担运费或者是自定义运费；也可以根据卖家自己的买家群分布来定运费，从而吸引自己的主要群体买家。

在发布商品时，针对某些产品可能会使用相同的运费设置，而如果每次都要重新设置显然很浪费时间。卖家可以将常用的运费组合设置为模板，在发布产品时选择相应的模板应用即可。

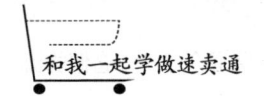

2. 卖家承担运费模板的设置流程

现在很多卖家的运费都喜欢设置成Free Shipping包邮，主要是客户都喜欢免邮的商品，能让买家有一个更好的购物体验，也方便自己操作。下面详细介绍包邮模板的操作流程（以中国邮政小包为例）。

点击"产品"下面的"运费模板"，如图6-4所示。

运费模板设置

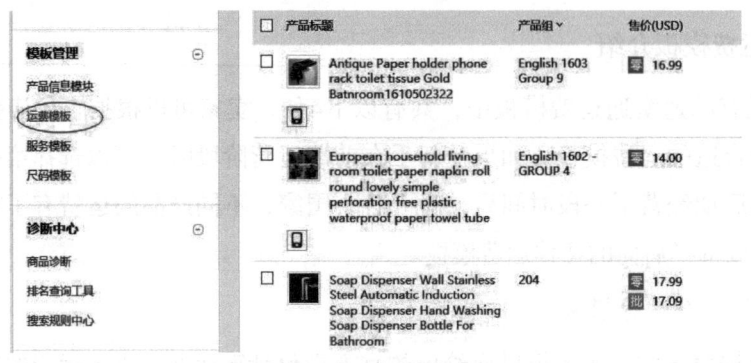

图6-4 "运费模板"界面

②点击"新增运费模板"按钮，如图6-5所示。

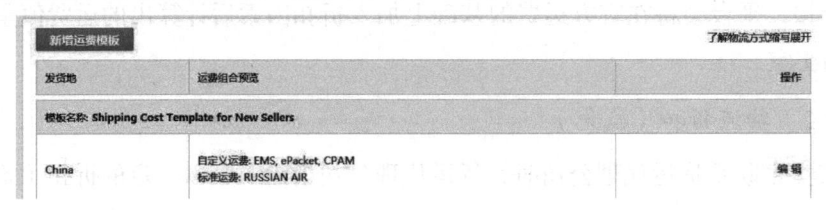

图6-5 "新增运费模板"按钮

③打开如图6-6所示界面，在"输入运费模板名称"文本框中填入相关信息，注意只能输入英文的，然后点击"保存"按钮。

图6-6 填写运费模板名称

④进入具体的编辑页面，如图6-7所示，以中国邮政挂号小包为例，总共有三种模式：标准运费（根据后台的标准）、卖家承担运费（包邮）、自定义运费（根据国家远近设置不同的运费）。

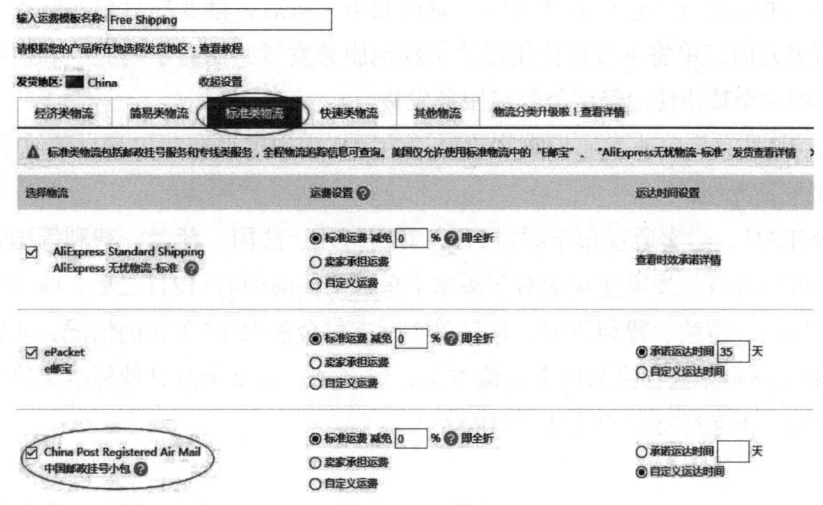

图6-7 具体物流编辑界面

⑤选中"卖家承担运费Free Shipping",如图6-8所示,右边的"承诺运达时间",点击输入"60"天,最后点击"保存"按钮,这样针对所有国家包邮的模板(邮政挂号小包)就做好了。

图6-8 卖家承担运费

本章小结

物流是跨境电子商务行业中不可忽视的一个节点,物流的选择影响着成本、服务,甚至是最后的收益。本章重点介绍了速卖通物流中的几种模式:邮政小包、E邮宝、国际快递及专线物流,然后以邮政挂号小包为例详细介绍了订单的物流发货流程。

拓展阅读

2017年3月24日速卖通发布公告,称决定下线8条物流渠道。下线的物流渠道包括:越南邮政、台湾邮政、森信欧洲专线、加拿大邮政、YODEL、匈牙利邮政、泰国邮政、新西兰邮政。

速卖通方面称,下线物流渠道主要是为了进一步提升平台跨境购物的物流体验,挑选上述8个物流渠道主要是根据物流方案的历史表现。实际上,今年开始,速卖通就针对物流服务体验做了不少动作。今年2月,速卖通对俄罗斯、乌克兰、

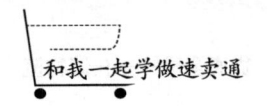

白俄罗斯的物流政策进行整体升级。物流政策升级后，俄罗斯订单实际支付金额大于两美元的订单将不可再使用经济类物流服务发货，而对于乌克兰和白俄罗斯市场，则完全禁止使用经济类物流服务发货。

今年2月23日，速卖通根据物流渠道的历史表现觉得在3月1日，下线了TEA-POST俄罗斯专线。

今年3月，速卖通宣布于4月12日，对西班牙、法国、荷兰、智利等国家的物流服务进行升级。规定速卖通对于买家下单在美国时间4月12日之后，收货国家为西班牙法国、荷兰、智利四国，且订单实际支付金额大于5美元的情况，卖家只能使用AliExpress无忧物流及以上物流方案，经济类、简易类及其他标准类物流将不允许使用（不支持寄送的特殊类目除外）。

摘自：亿邦动力网

反馈表

单元名称		姓名		班级		年 月 日	
请思考以下问题： 1. 一个货物3kg，发往俄罗斯，请问可以发哪些物流方式？ 2. 邮政平邮小包有哪些特点？ 3. 专线物流有哪些优势？ 4. 一个俄罗斯客户在速卖通平台上面买了一件连衣裙，包装重量是0.38kg，长、宽、高分别为25cm×15cm×3cm，发邮政挂号小包，请你计算运费？								
你认为本单元最有价值的内容是：								
你对本单元的教学有何建议，哪些问题是你需要进一步了解或得到帮助的：								
教师的教学方法是否有效，对你的学习是否有帮助：								
教师评价：A. 熟练应用　　B. 掌握　　C. 熟悉　　D. 了解　　E. 没通过 教师签字								

第 7 章

营销手段——
店铺营销策略

本章要点

- ▶ 店铺自主营销工具
- ▶ 联盟营销推广
- ▶ 直通车推广

知识目标

- ▶ 掌握后台全店铺营销分组的设置技巧。
- ▶ 掌握直通车关键词的添加技巧。

技能目标

- ▶ 学会店铺自主营销的工具、折扣力度设置。
- ▶ 学会定向优惠券的设置及推送。

素质目标

- ▶ 培养学生店铺推广运营的能力。

故事导读之七

4年一次的世界杯全民狂欢即将拉开帷幕，在世界球迷翘首以盼的同时，跨境电子商务平台"全球速卖通"也将推出一系列营销计划，帮助中国卖家在这4年一度的世界杯足球大赛期间能够赚得盆满钵满。

不过，在竞争激烈的当下，速卖通卖家该如何才能有资格参加此次活动，并且从中脱颖而出，成了摆在许多卖家面前的一道难题。

雨果网了解到，本次世界杯在巴西举办，对中国卖家而言是符合"天时、地利、人和"的各种利好条件。首先，足球产业的周边产品，主要鞋服方面，中国企业的优势由来已久；其次，巴西地处南美，这与速卖通运动行业买家在区域上高度重合，届时整个南美市场将会迎来一个爆发期。同时，4～7月份是相对的物流平淡期，能够在一定程度上避免出现投递迟缓现象。

速卖通运动行业负责人透露，2010年南非世界杯期间，义乌产的"呜呜祖啦"引起的全球轰动至今振奋人心，因此速卖通也希望能够借本届足球世界杯，将整个运动行业推到一个新的高度。

2010年的3.25大促，速卖通世界杯的营销活动主推运动行业，其目的有两个：一是从行业上看，是为了帮助运动行业开拓新兴市场，特别是巴西等南美国家。据了解，运动行业在速卖通3.25大促的整个成交额增长了4倍，其中实力最为强硬的当属球服、专业运动鞋（跑鞋和板鞋）等商品；而像骑行服、自行车部件、附件、垂钓产品和乐器也有很大的发展潜力；二是从流量上看，是为了引入更多买家流量，推动整个行业的成长，最终打造成专业的运动市场；三是从更深层次的目的看,是希望通过世界杯的营销活动,为速卖通卖家打好运营基础,清晰定位自己的产品和营销方向,为接下来的大促做好准备,推动店铺发展到一个新的台阶。

思考

1.为什么要结合世界杯去进行营销推广?

2.对于速卖通的卖家来说,这个案件给予你什么启发?

7.1 店铺自主营销

7.1.1 限时限量折扣活动

限时限量折扣是由卖家自主选择活动商品和活动时间,设置促销折扣及库存量的店铺营销工具。利用不同的折扣力度推新品、造爆品、清库存,是卖家最爱的一款工具。

限时限量折扣由三个板块组成:活动名称、活动开始时间和活动结束时间,这三个模块需要我们填写。活动名称需简单明了,如这个营销工具是推新款的,活动名称就可以直接写成推新款,如果是打造活动款的,活动名称就可以直接写成打造活动款。需要注意的是:活动开始时间和活动结束时间为美国太平洋时间,开始和结束的时间可以根据活动目的来设置,正常情况下,设置一个星期左右为宜,能给客人紧迫感。另外可以给自己有时间来修改和优化产品的页面。如果是清库存的产品,时间可以设置得稍微久一些。

1. 限时限量活动的位置

限时限量折扣的位置在营销中心里面,打开速卖通后台,点击"营销中心",再点击"店铺活动",如图7-1所示。

进去之后,再点击"创建活动"按钮,如图7-2所示。

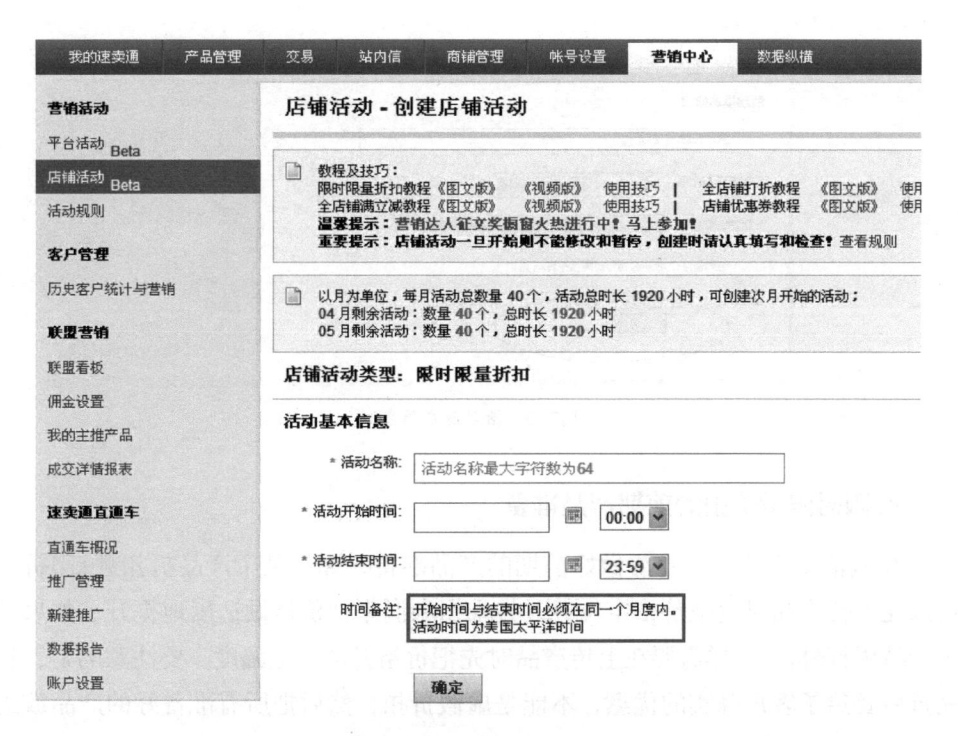

图7-1 限时限量折扣的位置

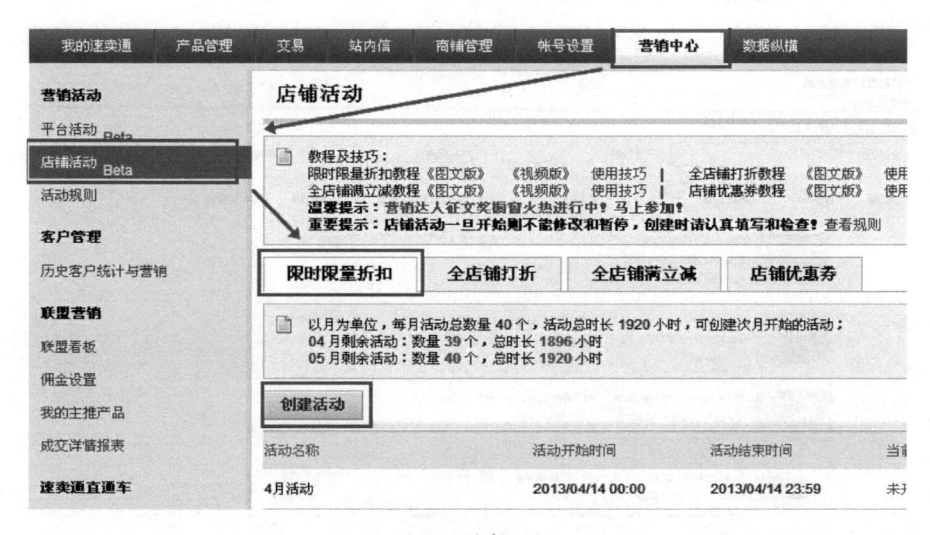

图7-2 创建活动

点击"创建活动"之后，会进入如图7-3所示的界面，填写活动名称、活动的时间范围设定在一个星期左右，然后点击"确定"按钮。

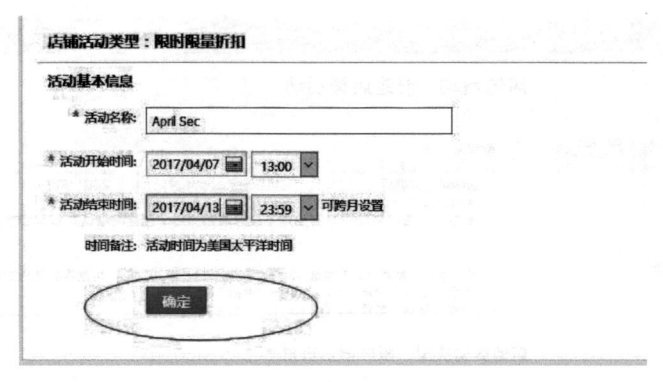

图7-3 活动基本信息

2. 限时限量折扣的前期产品准备

在做活动之前，一定要做好前期的产品准备，如果某个产品折扣想打5折，可以在上传产品时就把价格定位好，先根据利润率把价格做适度地提升。如果某个产品想打6折，一样需要在上传产品时先把价格升高一定幅度。要注意的是，打完折后要给予客户确实的优惠，不能是虚假折扣，然后把所有准备好的产品放进一个组里面，方便后续的营销活动产品的寻找，如图7-4所示。

图7-4 选择产品

在勾选了要做限时折扣的产品之后，要对产品的折扣价格和活动库存进行设置。注意：手机端的折扣价格比全站的折扣力度要适当大一点，这是平台支持无线端的客户，如图7-5所示。

☑全选 | 全站折扣率 10 % OFF 手机折扣率 11 % OFF 活动库存 50 确定 单位：美元

商品信息	原售价	渠道	90天售卖均价	促销价	折扣率	活动库存	操作
Bathroom accessories , toilet paper holder 8807, Free Shipping	22.88	全站	21.56	20.59	10 % OFF 即 9 折	50 pieces	删除
		手机专享	21.49	20.36	11 % OFF 即 8.9 折		
Stainless Steel, toilet paper holder 8812, Free Shipping, Bathroom Accessories	26.99	全站	25.43	24.29	10 % OFF 即 9 折	50 pieces	删除
		手机专享	25.35	24.02	11 % OFF 即 8.9 折		
Free Shipping, stainless steel toliet paper holder 8835	29.99	全站	28.39	26.99	10 % OFF 即 9 折	50 pieces	删除
		手机专享	28.31	26.69	11 % OFF 即 8.9 折		

图7-5 全站和无线端的不同折扣

我们需要根据前期产品的准备设置折扣，根据活动的目的来设置数量。如果所选择的产品前期已经提高了50%的价格，那我们的折扣最高就可以打5折。当然，在前期，新款和活动款可以让更多的利润给买家。实践证明，折扣活动时间持续一个星期左右，促销数量为10个左右。如果过少，产品一下子就会被抢光了，达不到活动的目的。

7.1.2 店铺满立减活动

全店铺满立减工具是速卖通全新推出的店铺自主营销工具。针对全店铺的商品，在买家的一个订单中，若订单金额超过了设置的优惠条件（满X元），在其支付时系统会自动减去优惠金额（减Y元）。既让买家感觉到实惠，又能刺激买家为了达到优惠条件而多买，买卖双方互利双赢。优惠规则（满X元减Y元）由卖家根据自身交易情况设置，正确使用满立减工具可以刺激买家多买，从而提升销售额，拉高平均订单金额和客单价。

1. 满立减的概况

我们做满立减，首先要知道这么做的目的。打个比方，我们在淘宝上买一件衣服，它的售价是100元，但是它的卖家告诉你，如果买两件，也就是满200元，就可以给你优惠50元，这样就可以很好地抓住客户的心理，卖家也达到了他的目的，提高客单价。我们做满立减的目的也就是要提高客单价，这样我们就能充分地利用好这个营销工具。在做满立减之前，我们需要知道我们店铺的客单价是多

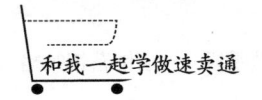

少,如图7-6所示,打开"数据纵横"→"商铺概况",可以找到最近30天的交易概况,我们就可以很容易知道我们店铺的大概客单价。

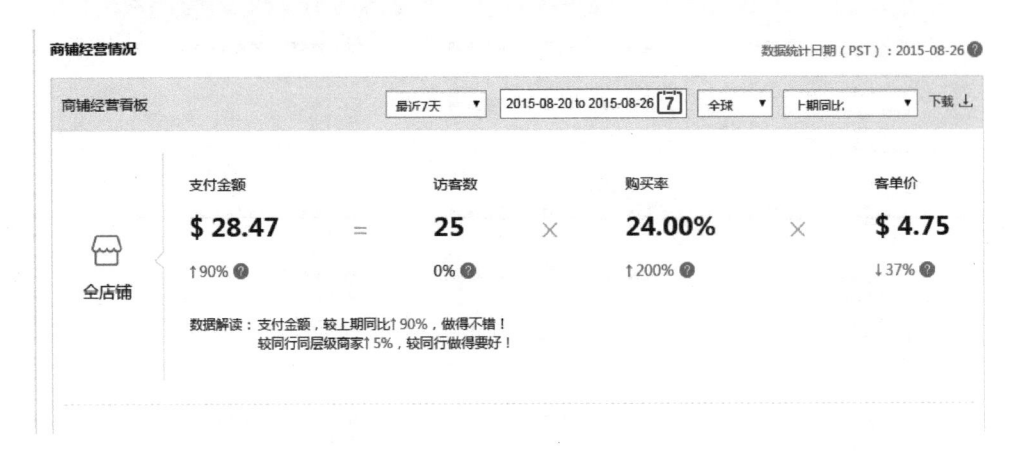

图7-6 店铺的客单价

还有很多人会问,这个客单价准确吗?店铺后台给予我们的客单价可以作为参考值,如果怕系统有误差,最直接的办法就是找出一个月时间内,我们经常出单的产品中销售额最大的产品价格,作为参考。当然这个办法适合于店铺的整体客单价相差不大的情况。但是我们要注意,满立减都有一个数量和时间的限制,满立减每个月有3个活动,持续时长为720个小时。由于个数和时长都有限制,所以我们在月初就要规划好整个月的满立减,这样才不会造成浪费。

2. 如何设置满立减

如图7-7所示,打开"营销活动"→"店铺活动"→"全店铺满立减"页面,再点击"创建活动"按钮,就可以进行满立减活动的设置。

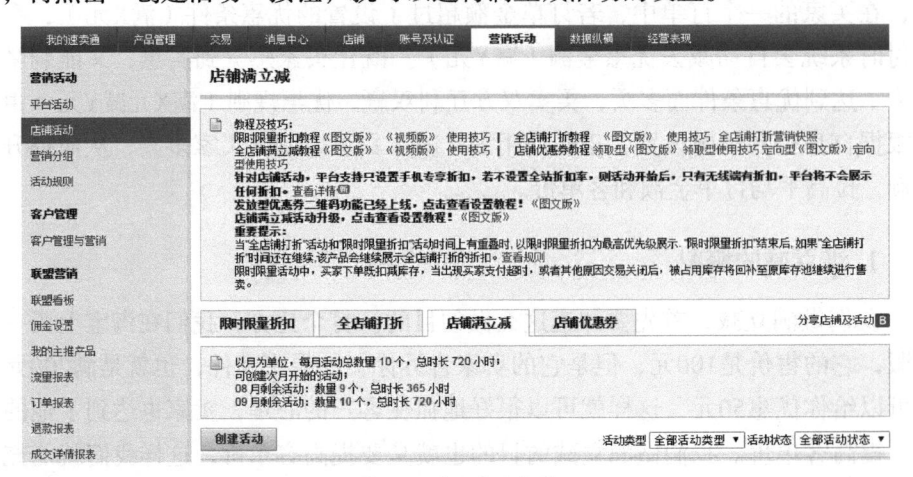

图7-7 满立减的位置

满立减有两部分需要我们填写，"活动基本信息"和"活动商品及促销规则"，如图7-8所示。

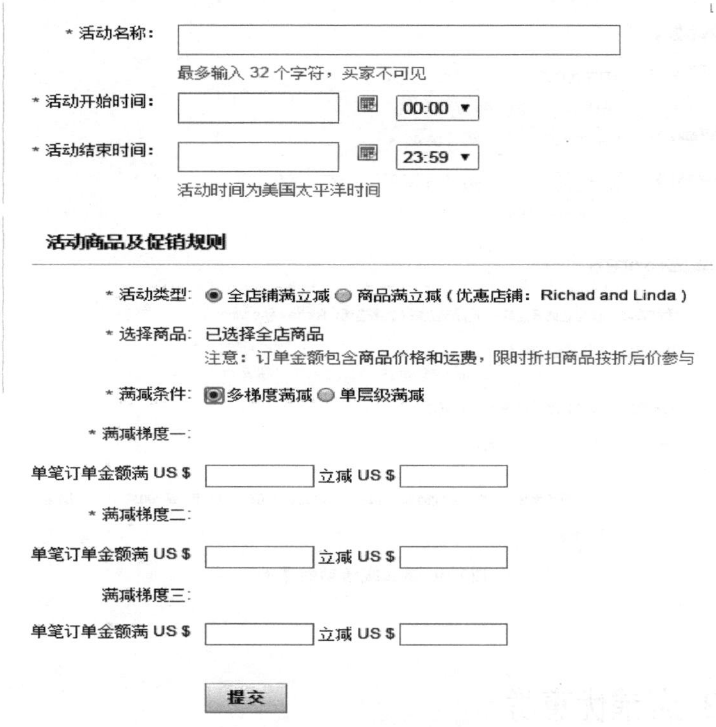

图7-8 满立减的活动基本信息填写

满立减的名称是不会展示给买家看的，所以卖家可以根据自己的实际情况设置名称。对于活动的开始时间和结束时间，有以下三点需要注意：①满立减的开始时间和结束时间都只能在同一个月内；②由于系统同步原因，要提早48小时创建活动；③满立减最好整个月都要存在，由于它只可以设置3个，总时长720个小时，所以我们在月初就要规划好整个月的满立减活动。

接下来进行优惠内容和优惠条件的设置。我们已经提到过，设置满立减的目的就是要提高客单价，所以设置的优惠条件也要以提高客单价为目的。假设店铺的客单价为52美元，如果我们想让客人多买一件，那么就应该给与客人优惠，比如告诉客人，买满100美元，优惠内容可以减少5美元。要注意的是：里面有个优惠是否可以叠加的选项（即"优惠可累加"选项），我们要根据自己店铺的利润度来确定。如果利润度可以承受，建议选中，这样可以刺激客户多下订单。如图7-9所示的是设置了满立减活动后的界面。

图7-9 满立减活动的界面

7.1.3 店铺优惠券

1. 设置目的

我们设置优惠券与满立减活动一样,在设置之前,必须要知道,我们设置优惠券的目的。只要自己知道了目的,才能更好地设置优惠券。首先我们设置优惠券和满立减一样,也是为了提高店铺的客单价,但是它又和满立减不一样,满立减最少要优惠5美元,而优惠券则不一样,它可以设置小金额的,比如2美元、3美元、4美元,对于卖家朋友来说,这是比较灵活的。其次,设置优惠券增加二次营销的机会。其实优惠券在国外是比较流行的,国外的客人也是比较受用的。优惠券分两种,一种是速卖通不限条件的优惠券,另外一种是需要满足一定金额才可以使用的优惠券,我们把优惠券发放给客户,他们就会想办法把这个优惠使用掉,这就达到我们二次营销的目的。优惠券的好处和注意事项如图7-10所示。

图7-10 优惠券的好处和注意事项

第⑦章 营销手段——店铺营销策略

2.优惠券的具体设置

优惠券和满立减一样，也有个数限制，一个月只可以设置5个。那就要我们在月初时仔细规划，要不然浪费了平台的资源就太可惜了。具体的设置如下，打开"营销中心"→"店铺优惠券"页面，再点击"添加优惠券"按钮，进入创建优惠券的活动页面。

①点击"添加优惠券"，如图7-11所示。

图7-11 "添加优惠券"按钮

②输入优惠券的"活动名称"、"活动结束时间"可以选择一个星期后，输入"面额"，如图7-12中的2美元，及"发放总数量"，"使用条件"设为"不限"，"有效期"要大于上面设置的结束期，然后点击"确认创建"按钮，如图7-12所示。

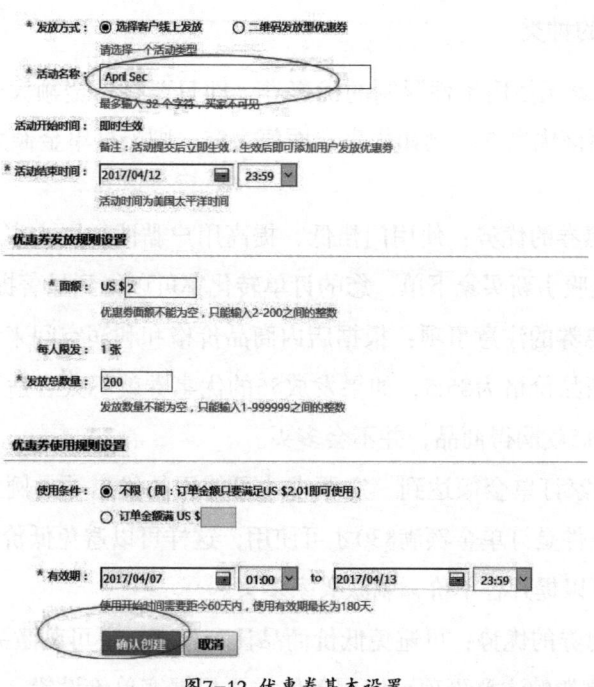

图7-12 优惠券基本设置

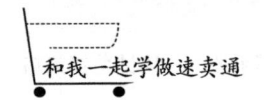

③然后会跳出如图7-13所示的活动创建确认界面，确认好后点击"确认创建"按钮。

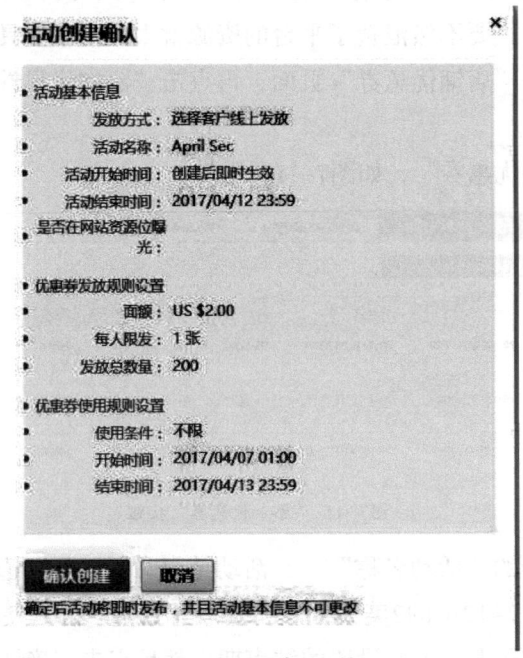

图7-13 活动创建确认界面

3.优惠券的种类

类型1：买家无使用条件限制的优惠券，即只要订单金额大于优惠券面值，买家就可以使用该优惠券。例如优惠券面值为$5，则当订单金额大于或等于$5.01即可使用。

该类型优惠券的优势：使用门槛低，提高用户黏性和回头率。买家领券后使用率高，特别是吸引新买家下单，您的订单转化率可以得到显著提升。

该类型优惠券的注意事项：根据店内商品价格和利润空间来设置优惠券。例如店内部分小商品价格为$5.5，如果发放$5的优惠券就不太合适了，因为买家极有可能只需花$0.5就购得商品，并不会多买。

类型2：买家订单金额达到一定要求才可使用的优惠券。例如发放的优惠券面值$5，使用条件是订单金额满$30才可使用，这样可以避免低价商品让利过多的现象发生，也可以提升客单价，刺激买家多买。

该类型优惠券的优势：可避免低价商品让利过多，还可刺激买家多买。

该类型优惠券的注意事项：使用条件需要根据客单价设置，在客单价基础上提升一定金额，例如客单价为$20，可设置使用条件为满$30，或满$40才可使用的优惠券都比较合理。如果此时设置满$100才能使用的优惠券，买家就很少会买账了，这样的优惠券活动就没有意义了。

备注：客单价=销售额/买家数，例如近30天销售额为$400，买家数20个，则客单价为$400/20=$20。

7.1.4 全店铺打折

全店铺打折是店铺自主营销的"四大利器"之一，尤其对于新店铺来说，作用更为明显，能快速提高店铺的销量和信用，提高店铺的综合曝光率。但是在做全店铺打折前，有以下三点是我们需要注意的：①全店铺打折的开始时间为美国太平洋时间，创建活动后需要48小时；②在做全店铺打折前，必须对我们所有的产品要有一个整体的利润把控，也就是说，每个产品能打多少折，利润有多少，我们必须要清楚，这样才能用好全店铺打折；③要注意设置时间，当活动处于等待展示阶段，是不能再修改的，所以我们要做好计划再操作全店铺打折。

由于店铺打折的力度比较大，全店铺打折的时间不宜过长，最好持续时间为5天左右，否则店铺每天都在打折，给客人的印象就是你的店铺就是个打折店铺，客人每天都在等你打折，没打折就不下单，不利于店铺的长期发展。

①点击"全店铺打折"按钮，再点击"创建活动"按钮，如图7-14所示。

图7-14 创建活动

②打开如图7-15所示界面，设置全店铺折扣的活动基本信息，设置"活动名称"、"活动开始时间"、"活动结束时间"和"全站的折扣率"（"无线折扣率"要比"全站折扣率"高）。

图7-15 全店铺折扣的活动基本信息

7.2 联盟营销

联盟营销是一种按效果付费的网络营销方式，卖家通过联盟营销渠道收到了订单，按照事先设定的交易比例支付佣金。佣金由卖家决定，每个顶级类目都有平台限制，从3%到50%不等。若有退款和订单折扣则按照比例削减佣金，运费无须付佣金。

联盟营销由4个部分组成：联盟看板、佣金设置、我的主推产品报表、流量报表，如图7-16所示。

图7-16 联盟营销

1.联盟看板

首先打开"我的速卖通"→"营销中心"→"联盟看板"页面，如图7-17所示，通过联盟数据概览，我们能了解店铺通过联盟营销进来的访客、支付金额等。所以如果我们做了联盟营销，要经常通过联盟看板观察我们的数据，这样才能更好地把握好联盟营销。

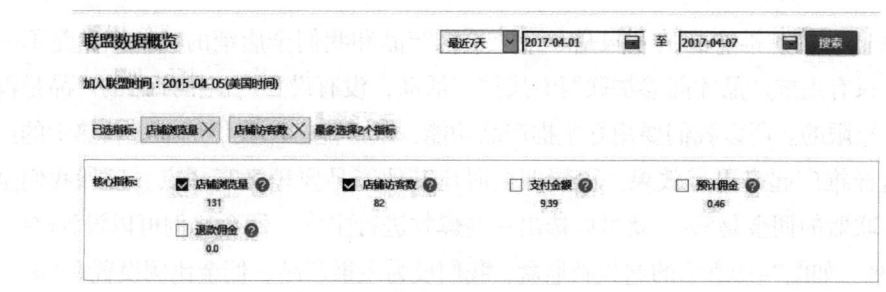

图7-17 联盟数据概览

2.佣金设置

每个类目要求的最低佣金都是不一样的，如图7-18所示。

1.类目佣金表

类目	最低佣金比例	最高佣金比例
Apparel	5%	
Automobiles & Motorcycles	5%	
Beauty & Health	5%	
Computer Hardware & Software	3%	
Construction & Real Estate	5%	
Consumer Electronics	5%	
Customized Products	5%	
Electrical Equipment & Supplies	5%	
Electronic Components & Supplies	5%	
Furniture	5%	
Gifts & Crafts	5%	
Hardware	5%	
Health & Medical	5%	
Home & Garden	3%	
Home Appliances	5%	50%
Jewelry & Watches	5%	
Lights & Lighting	3%	

图7-18 类目佣金率

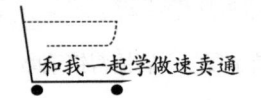

3. 我的主推产品

联盟营销主推产品的上限是40个。主推产品和我们全店铺的其他产品是不一样的，只有主推产品才能参加联盟专属推广活动，没有设置为主推产品的产品是没有这个权限的。所以我们要用好主推产品功能，最好能选出我们店铺比较热卖的产品，这样推广起来更有效果。设置佣金时比其他产品要稍微高一点。假如我们全店铺的联盟的佣金是5%，就可以选出一些爆款进行主推，佣金比例可以设为6%，7%，8%。如图7-19所示的这款肥皂盒，我们设为主推产品，佣金比例设置在6%。

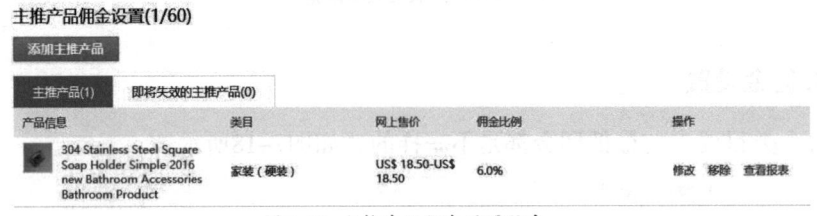

图7-19 主推产品佣金设置信息

4. 成交详情表

通过成交详情报表，我们可以清楚地知道联盟营销的效果，如某个时间段内，联盟营销为我们带来的效果、投入产出比、订单来源网站等。

7.3 直通车推广

7.3.1 直通车概述

1. 何为速卖通直通车

当买家搜索一个关键词，设置了该关键词推广的商品就会在相应的展示位上出现，当买家点击了你推广的商品时，才会进行扣费，这是典型的点击付费广告。由于它可以让广告主在推广与成交之间畅通无阻，迅速获得切实的推广效果，所以被人们形象地称为"直通车"。速卖通直通车就是为全球速卖通卖家量身定做的，能够实现快速提升店铺流量，按点击付费的效果营销工具，它最大的价值在于为卖家引流，如图7-20所示。

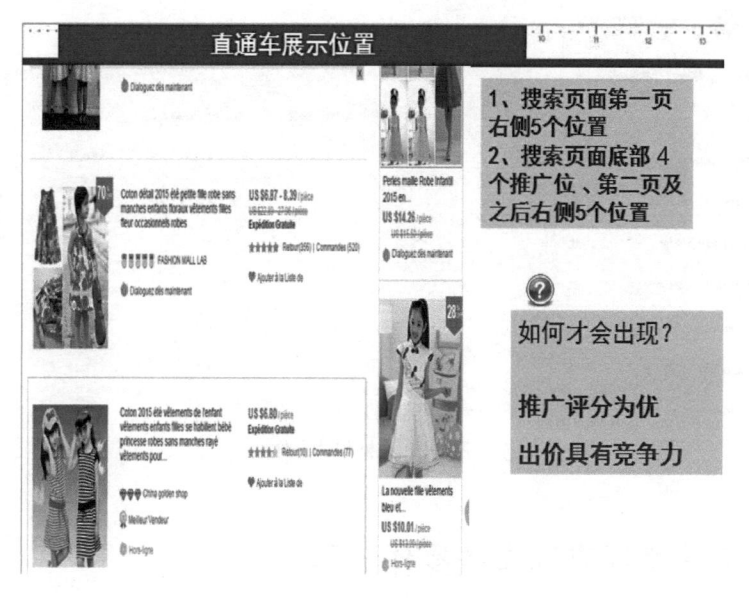

图7-20 直通车的展示位置

2. 速卖通直通车的优势

（1）黄金地段、海量展示

关键词投放会将你的商品带到搜索结果页面的右侧,以及搜索结果页面下方的位置;同时商品推荐投放功能,也会将你的商品带到行业首页商品推荐位,以及商品详情页面下方的推荐位置。这些位置都是平台上最能吸引到买家眼球的位置,而且这些位置在每一页都有。

也就是说直通车将会以海量的多元化展示投放方式,让你的商品尽可能多地占据速卖通平台最能吸引眼球的黄金位置。

（2）精准点击、扣费合理

首先,刚才提到的那些海量的引流,曝光是绝对免费的,有了点击才会产生扣费。其次,速卖通会屏蔽所有无效点击,比如,中国大陆地区的点击、重复性的人工点击等,所以说卖家收到的必然是具有买家购买意愿的精准点击。最后,针对性扣费,关键词出价会在一定程度上营销你的点击花费,但是这个价格只是一次点击付费的最高金额,实际扣费小于或等于出价金额,如图7-21所示。

关键词	推广评分	七日曝光量	七日点击量	七日花费	出价	预估排名
toilet holder paper	优	3	0	¥0	¥0.11	其他位置
toilet accessories	优	47	0	¥0	¥0.19	其他位置
bathroom paper holder	优	1	0	¥0	¥0.35	其他位置
bathroom toilet accessories	优	0	0	¥0	¥0.16	其他位置
paper toilet	优	21	0	¥0	¥0.17	其他位置
toilet paper box	优	6	0	¥0	¥0.19	第一页右侧
paper holder	优	397	0	¥0	¥0.97	其他位置

图7-21 关键词的出价

7.3.2 速卖通直通车的操作流程

目前越来越多的人选择了开通速卖通来创业，但是竞争也非常激烈，所以大部分人都选择开通速卖通直通车来使自己的店铺发展得更快，下面来介绍一下速卖通直通车并且指导大家正确使用直通车功能。

①点击"营销活动"，再点击左边的"推广管理"，如图7-22所示，进入直通车页面。

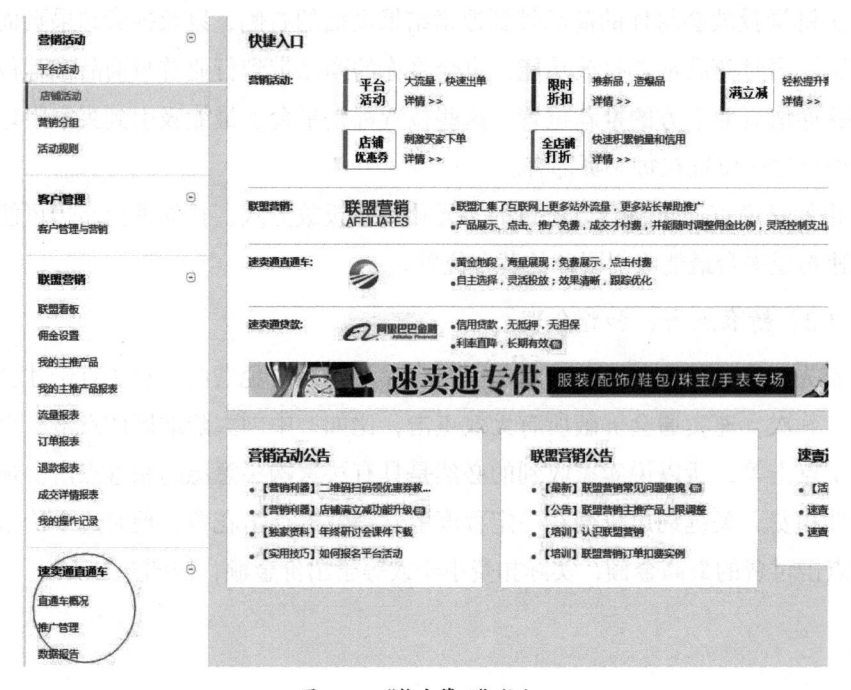

图7-22 "推广管理"按钮

②在直通车页面点击"新建推广计划"按钮，如图7-23所示。

图7-23 直通车页面

③进去之后，会出现如图7-24示的两种推广方式：重点推广计划和快捷推广计划。重点推广计划具有创意主图的功能，可以加快爆款的推广，可以单独选品来指定关键词，最多可以创建10个计划。而快捷推广计划可以批量选品选词，可以进行打包的推广。

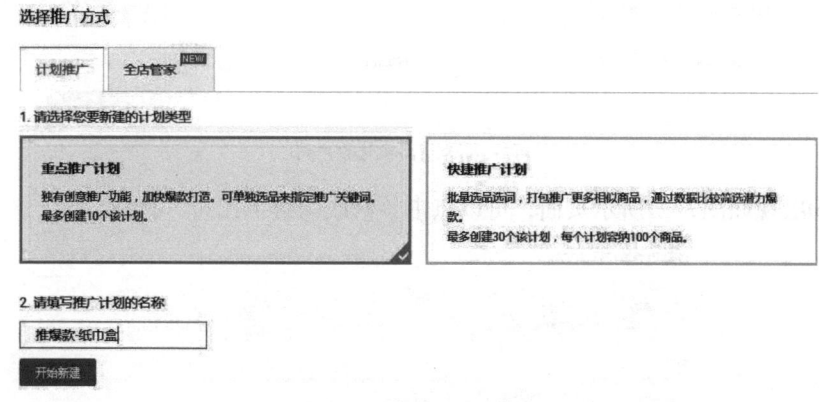

图7-24 选择推广方式界面

④选择好推广方式后就要挑选要设置的商品，如图7-25所示的页面，包括：全部商品、热销商品、热搜商品、潜力推荐。卖家可以根据自己的店铺实际运营情况选择要推广的商品，选中要推广的商品后，点击"下一步"按钮。

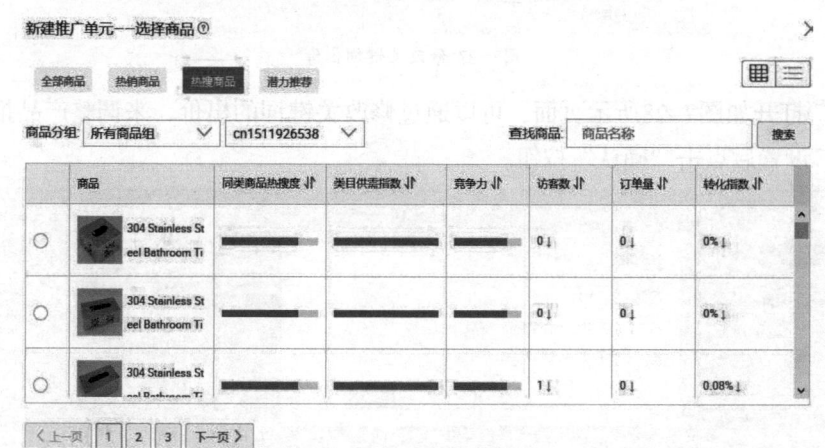

图7-25 挑选要推广的商品

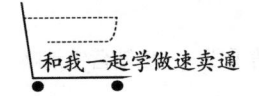

⑤接下来要为商品挑选推广词，如图7-26所示，包括"推荐词"、"搜索相关词"、"批量加词"，一般速卖通卖家都是操作第一种推荐词，平台会推荐相关的搜索词。为商品挑选完推广词后，点击"下一步"按钮。

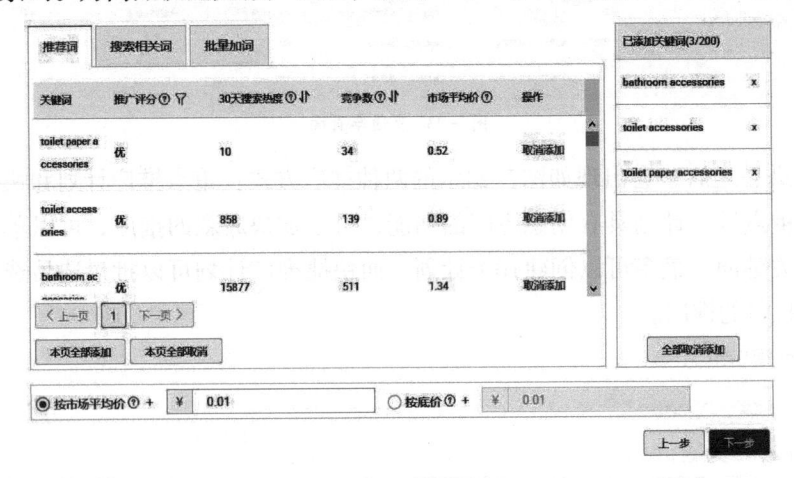

图7-26 为商品挑选推广词

⑥出现如图7-27所示页面，可以点击"修改关键词出价"按钮。

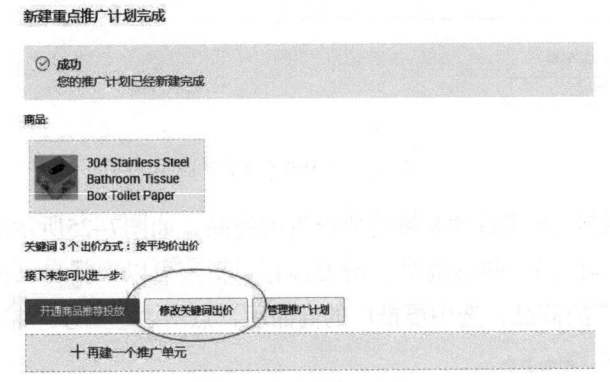

图7-27 修改关键词出价

⑦打开如图7-28所示页面，可以通过修改关键词的出价，来调整产品推荐的位置。设置后点击"确认"按钮。

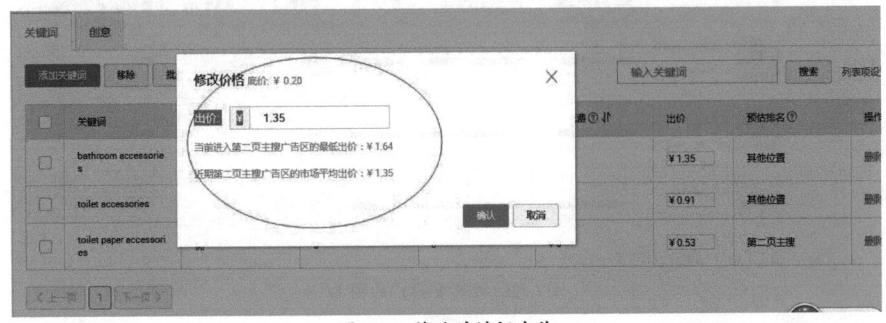

图7-28 修改关键词出价

本章小结

速卖通的营销活动有店铺的自主营销,比如:限时限量折扣、全店铺打折、店铺优惠券、满立减活动;还有其他的营销活动,比如:联盟营销推广、直通车推广等。通过本章的学习,将学会速卖通营销推广方面的基础运营技能。

拓展阅读

你是否会好奇,同样的产品卖同样的价格,为什么大卖家就能卖爆,你却出不了单?你是否会好奇,为什么大卖家总能抓住所有机会并且避开风险?想知道你眼中带"神秘光环"的大卖家在速卖通"双11"是如何做营销的吗?

"双11"的营销活动,其实到现在这个时间节点,能做的事情基本上已经微乎其微了,我们的营销准备主要是从10月份开始的,从10月1号到10月31号。整个10月份我们的工作重心都在这件事上。基本的一个思路应该非常清楚:"双11"的时候,流量跟日常的流量是不同的,"双11"的流量转化率一般是日常流量的5到10倍,一个产品平常转化率是百分之二的话,"双11"的转化率可能到百分之二十。"郑雅乾说。

他表示:流量是非常宝贵的,为了让店铺有更好的表现,除了参加活动外,他们会有目的地安排一些产品进行一个"卡位操作"。

"比如,一个较新的产品,如果我们觉得它的深度值得挖,我们将会在整个十月份针对这款产品做非常多的活动,价格可能会压得非常低,只是为了把这个产品的位置卡在上面。等到了10月底,大概是10月30号、31号的时候,我们会希望这款产品能进入到第一页、第二页上。这时,即使这个产品没有参加活动,但是到了"双11"的时候,它差不多就已经在这个位置,当流量大增的时候,它会有一个更好的表现,而我们公司整个10月份都是在做这么一个卡位操作。"

到了11月初的时候,做"卡位"的产品,其排名基本上就已经稳定下来了,卖家在整个10月份里重点去推广的产品,如果它的转化率还比较好,能够卡在前三页里面的话,就可以认为它在"双11"当天有可能会享受更多的这种高转化的流量。"

摘自:环球外贸论坛

反馈表

单元名称		姓名		班级		年	月	日

请思考以下问题：
1. 请问限时折扣和全店铺打折在使用方面有哪些不同？
2. 营销分组应该如何设置？
3. 如果你有一款玩具产品想报名俄罗斯团购活动，需要满足哪些要求？
4. 速卖通直通车有限扣费的客户包括哪些地区？
5. 店铺优惠券的客单价是如何设置的？

你认为本单元最有价值的内容是：

你对本单元的教学有何建议，哪些问题是你需要进一步了解或得到帮助的：

教师的教学方法是否有效，对你的学习是否有帮助：

教师评价：A. 熟练应用　　B. 掌握　　C. 熟悉　　D. 了解　　E. 没通过
教师签字

第8章

制胜法宝——数据纵横

本章要点
- ▶ 行业数据分析
- ▶ 关键词分析
- ▶ 店铺数据分析

知识目标
- ▶ 学会行业情报的数据分析。
- ▶ 学会蓝海与红海行业的数据对比分析。

技能目标
- ▶ 掌握单品数据曝光量、点击率、转化率的分析。
- ▶ 掌握搜索词的分析。

素质目标
- ▶ 培养学生对于店铺运营数据的日常分析能力。

故事导读之八

王某2016年在速卖通上面新开了一家孕婴童的店铺，主营童鞋，但是他在店铺里面上传了200多个单品，店铺的曝光和订单还是不见增长。他每天的主要工作基本都花在产品的上传上面，很少去关注后台的数据这一模块。为了能够增加订单量，他在直通车模块给一双新品童鞋开了直通车，一周内童鞋（如图8-1所示）的曝光日益见长，但是订单还是零，于是他专门去看了后台这款童鞋的数据

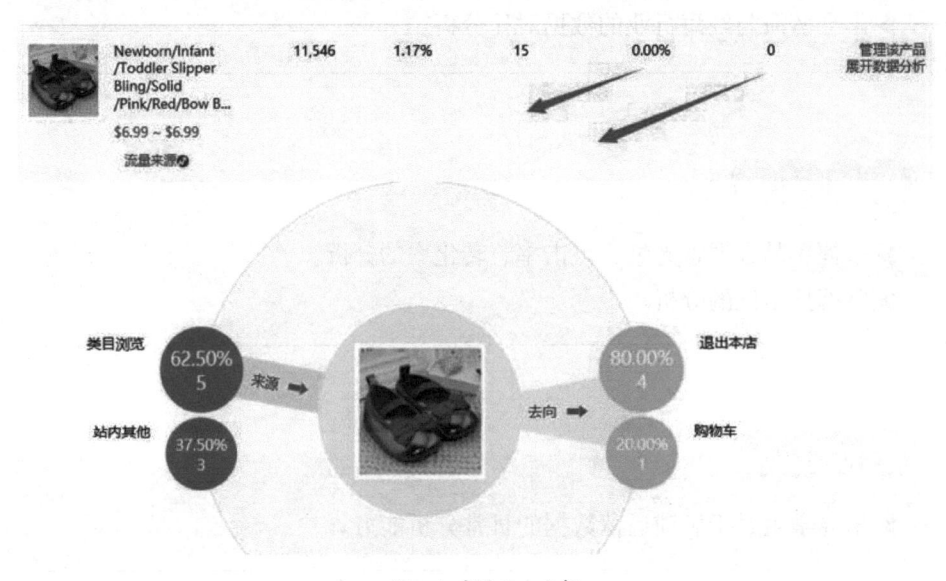

图8-1 童鞋后台分析

分析，发现一个很大的问题，这款童鞋的曝光已经达到一万以上，但是转化率却是0。因此王某的团队专门开会讨论该款商品的运营思路及数据出现的问题，后来通过详情页面发现这款商品在设置时，基础的页面设置得很一般，说明大部分曝光访客进来浏览了该商品，但是并没有加入购物车的欲望。因此团队在后面的工作中，进一步优化了商品的详细页面，在很多图片上面也直接加了简单的描述性说明。经过半个月左右的时间，该款童鞋的订单就明显见长。

思考

1. 速卖通店铺的数据分析有什么用？
2. 什么是曝光量？
3. 什么是转化率？

学习数据分析，首先需要了解各项数据名称的含义，数据纵横模块是速卖通后台比较难的一个模块，卖家需要了解每个数据指标的含义，通过数据的分析去提升、优化产品，并带来更多的订单。速卖通平台适合不同类型、不同等级的卖家，每家店铺具有不同的规模、初级卖家需要学会选品、编辑商品、采购货物、订单发货等基本流程。核心卖家需要更加进一步地做好客户服务、分析后台数据纵横，提升店铺的销售订单。

速卖通平台提供了"数据纵横"工具，其中有庞大的行业数据和卖家自己店铺的所有数据，速卖通数据分析可分为两大块：行业分析选品和店铺商品分析。第一部分是选好行业，选好产品，让店铺发展起来；第二部分是根据繁多的数据指标，针对店铺和产品开展优化工作、营销活动，为店铺的成长提供动力。

8.1 行业数据分析

亚马逊收购超市
大数据概念

8.1.1 行业情报

行业情报指标说明如下：

（1）访客数占比。访客数占比指统计时间段内行业访客数占上级行业访客数的比例，一级行业占比为该行业占全网比例。

（2）浏览量占比。浏览量占比指统计时间段内行业浏览量占上级行业浏览量的占比，一级行业占比为该行业占全网的比例。

（3）成交额占比。成交额占比指统计时间段内行业支付成功金额占上级行业支付成功金额的比例，一级行业占比为该网行业占全网的比例。

（4）成交订单数占比。成交订单数占比指统计时间段内行业支付成功订单数占上级行业支付成功订单数的比例，一级行业占比为该行业占全网的比例。

（5）在售商品数。在售商品数指统计时间段内行业下在售商品总数的均值。

（6）商品指数。商品指数指统计时间段内行业下商品数量经过数据处理后得到的对应指数。商品指数不等于商品的在售数量，指数越大，在售商品数量越大。

（7）流量指数。流量指数指统计时间段内行业下流量经过数据处理后得到的对应指数，流量指数不等于行业总PV[①]，指数越大，PV越大。

（8）供需指数。供需指数指统计时间段内行业下的商品指数/流量指数，供需指数越小，竞争越小。

下面来介绍一下行业对比。行业对比指跟相关行业进行数据趋势对比，可以分别从访客数占比、成交额对比、在售商品数占比、浏览量占比、成交订单数占比和供需指数等方面进行对比分析。从中可以看出，随着季节变化，平台发展品类方向变化，从而可以加强对某个行业的投入或避开一些竞争过于激烈的红海产品。

如图8-2所示，卫浴设施、厨房设施、五金三个二级类目在2017年2月8日到14日一周内的支付金额占比数据的对比。备注：这个行业的数据对比可以选择7天的，也可以选择30天的，卖家可以自己选择相近的行业进行对比，最多可以选择三个行业进行比较。

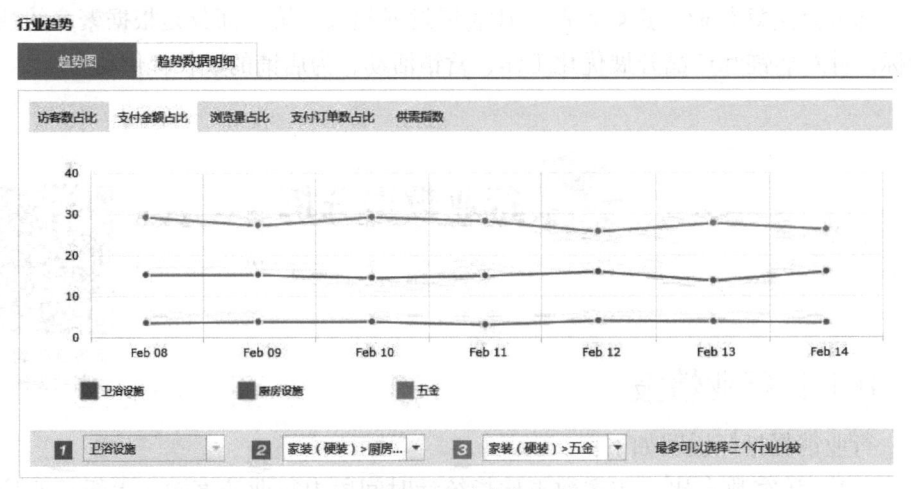

图8-2 行业对比

---

① PV：访问量，Page View，即页面浏览量或点击量，在一定统计周期内用户每次刷新网页一次即被计算一次。

如图8–3所示，例如选中“卫浴设施”，卖家可以查看流量分析、成交转化分析、市场规模分析三个指标，还有下面的二级指标：访客数占比、浏览量占比、支付金额占比、支付订单数占比、供需指数，比如供需指数47.2%。供需指数可以反映市场的供给和需求的概况，给卖家进入这个行业基本的行业提示，如果有些行业的供需指数比较高的话，就说明这个行业的市场已经接近于饱和了。

行业概况　蓝海行业

你现在选择的行业是 卫浴设施　　请选择时间 最近7天

行业数据

	流量分析		成交转化分析		市场规模分析
	访客数占比	浏览量占比	支付金额占比	支付订单数占比	供需指数
最近7天均值	22.39%	15.58%	15.1%	16.79%	47.2%
环比周涨幅	↑ 6.72%	↑ 3.32%	↑ 0.33%	↑ 8.04%	↓ -8.65%

图8–3 行业概况的数据

如图8–3所示，可以点击“蓝海行业”，进入“蓝海行业细分”界面，如图8–4所示，可以查看所有行业的基本供需指数，不过这个数据并不能作为竞争是否激烈的标准，只能作为基础的一个参考。蓝海行业指那些竞争还不是很大，但是又充满买家需求的行业。蓝海行业充满新的商机和机会。在对不同行业进行对比后，寻找蓝海行业是每一个卖家的基本要求。但是蓝海行业和红海行业只是相对而言的，随着每年速卖通政策的改革和卖家数量的变动，新进入的竞争者多了，曾经的蓝海行业也会变成竞争激烈的红海行业，流量爆发期过后也会出现价格搏杀的局面。

蓝海行业细分

美容健康　您可以通过筛选，查找特定行业下的蓝海行业

叶子行业名称	供需指数	操作
头发护理/造型 > 造型工具 > 扁梳/圆梳（婴儿用的请发布到婴儿梳子下）	1.42%	查看行业详情
美甲用品及修甲工具 > 美甲艺术 > 多功能底油盖油	11.56%	查看行业详情
美甲用品及修甲工具 > 美甲艺术 > 底油	3.78%	查看行业详情
彩妆 > 脸部彩妆 > 底妆	59.32%	查看行业详情
美甲用品及修甲工具 > 美甲艺术 > 盖油	16.84%	查看行业详情
彩妆 > 脸部彩妆 > 高光/阴影	86.26%	查看行业详情
护肤品 > 手部护理 > 指甲护理	39.98%	查看行业详情
彩妆 > 唇部彩妆 > 口红	108.84%	查看行业详情
彩妆 > 脸部彩妆 > 隔离/妆前/打底	42.89%	查看行业详情
成人用品 > 安全/避孕 > 润滑剂	64.58%	查看行业详情

图8–4 蓝海行业的数据

8.1.2 选品专家

选品专家的指标说明如下：

（1）供需指数。供需指数指在所选行业所选时间范围内，累计成交的订单数经过数据处理后得到的对应指数，成交指数不等于成交量，指数越大成交量越大。

（2）购买率排名：购买率排名指在所选行业所选范围内购买率的排名。

（3）竞争指数：竞争指数指在所选行业所选时间范围内，产品词对应的竞争指数。指数越大，竞争越激烈。

如图8-5所示，后台点击"数据纵横"，再点击"选品专家"，会显示出基本的热销产品词，并且这里有热销、热搜、潮流资讯三个不同模块的产品词，很多卖家基本都选择热销的选品，比如热销产品词，这个也可以查看行业下全球最近一段时间热销的品类，其中圆圈越大，表示产品的销量越高，蓝色代表蓝海，红色代表红海。从时间维度上，卖家可以选择7天，也可以选择30天的时间维度；从范围维度，可以选择全球，也可以单独选择其中的某个国家，比如热卖的俄罗斯，如图8-6所示。

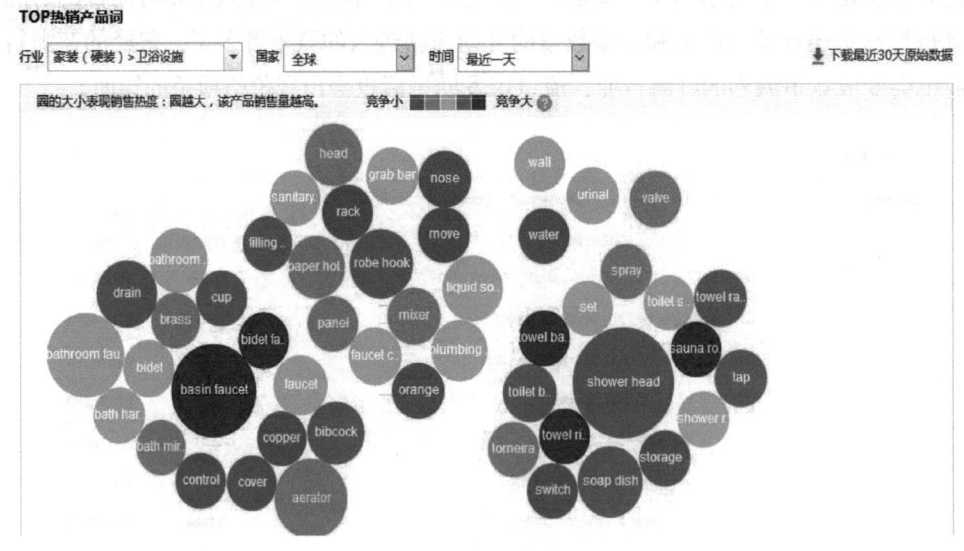

图8-5 热销产品词

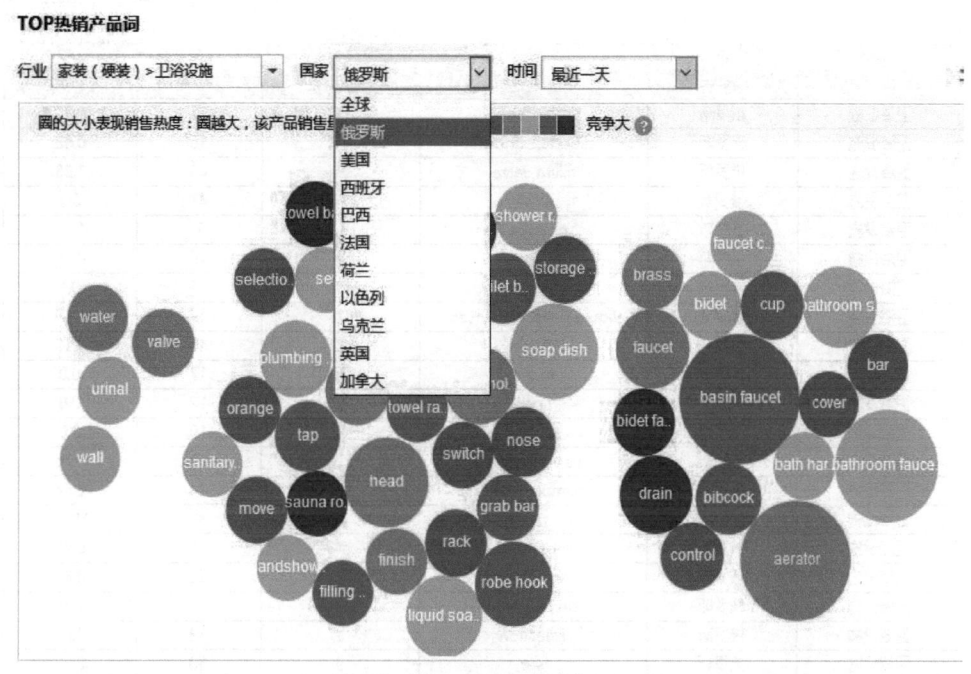

图8-6 选择不同国家热销产品词

卖家也可以点击右上角的"下载最近30天原始数据",下载所有热销的热销词表,是Excel形式的数据分析,如图8-7所示。例如:选择"卫浴设施",国家选择"俄罗斯",时间选择"7天",然后下载所有的原始数据,表格就会显示所有热销的商品关键词、成交指数、浏览-支付转化率排名、竞争指数,卖家可以根据自己的需求处理表格,比如可以将成交指数和竞争指数进行排名,然后选择比较竞争指数高和成交指数高的商品,作为自己店铺的选品标准。

A	B	C	D	E	F
行业	国家	商品关键词	成交指数	览-支付转化率排	竞争指数
卫浴设施	俄罗斯	aerator	968	1	0.2
卫浴设施	俄罗斯	bar	9	44	0.03
卫浴设施	俄罗斯	basin faucet	1144	21	1.46
卫浴设施	俄罗斯	bath hardware set	51	29	0.84
卫浴设施	俄罗斯	bathroom faucet accessory	837	4	0.77
卫浴设施	俄罗斯	bathroom shelf	280	20	0.77
卫浴设施	俄罗斯	bibcock	121	15	1.23
卫浴设施	俄罗斯	bidet	62	24	0.71
卫浴设施	俄罗斯	bidet faucet	43	10	1.75
卫浴设施	俄罗斯	brass	9	49	0.24
卫浴设施	俄罗斯	control	51	26	0.02
卫浴设施	俄罗斯	cover	13	30	0.0
卫浴设施	俄罗斯	cup	47	25	1.16
卫浴设施	俄罗斯	drain	235	11	1.57

续表

A	B	C	D	E	F
行业	国家	商品关键词	成交指数	浏览-支付转化率排%	竞争指数
卫浴设施	俄罗斯	faucet	257	31	0.32
卫浴设施	俄罗斯	faucet cartridge	77	16	0.42
卫浴设施	俄罗斯	filling valve	9	43	1.38
卫浴设施	俄罗斯	finish	13	47	0.3
卫浴设施	俄罗斯	grab bar	32	7	1.11
卫浴设施	俄罗斯	handshower	9	46	0.39
卫浴设施	俄罗斯	head	439	13	0.1
卫浴设施	俄罗斯	liquid soap dispenser	317	8	0.68
卫浴设施	俄罗斯	mixer	80	40	0.15
卫浴设施	俄罗斯	move	36	17	0.0
卫浴设施	俄罗斯	nose	77	12	0.0
卫浴设施	俄罗斯	orange	43	19	0.0
卫浴设施	俄罗斯	paper holder	224	39	0.26
卫浴设施	俄罗斯	plumbing hose	217	14	0.54
卫浴设施	俄罗斯	rack	40	36	0.0
卫浴设施	俄罗斯	robe hook	343	18	0.99
卫浴设施	俄罗斯	sanitary ware suite	13	42	0.47
卫浴设施	俄罗斯	sauna room	9	48	1.63
卫浴设施	俄罗斯	selection	9	32	0.01
卫浴设施	俄罗斯	set	9	50	0.73

图8-7 Excel格式的热销词表

然后，点击进入"shower head"(淋浴头)，如图8-8所示，会显示出shower head的所有相关属性，比如Type, Surface Finishing, Brand Name, Shower Shapes等。

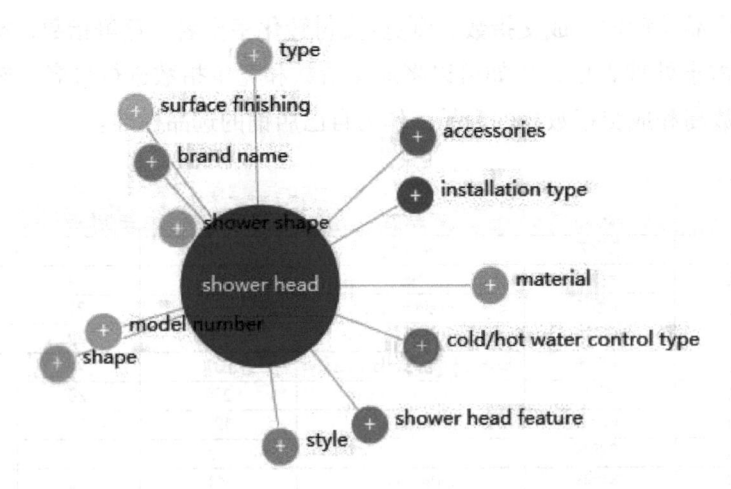

图8-8 shower head所有相关属性

卖家可以将这些属性进行排练组合，根据"属性组合"功能，可以组合出最终的产品，如图8-9所示。

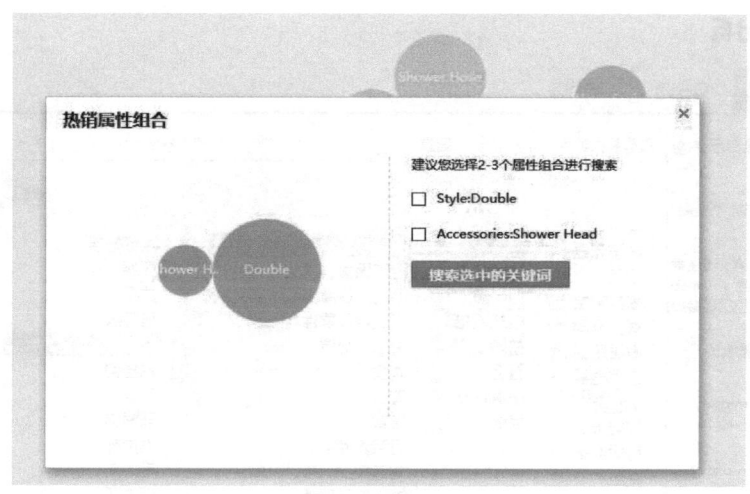

图8-9 热销属性组合

8.2 关键词分析

8.2.1 关键词分析指标

速卖通平台的完整热搜词数据库是制作产品标题的很好的工具。标题是系统在排序时对于关键词进行匹配的重要内容，专业的标题能提升卖家的可信度。

关键词的分析指标说明如下：

（1）搜索指数飙升幅度。搜索指数飙升幅度指在所选时间段内累计搜索指数比上一个时间段内累计搜索指数的增长幅度。

（2）曝光商品数。曝光商品数指在所选时间段内每天平均曝光的商品数量。

（3）曝光商品数增长幅度。曝光商品数增长幅度指在所选时间段内每天平均曝光的商品数比上一个时间段内每天平均曝光商品数的增长幅度。

（4）曝光卖家数。曝光卖家数指在所选时间段内每天平均曝光的卖家数。

（5）曝光卖家数增幅。曝光卖家数增幅指在所选时间段内每天平均曝光卖家数比上一个时间段内每天平均曝光卖家数的增长幅度。

第一步，点击"数据纵横"→"搜索词分析"，再选择自己店铺的类目，比如选择"家装（硬装）"→"卫浴设施"→"卫浴五金件"→"纸巾架"，如图8-10所示，就可以筛选出纸巾架的搜索词（热搜词）。

搜索词分析

图8-10 选择自己店铺的类目

第二步,点击"下载最近30天原始数据",卖家可以下载Excel表格的数据,如图8-11所示,表格里面依次是:搜索词、是否品牌原词、搜索人气、搜索指数、点击率、浏览-支付转化率、竞争指数、TOP3热销国家。卖家可以根据自己店铺的具体产品及销售情况,挑选表格中适合自己的数据,比如可以选择搜索人气、搜索指数、点击率、浏览-支付转化率,然后进行数据排序。根据排名前面的数据,挑选出有用的产品关键词。

NO.	搜索词	是否品牌原词	搜索人气	搜索指数	点击率	浏览-支付转化率	竞争指数	TOP3热搜国家
1	держатель для туалетной бумаги	N	1,508	9,863	27.66%	0.27%	51.00	RU,BY,UA
2	toilet paper holder	N	1,455	7,693	27.27%	0.44%	106.00	NL,RU,CZ
3	держатель туалетной бумаги	N	636	5,302	30.56%	0.50%	119.00	RU,UA,BY
4	туалетная бумага	N	1,163	2,906	17.03%	0.13%	26.00	RU,UA,IL
5	держатель для бумажных полотене	N	346	1,933	33.66%	0.58%	69.00	RU,EE,BY
6	держатели для туалетной бумаги	N	209	1,872	16.57%	0.00%	150.00	RU,UA,BY
7	для туалетной бумаги	N	313	1,835	26.88%	0.61%	101.00	RU,UA,BY
8	полотенце	N	1,204	1,568	0.71%	0.00%	0.00	RU,UA
9	bathroom accessories	N	498	1,414	3.43%	0.00%	10.00	CZ,US,RS
10	porta papel higienico	N	365	1,294	27.67%	0.29%	63.00	BR,CL,GB
11	держатель для телефона	N	785	1,088	0.34%	0.00%	0.00	RU,BY,UA
12	держатель для бумаги	N	228	998	19.78%	0.00%	77.00	RU,KZ
13	туалет	N	536	946	6.69%	0.00%	9.00	RU,UA,KZ
14	телефон	N	841	938	0.40%	0.00%	0.00	RU,UA,BY
15	Держатель для туалетной бумаги	N	136	867	15.02%	0.00%	108.00	RU,LT,UA
16	аксессуары для волос	N	673	860	0.43%	0.00%	0.00	RU,UA
17	wc	N	136	860	1.73%	0.00%	46.00	FR,HU,CZ
18	бумага	N	755	856	0.00%	0.00%	0.00	RU
19	полотенца	N	614	856	0.00%	0.00%	0.00	RU
20	toilet paper holders	N	254	845	26.87%	0.00%	52.00	RU,UA
21	для туалета	N	187	823	10.41%	0.00%	25.00	RU,BY,LT
22	wc paper holder	N	106	808	29.95%	0.46%	235.00	NL,HU,AT
23	paper towel holder for kitchen	N	368	793	38.97%	0.47%	16.00	RU,US,CZ
24	визитница	N	573	789	0.00%	0.00%	0.00	RU,BY
25	toilet paper	N	213	729	36.22%	1.02%	58.00	US,SK,LT
26	телефоны	N	658	703	0.53%	0.00%	0.00	RU,UA
27	хранение	N	454	588	0.63%	0.00%	0.00	RU,BY
28	для туалета аксессуары	N	47	539	8.28%	0.00%	179.00	RU
29	porte papier toilette	N	102	539	22.76%	0.69%	130.00	FR,BE,MQ
30	frap	N	313	539	2.76%	0.00%	0.00	RU,BY
31	papel higienico	N	180	536	9.03%	0.00%	54.00	BR,PT,CL
32	wc rolhouder	N	43	517	29.50%	0.00%	189.00	NL,BE,DE
33	toilet	N	77	484	3.08%	0.00%	44.00	RU,NL,AU
34	аксессуары для ванной	N	250	480	5.43%	0.00%	4.00	RU,KZ,UA
35	подставка для телефона	N	328	472	0.00%	0.00%	0.00	RU,BY
36	paper holder	N	66	450	21.49%	0.00%	171.00	IT,HU,RU
37	toilet bathroom accessories	N	51	446	9.17%	0.00%	110.00	BY,RU,FJ
38	обои	N	184	439	1.69%	0.00%	10.00	RU

图8-11 热搜词原始数据

第三步，如图8-12所示，可以筛选出排名前面的关键词，比如图中标了颜色的toilet paper holder, bathroom accessories, WC paper holder, paper towel holder for kitchen, toilet paper等，这些是后台挑选出的英文的关键词，你可以挑选适合的加入自己的产品标题，其他的非英文关键词，可以Google一下翻译它的英文，再根据翻译出的英文进行设置，也可以适当加入自己的标题。这些都是现在速卖通卖家在后台优化产品标题时比较常用的技巧与方法。

1	держатель для туалетной бумаги
2	toilet paper holder
3	держатель туалетной бумаги
4	туалетная бумага
5	держатель для бумажных полотенец
6	держатели для туалетной бумаги
7	для туалетной бумаги
8	полотенце
9	bathroom accessories
10	porta papel higienico
11	держатель для телефона
12	держатель для бумаги
13	туалет
14	телефон
15	Держатель для туалетной бумаги
16	аксессуары для волос
17	wc
18	бумага
19	полотенца
20	toilet paper holders
21	для туалета
22	wc paper holder
23	paper towel holder for kitchen
24	визитница
25	toilet paper
26	телефоны
27	хранение
28	для туалета аксесуары
29	porte papier toilette

图8-12 筛选出的排名前面的关键词

8.2.2 如何利用关键词优化商品

在速卖通的产品发布中，作为卖家，首先要做好标题的优化，标题优化无非是包含精准关键词、宽泛关键词、长尾关键词的搭配使用，以及关键词与产品的匹配度。

优质的产品标题应该包含买家最关注的产品属性，能够突出产品的卖点：

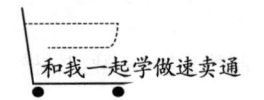

(1)产品的关键信息以及销售的亮点。

(2)销售方式及提供的特色服务。

(3)买家可能搜索到的关键词;一般设为:物流运费+服务+销售方式+产品材质/特点+产品名称。

(4)产品属性:属性的填写应该包括买家可能会搜索到的属性,比如一款不锈钢的纸巾盒,在其填写属性时肯定要包括:材料Material、颜色Color、类型Type、型号(卖家产品的型号)。

详细并准确填写系统推荐和自定义产品属性,可以方便买家更精准地搜索到你的产品,提高曝光机会,更重要的是让买家清晰地了解产品的重要属性,减少买家的顾虑和沟通的成本,提升交易成功的概率。通过前面讲的关键词分析,我们可以在自定义属性中加入系统提供的属性,如图8-13所示。

图8-13 系统提供的属性

8.3 店铺数据分析

要想运营好一家速卖通店铺,必须要学会查看并分析店铺的基本数据,包括:实时风暴数据、流量来源分析、单品商品的曝光、访客、点击率、转化率等数据。建议速卖通的运营人员每天要分析后台店铺的数据,通过数据的结果进而调整产品的标题、详情页等。

8.3.1 实时风暴

第一步,点击"数据纵横"→"实时风暴",界面如图8-14所示,显示店铺的实时数据,包括:店铺浏览量、店铺访客数、下单订单数、支付订单数、支付金额、下单买家数、支付买家数、浏览-下单转化率、加购物车人数、加收藏夹人数。

第二步，点击图8-15中的"实时商品"，会显示出后台这个时刻访客浏览的实时商品。从图8-15中，可以看到每款被浏览商品的支付金额、浏览量、访客数、下单订单数、支付订单数、加购物车人数、加收藏夹人数，这些数据是很重要的，卖家可以根据这些实时数据进一步优化更新自己的产品。

图8-14 "实时风暴"界面

图8-15 实时商品数据

8.3.2 店铺流量来源分析

对自己店铺概况的查询是每一位卖家的必修课，特别是查询流量和转化数据，及时应对市场的变化，才能使自己处于不败之地。要进行店铺流量来源分析，可以查看店铺内的流量构成，分析不同渠道的流量占比和走势，从而帮助卖家了解及优化店铺流量来源，提升店铺流量。

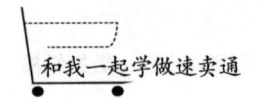

1. "站内其他"和"活动"流量来源详情

"站内其他"流量不能简单理解为关联促销带来的流量，"站内其他"流量包括了俄语站点和葡萄牙语站点的站内搜索、类目浏览、店铺首页访问等，如图8-16所示。

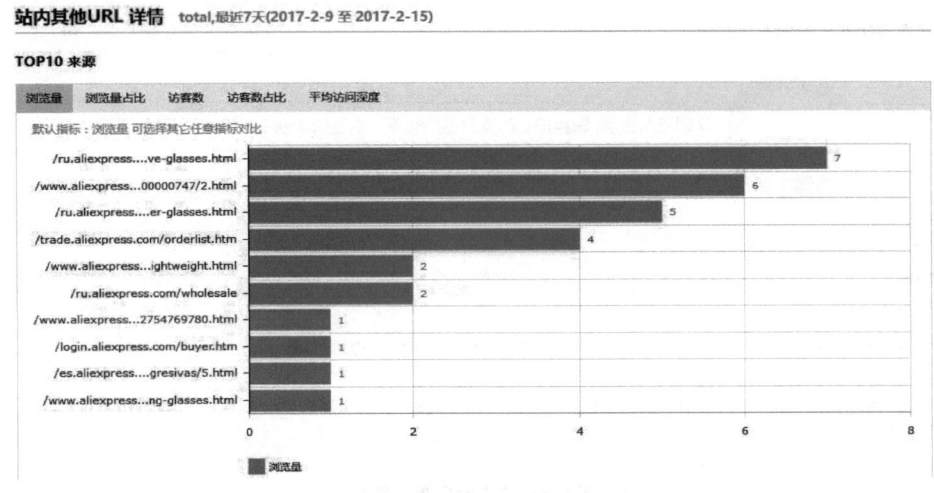

图8-16 "站内其他"流量来源详情

2. 店铺的各流量来源

通常来讲，搜索及类目流量占店铺所有流量的60%以上才是健康的，由于现在没有区分各小语种分站的搜索和类目流量，所有大部分卖家看到来自站内其他流量的比例都很高，这是正常的，如图8-17所示。

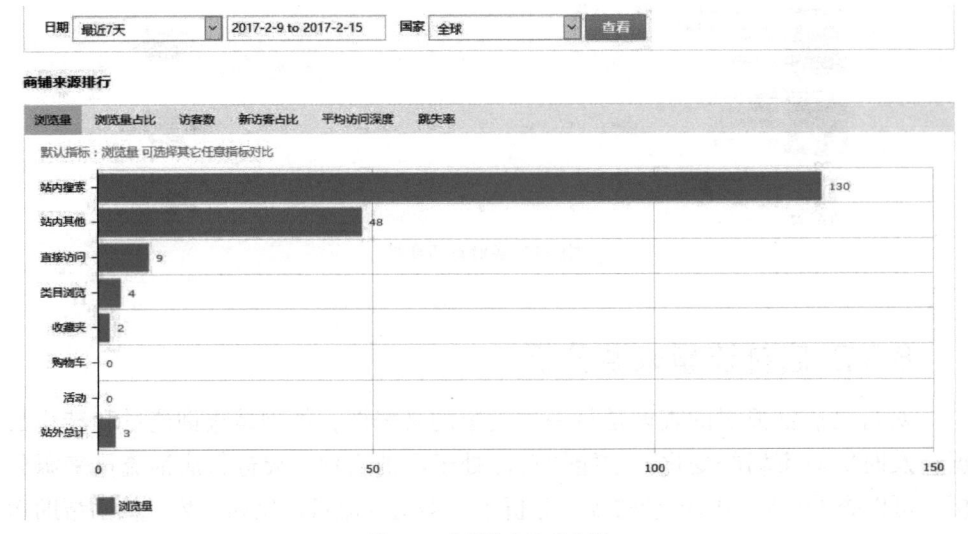

图8-17 店铺的各流量来源

8.3.3 单品分析

1. 指标说明

自有商品分析的指标说明介绍如下。

（1）曝光量：指搜索曝光量，即商品在搜索或者类目浏览下的曝光次数。

（2）浏览量：指该商品被买家浏览的次数。

（3）搜索点击率：商品在搜索或者类目曝光后被点击的比例，即等于浏览量/曝光量。

（4）访客数：访问该商品的买家总数。

（5）成交订单数：指该商品在选定时间范围内支付成功的订单数，与选定时间范围内风控关闭[①]的订单数的差值。

（6）成交买家数：指选定时间范围内成功购买该商品的买家数。

（7）成交金额：指该商品在选定时间范围内产生的交易额。

（8）询盘次数：指买家通过该商品点击旺旺与站内信的次数。

（9）成交转化率：指成功购买该商品的买家数占访问买家总数的比值，即等于成交买家数/访客数。

（10）平均停留时间：指买家访问该商品所有详情页面的评价停留时间。

（11）添加购物车次数：指该商品被买家添加到购物车的次数。

（12）添加收藏次数：指该商品被买家收藏的次数。

2. 单品分析的步骤案例

如图8-18所示，是某店铺后台的某款单品的数据，包括站内其他53.85%、本店23.08%、类目浏览15.38%、站内搜索7.69%，有71.43%的人退出本店，28.57%的人转去店铺其他的商品页。这些数据表明这款单品的详情页做的基本还是可以的，28.57%的人转去店铺其他商品说明该款商品至少做了关联营销这一模块，但是没有加入购物车、订单以及收藏夹的数据，那说明该款商品在价格、主图方面还是有所欠缺，卖家可以点击单品进行具体的优化工作。

如图8-19所示，该款商品的站内搜索46.88%，站内其他31.25%，类目浏览21.88%，这三个数据还是正常的，说明商品的类目、属性描述等都是正确的，但是100%的人退出本店，说明这款商品的单品跳失率过高，至少存在以下三个方面的原因：①价格不够吸引力，买家没有购买的意愿；②没有做产品的关联营销；

---

① 风控关闭：指的是某些国外买家本身的信用卡原因，导致他付款的订单没有通过平台的风险控制审核，平台把订单关闭了。

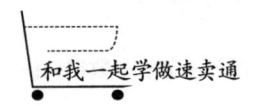

③商品的详情页太差，买家一看具体的详情内容马上掉头就走。

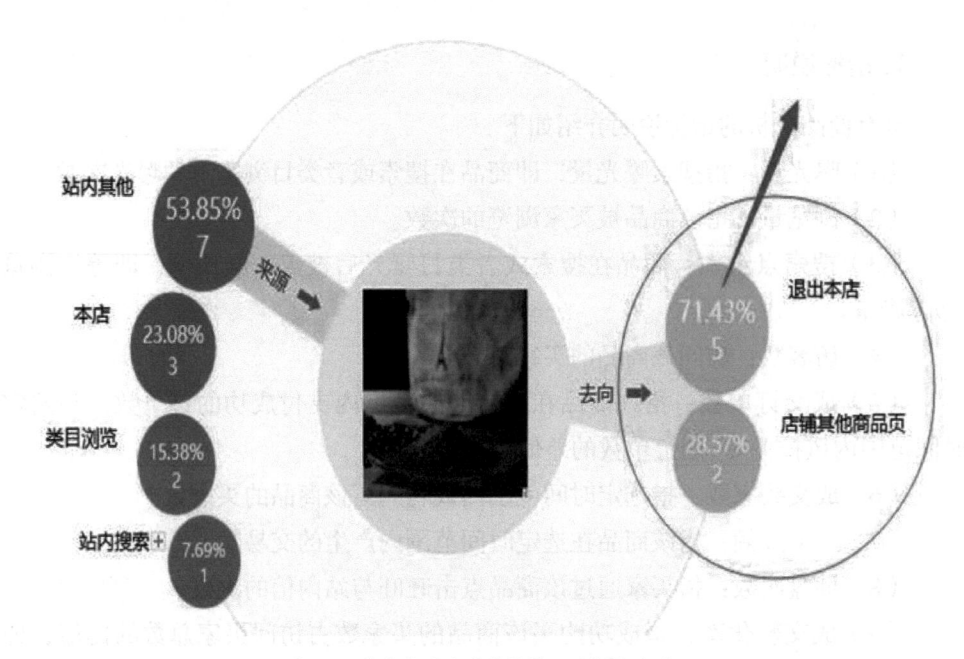

图8-18 某店铺后台的某款单品的数据（1）

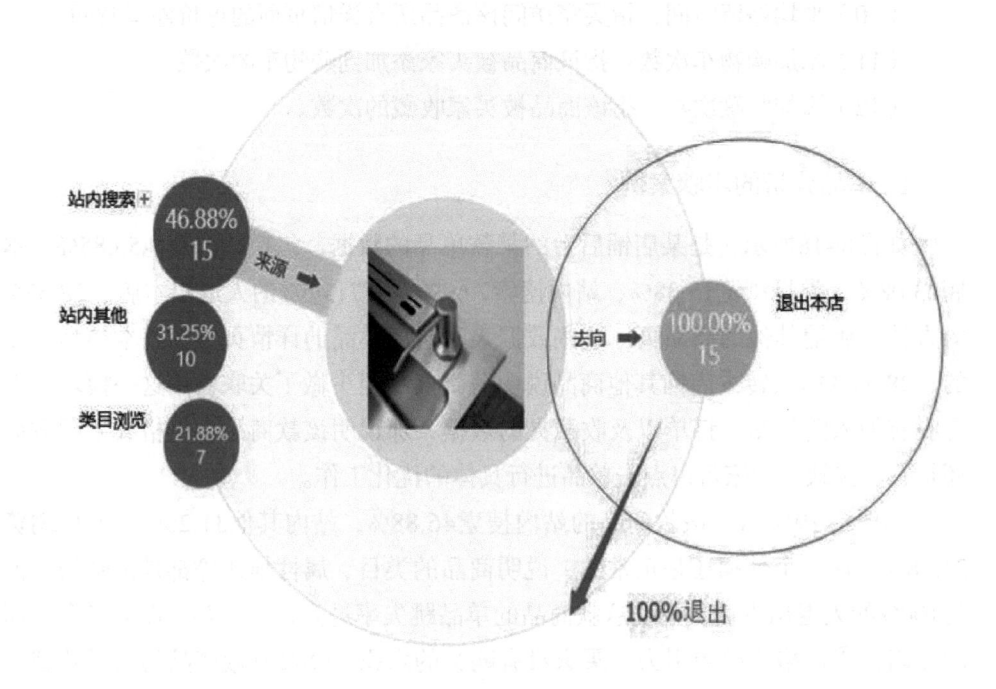

图8-19 某店铺后台的某款单品的数据（2）

以上的例子说明数据分析是卖家每天的必修课，需要通过每款单品商品的数据分析结果，进一步对商品进行优化，比如点击率不高的商品就要优化主图或者调整价格；又比如转化率不高的商品就要优化详细的商品详情页。

本章小结

数据纵横是速卖通平台基于平台海量数据打造的一款数据产品，卖家可以根据后台提供的数据，为自己店铺的运营指导方向，做出正确决策。本章主要分析行业的数据，以及蓝海与行业的对比，通过行业对比数据选择适合自己的类目经营，最后通过后台单品数据的曝光、点击率、退出率等数据分析具体的商品，进而给卖家的优化提供方向。

拓展阅读

近日，中国的社交网络上正在热传一条消息：浙江金华一家橡胶工艺美术厂，随着美国大选的升温，同时接到了共和党领跑者川普和民主党希拉里的面具订单，而川普面具的订单已超过50万张，遥遥领先希拉里。橡胶厂老板还大胆预测川普将是最后赢家，主动加大了川普的面具生产，准备囤货到大选白热化时大赚一笔。

这家来自浙江金华的橡胶厂介绍，由于美国大选刚刚开始正戏，订单量还没爆发，等到两党对决开始，也就是选举结果揭晓前两个月，"订单会非常疯狂"，届时更容易判读川普和希拉里之间谁的支持者更狂热。

从2月1日（初选开始）到川普成为共和党唯一候选人，川普在阿里巴巴全球速卖通上的搜索次数还有周边产品的销量都已经甩了希拉里几条街。再看相关产品页，川普再次领先，在阿里巴巴国际站上，与川普相关的产品有11页，而与希拉里相关的产品，只有短短3页。

在阿里巴巴全球速卖通网页上搜索"Donald Trump T-shirt"，就会出现各式印有川普的T恤衫，图案包括川普2016、象征稳重的共和党标志大象以及川普的竞选名言"Make America great again（让美国再次强大）"。值得注意的是，这些买家普遍表现得很热情，晒买家秀，发表留言的，比比皆是，而且留言绝大多数都表示支持川普。

从最简单的购买数量排序来看，川普的T恤排名最高的最近售出63件，希拉里的T恤排名最高的最近售出7件……都差了快10倍。来自于速卖通平台的关键词搜索数据更能显示普通美国消费者对于大选的倾向。

摘自：雨果网

反馈表

单元名称		姓名		班级		年　　月　　日

请思考以下问题：
1. 什么是实时风暴？

2. 如何利用关键词优化产品标题？

3. 商品的流量来源包括哪些方面？

你认为本单元最有价值的内容是：

你对本单元的教学有何建议，哪些问题是你需要进一步了解或得到帮助的：

教师的教学方法是否有效，对你的学习是否有帮助：

教师评价：A. 熟练应用　　B. 掌握　　C. 熟悉　　D. 了解　　E. 没通过

教师签字

第9章

客户服务——
速卖通客户开发与维护

本章要点

- ▶ 速卖通客户购买习惯
- ▶ 速卖通信用评价
- ▶ 纠纷化解攻略
- ▶ 询盘管理
- ▶ 售后服务

知识目标

- ▶ 了解世界各地的风俗习惯及购物喜好。
- ▶ 掌握速卖通信用评价的主要指标。
- ▶ 掌握纠纷产生的原因及处理办法。
- ▶ 掌握速卖通交易各环节中的信函写作。

技能目标

- ▶ 能够计算好评率和商家信用积分。
- ▶ 能够及时化解客户纠纷。
- ▶ 能够写信与客户进行沟通。

素质目标

- ▶ 培养学生国际视野并学会诚信经营。

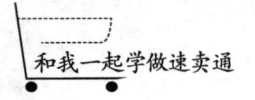

故事导读之九

红牛给你翅膀

因为一句经典的广告语："红牛给你翅膀"（Red Bull gives you Wings），如今红牛要付出1300万美元的代价，因为美国有消费者说喝了红牛并没有长出翅膀。

据报道，红牛将给过去12年喝过红牛饮料的人赔偿10～15美元，但仅限在美国。红牛赔偿美国消费者1300万美元来自奥地利的红牛公司，为其一款功能饮料设计的广告语：Red Bull gives you Wings，一度被认为是经典广告，甚至在很多经典广告文案案例中出现。红牛公司也曾凭借此口号，迅速地打开了欧洲市场，为其全球化奠定了品牌基础。然而正是这样一条经典的广告语，却被美国的消费者告上法庭。因为消费者喝了红牛饮料，没长出翅膀，认为红牛公司广告欺诈。这场官司最初由一名叫本杰明的美国消费者发起，最终，红牛在美国输了这场官司。因为这句广告被指口号陈述不实，在美国涉嫌违反商品说明条例，最终红牛公司同意向当地消费者作出赔偿，凡是2002年1月1日至2014年10月3日在美国买过红牛饮料的消费者，就可以获得10美元或者15美元红牛产品的赔偿，并且为此建立了处理赔款请求的网站。另外，红牛公司也已经同意修改未来的宣传内容。

思考

1.从红牛案件折射出美国人怎样的消费观念？

2. 对于速卖通的卖家来说，红牛案件给予你什么启发？在买卖过程中如何避免不必要的纠纷？

9.1 速卖通客户购买习惯

有人在的地方，就注定有消费的存在。而随着电商之风席卷全球，只要有互联网的地方，就有存在"网购"的可能。跨境电子商务面对的是全球平台，具备全球性、无形性、匿名性、即时性、无纸化、快速演进这些特征。随着国外产品需求日益增加，我国跨境电子商务市场也在不断扩大。在这样的大环境下，等待卖家的是一个个机会，要想把握住这些机会就得去了解整个海外市场。面对中国跨境电商的良好发展势头，针对不同国家的客户制定出个性化的产品与服务体系，满足不同市场客户的需求。

9.1.1 如何抓住国外客户的需求

1. 思维创新

在愈演愈烈的产品竞争中，只有创新才会产生有竞争力的产品。产品的创新在大数据和市场的基础上，要做合理的创新。创新包括思维创新、营销创新和服务创新。思维创新，要求卖家改变思维方式，用外国人的思维来考虑问题。多和外国客户沟通是摸索出一些外国人的思维的有效途径，同时可以试着通过看美剧、国外杂志和社交网络来深度了解外国人的意识形态。卖家要以积极、勤奋、学习的态度对待海外市场，用心去观察，用心去理解数据，用心去学习。多关注国外的社交媒体和新闻资讯，学会模仿外国买家的生活方式和工作态度，从中阅读出潜在的商机。SNS全称Social Network Site，即"社交网站"或"社交网"。社会性网络（Social Networking）是指个人之间的关系网络，这种基于社会网络关系系统思想的网站就是社会性网络网站。SNS就是一种非常精准的获取商机的方式，它是以人为主的社交网络，其中传递的信息都是真实的，这些信息需要大家花时间研究。卖家不仅要利用SNS中做营销、推广，还要学会从中获取商机，同时也可以了解外国人的意识形态和语言交流方式。

社交网络是近年来增长比较迅速的网络方式，特别是Facebook在世界上的影响力非常大。通过这些社交网络，我们可以了解到国外最新的资讯和话题，从这些信息中，我们可以提炼出我们需要的信息，并持之转化成商机。例如，通过Facebook可以看到最近年轻人喜欢什么样的户外活动，喜欢穿什么款式的衣服，一些妈妈喜欢给孩子准备和买什么样的母婴产品。我们一起来看看国外一些社交网络及它们的特点。

- Facebook：全球第一大社交网站，截至2012年5月，Facebook拥有约9亿用户。用户可以建立个人专页，添加其他用户作为朋友并交换信息，包括自动更新及即时通知对方专页。
- Twitter：一家美国社交网络（Social Network Service）及微博服务的网站，是全球互联网上访问量最大的10个网站之一。Twitter用户在25～34岁年龄段的较多，且男性用户多于女性用户。
- Instagram：年轻人且经济条件较好的用户较多，Instagram在移动端融入了很多社会化元素，包括好友关系的建立、回复、分享和收藏等，发烧友、炫富的人较多。

2. 营销创新

所谓营销创新就是根据营销环境的变化情况，并结合企业自身的资源条件和经营实力，寻求营销要素在某一方面或某一系列的突破或变革的过程。在这个过程中，并非要求一定要有创造发明，只要能够适应环境，赢得消费者的心理且不触犯法律、法规和通行贯例，同时能被企业所接受，那么这种营销创新即是成功的。能否最终实现营销目标，不是衡量营销创新成功与否的唯一标准。

国外的消费者不喜欢一成不变的东西，对新鲜、刺激、幽默以及引人思考的思路比较追捧。因此，营销要做到因地制宜，创造出最适合产品和地域的营销方式。卖家可以多看一些外国的广告和品牌宣传，学习外国的营销方式。

3. 服务创新

服务创新，顾名思义说的就是服务问题，使潜在用户感受到不同于从前的崭新内容。服务创新为用户提供以前不能实现的新颖服务，这种服务在以前由于技术等限制因素不能提供，现在因突破了限制而能提供。现在是拼产品的时代，同时也是拼服务的时代，服务意识对企业和公司的影响也越来越大。海外消费者更加注重消费体验，服务上的创新就要把店铺细节做到极致，创造舒心的网购环境可以得到更好的效益。

9.1.2 北美客户购买习惯

全球约37%的跨境在线买家集中在北美。美国和加拿大在线总销售额达到3895亿美元，占到全球的33.1%，在在线零售领域，美国是世界上最大的市场。美国有着世界最大的市场容量，也有着世界上最大的消费品市场。美国人会把手中的钱54%花在电子产品上，33%花在衣服上，27%花在车上，还有23%花在装修上。由于美国是一个移民国家，有着较强的民族包容性，因此美国市场的需求具备多样性的特点，基本没有产品忌讳和限制。美国人最关心的首先是商品的质量，其次是包装，最后才是价格。因此产品质量的优劣是进入美国市场的关键。在美国市场上，高、中、低档货物差价很大，如一件中高档的西服零售价在40~50美元，而低档的则不到5美元。因此，卖家在经营店铺时一定要严把质量关。

美国市场的另一个特点就是销售季节性强，卖家在销售时可以卡好营销节点。每个季节都有一个商品换季的销售高潮，如果错过了销售季节，商品就要削价处理。美国大商场和超级市场的销售季节是：1~5月为春季，7~9月为初秋升学期，主要以销售学生用品为主；9~10月为秋季，11~12月为假期，即圣诞节时期。这时又是退税季节，人们都趁机添置用品，购买圣诞礼物。美国各地商场此时熙熙攘攘，人数不断，对路商品很快就会销售一空。这一时期的销售额占全年的1/3左右。

北美市场要注意的一些小细节：①他们不喜欢"13"这个数字，也不喜欢榔头、蝙蝠这样的图案；②在交流过程中不要问他们的体重、年龄和收入；③他们喜欢猫头鹰这个动物，猫头鹰在北美地区代表着吉利；④他们更加喜欢浅色调的衣服和配饰。此外，在北美市场，由于他们家庭观念比较单薄、家庭关系脆弱，政府和社会都在极力地倡导家庭观念，因此温情类和家庭产品可能比较适合美国市场（亲子装、亲子类产品）。

北美市场的购物习惯正在逐年改变，更多的人选择在线购物，更多年龄层的人融入到了网购的平台，产品变得更加丰富，同时对产品的质量、服务要求也更加严格，竞争变得更加激烈。在这些条件下，卖家要对自己的产品做出充分的调

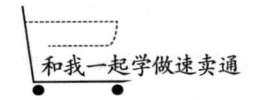

研和数据分析，找到最适合当地的产品和营销推广方式。

9.1.3 俄罗斯客户购买习惯

作为速卖通卖家最为看好的市场，谁能掌握俄罗斯买家的需求，就相当于把握住了俄罗斯市场脉搏。总的来说，俄罗斯人爱享受、爱运动、爱时髦。

俄罗斯位于欧洲东部和亚洲北部，大部分地区处于北温带，气候多样，以大陆性气候为主。温差普遍较大，1月平均温度为-1℃到-37℃，7月平均温度为11℃到27℃。由于俄罗斯季节温差较大，其营销的季节性很强。俄罗斯的冬天很冷，所以人在室外非常注重保暖，帽子、围巾、手套是必备品。女性还特别热衷购买动物皮毛的外套，所以帽子、手套、围巾、五指分开的手套、皮草长大衣、皮草短大衣等在冬季非常热销。俄罗斯人在外面和在家时穿的衣服不一样，他们在家一定会换上家居服，洗澡后会披浴袍，睡觉时又穿薄一点舒服一点的睡衣，因此家居服饰如家居鞋、家居衣和睡衣之类的商品在俄罗斯也很热卖。俄罗斯人爱度假，爱运动。特别是年轻人和孩子们一般喜欢去海滩，所以会购买很多海滩上用的东西，像泳装、海滩上穿的衣服和沙滩鞋之类。运动也是俄罗斯人生活的重要组成部分，他们会经常购买专门的运动服、运动鞋及配件。俄罗斯妇女爱打扮，她们很喜欢追赶流行，时刻关注新款的服装、鞋、包。她们一般都会打扮、化妆，所以对美容类产品的需求很大。一些当季热门和热卖的，新奇、创意流行的商品比较受追捧。俄罗斯的成年女性不喜欢太过可爱的穿衣风格，她们更喜欢欧洲的性感风。俄罗斯男人比较高大，而且也有很多肥胖的人群，所以对加大码的衣服有特殊偏好。俄罗斯用户较偏好看到欧美模特展示服装，认为衣服会较合身。

9.1.4 巴西客户购买习惯

巴西市场是世界上潜力最大的市场之一，之所以市场潜力大，得益于巴西辽阔的领土、丰富的资源，巴西自然条件极佳，国土面积居世界第5。人口总数超过两亿，同国土面积一样居世界第5位，拉丁美洲第一。同时巴西作为第七大经济体，是金砖五国之一，也是世界上发展经济最快的发展中国家之一。

"知己知彼，百战不殆"，要想在巴西市场获取利润，首先就得了解巴西市场。巴西买家在购买商品时更倾向于实惠的价格，大多数买家倾向于卖家能有额外赠品，有意外惊喜。

巴西买家的需求主要是服装配饰、运动、鞋包、美容美发、玩具、家居类用品。其中服装要求休闲大气，欧美风，配色夸张，适应潮流，尺码要准确。巴西人热情奔放，他们喜欢朋友之间互相分享沟通，买到好的产品喜欢在朋友之间互相推荐，卖家因此要做一些质量好的产品更有回头率。巴西人的生活习惯比较随和，对于服饰和餐饮有一些要求。在重要政务、商务活动中，穿西装或者套裙；平常主要吃欧式西餐，肉类比重较大，另外巴西特产黑豆也受欢迎，巴西人还喜欢喝咖啡、红茶和葡萄酒。

巴西人除此之外有一些生活禁忌，卖家在营销过程中需要避免这些问题，以免丢失优质客户。巴西人忌讳紫色、黄色、棕黄色、深咖啡色等，他们认为紫色表示悲伤，黄色表示绝望，深咖啡色会招来不幸。OK手势在巴西被认为是粗俗和猥亵的手势，他们忌用拇指和食指连成圆圈，并将其余三指向上伸开。

9.2 速卖通评价

客户的信任对于电子商务平台具有重要的意义，只有更多的客户给予好的评价，卖家店铺的转化率才能提高。每笔交易成功后，买家和卖家都能够给对方进行一次评价。系统累积每位会员收到的每条评价记录，经过统计形成评价档案，在网站前台公开展现给其他会员。速卖通平台采用比较直观的勋钻冠（勋章、钻石、皇冠）来表示买卖双方的评价等级。这样买卖双方可以在好评率之外又有了一个可长期累积的信用体系。交易评价等级在产品页面的效果如图9-1所示，交易评价等级在商铺中的效果如图9-2所示。

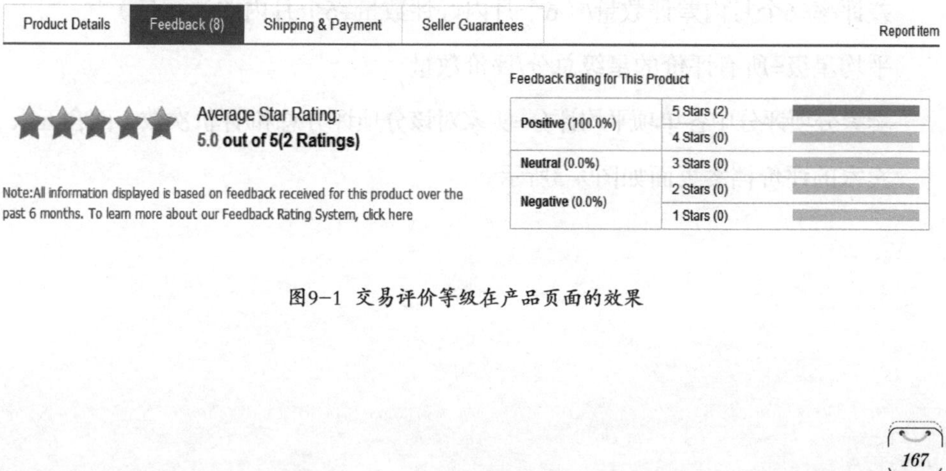

图9-1 交易评价等级在产品页面的效果

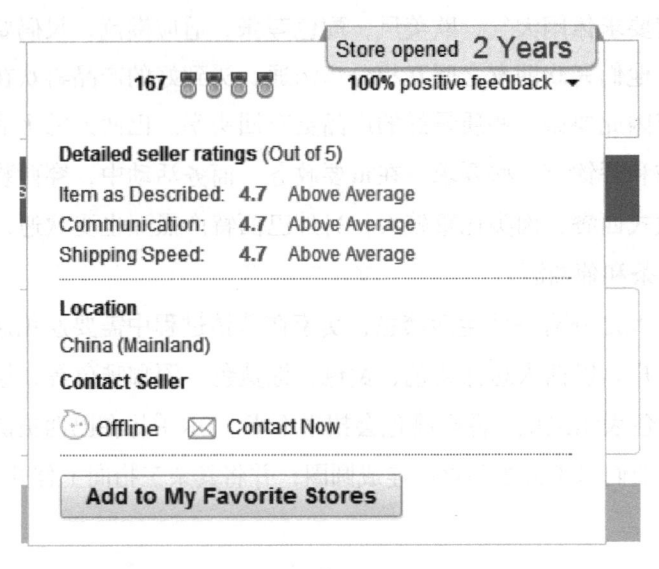

图9-2 交易评价等级在商铺中的效果

9.2.1 评价档案

评价档案包括近期评价摘要（会员公司名、近6个月好评率、近6个月评价数量、信用度和会员起始日期）、评价历史（过去1个月、3个月、6个月、12个月及历史累计的时间跨度内的好评率、中评率、差评率、评价数量和平均星级等指标）和评价记录（会员得到的所有评价记录、给出的所有评价记录以及在指定时间段内的指定评价记录）。好评率、差评率、平均星级和卖家分项评分中各单项平均评分计算公式为：

好评率=6个月内好评数量/（6个月内好评数量+6个月内差评数量）

差评率=6个月内差评数量/（6个月内好评数量+6个月内差评数量）

平均星级=所有评价的星级总分/评价数量

卖家分项评分中各单项平均评分=买家对该分项评分总和/评价次数（四舍五入）

卖家的评价档案页面如图9-3所示。

第⑨章 客户服务——速卖通客户开发与维护

Seller Feedback Learn more about our Feedback Rating System

Seller Summary

Seller: **Mr. Zhu's shop, ShenZhen China**
Positive Feedback (Past 6 months): **100.0%**
Feedback Score: **167**
AliExpress Seller Since: **17 Mar 2013**

Detailed seller ratings

Item as Described : ★★★★★ 4.7 (35 ratings)　11.11% Higher than other sellers
Communication : ★★★★★ 4.7 (35 ratings)　11.90% Higher than other sellers
Shipping Speed : ★★★★★ 4.7 (35 ratings)　14.91% Higher than other sellers

Feedback History

Feedback	1 Month	3 Months	6 Months	12 Months	Overall
Positive (4-5 Stars)	3	18	30	78	167
Neutral (3 Stars)	-	-	-	-	1
Negative (1-2 Stars)	-	-	-	2	3
Positive feedback rate	100.0%	100.0%	100.0%	97.5%	98.2%

Feedback Received as a Seller(36) | Feedback Left For Buyers

Viewing 1 - 10　　　　　　　　　　　　　　　　　　　　　　　◀Previous 1

Buyer	Transaction Details	Feedback
A***n T. [A1]	Children experiment, electrical sci... 4 packs	★★★★★ 14 Jun 2015 19:13 Excellent thanks the product and the packaging give me satisfaction !!
B***n K. [A4]	KEYENCE FU-6F fiber optic sensors... 15 pieces	★★★★★ 10 Jun 2015 18:42 Excellent Service, Fast Shipping, Great Seller, Highly Recommended. Thanks!!
S***m P. [A3]	E14 110v-220v buddha bulb mammogra... 3 pair	★★★★ 10 Jun 2015 18:41 Fast shipping and reasonable price.

图9-3　卖家的评价档案页面

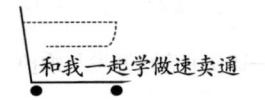

9.2.2 评价档案的关键指标

1. 评价星级（Star Rating）

评价星级是会员在评价一笔交易时给出的五星制评分。评分的含义：5星="太棒了"；4星="挺好的"；3星="普通"；2星="不好"；1星="太差了"。其中，5星、4星定义为好评，3星定义为中评，2星、1星定义为差评。

2. 商品/商家好评率和商家信用积分的计算

（1）相同买家在同一个自然旬（自然旬即为每个月1~10日，11~20日，21~31日）内对同一个卖家只做出一个评价的，该买家订单的评价星级则为当笔评价的星级（自然旬统计的是美国时间）。

（2）相同买家在同一个自然旬内对同一个卖家做出多个评价，按照评价类型（好评、中评、差评）分别汇总计算，即好、中、差评数都只各计一次（包括1个订单里有多个产品的情况）。

（3）在卖家分项评分中，同一买家在一个自然旬内对同一卖家的商品描述的准确性、沟通质量及回应速度、物品运送时间合理性三项中某一项的多次评分只算一个，该买家在该自然旬对某一项的评分计算方法如下：

平均评分=买家对该分项评分总和/评价次数（四舍五入）

（4）以下3种情况不论买家留差评或好评，仅展示留评内容，都不计算好评率及评价积分：成交金额低于5美元的订单（成交金额明确为买家支付金额减去售中的退款金额，不包括售后退款情况）；买家提起未收到货纠纷，或纠纷中包含退货情况，且买家在纠纷上升到仲裁前未主动取消；运费补差价、赠品、定金、结账专用链、预售品等特殊商品（简称"黑五类"）的评价。

除以上情况之外的评价，都会正常计算商品/商家好评率和商家信用积分。不论订单金额，都统一为：好评+1，中评0，差评-1。

（5）卖家所得到的信用评价积分决定了卖家店铺的信用等级标志，具体标志及对应的积分如图9-4所示。

第 9 章 客户服务——速卖通客户开发与维护

Level	Seller	Buyer	Score
L1.1			3~9
L1.2			10~29
L1.3			30~99
L1.4			100~199
L1.5			200~499
L2.1			500~999
L2.2			1000~1999
L2.3			2000~4999
L2.4			5000~9999
L2.5			10000~19999
L3.1			20000~49999
L3.2			50000~99999
L3.3			100000~199999
L3.4			200000~399999
L3.5			400000分以上

图9-4 信息等级标志

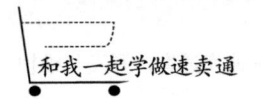

9.3 纠纷化解攻略

全球速卖通平台交易过程中所产生的纠纷属于交易纠纷，即在交易过程中产生了误会或者一方刻意隐瞒，从而无法使交易满意完成。速卖通买家在交易中提起退款申请时有两个大类，分别是未收到货物以及收到货物与约定不符，这两大类又分别有不同的小类，未收到货物的情况包括单号无效、发错地址、物流途中、海关扣关、包裹退回。收到货物与约定不符的情况包括货物与描述不符、质量问题、货物破损、货物短装、销售假货。纠纷的主要问题如图9-5所示。

纠纷分类	产品问题	物流问题	已收寄	运输中	已签收
第1类，买家未收到货物类纠纷					
1.海关扣关		×		×	
2.物流显示货物在运输途中		×		×	
3.包裹原件退回：		×		×	
4.包裹被寄往或妥投在非买家地址		×			×
5.物流显示货物已经妥投		×			×
6.物流信息查不到或者异常		×	×		
7.买家收到货物后退货		×			×
8.买家拒签		×			×
第2类，买家收到货物与约定不符类纠纷					
1.货物与描述不符类	×				
2.质量问题	×				
3.销售假货	×				
4.虚拟产品	×				
5.货物短装	×				
6.货物破损	×				

图9-5 纠纷的主要问题

9.3.1 三大指标定义及计算方法

速卖通平台更看重卖家在交易中主动避免纠纷的发生，鼓励卖家更积极主动地与买家协商解决纠纷。卖通推出三大指标：纠纷率、裁决提起率、卖家责任裁决率。

1.纠纷率

卖家填写发货单号后，当买家提交退款申请（dispute），该订单即进入纠纷阶

段。纠纷率指一定周期内买家提起退款（dispute）的订单数与发货订单数之比。纠纷率的计算公式为

纠纷率=过去30天内（买家提起退款（dispute）订单数–买家主动撤销退款的订单数）/过去30天内（买家确认收货+确认收货超时+买家提起退款（dispute）的订单数）

2. 裁决提起率

买卖双方对于买家提起的退款处理无法达成一致，最终提交至速卖通进行裁决（claim），该订单即进入纠纷裁决阶段。裁决提起率指一定周期内提交至平台进行裁决的订单数与发货订单数之比。裁决提起率的计算公式为

裁决提起率=过去30天提交至平台进行裁决的纠纷订单数/过去30天（买家确认收货+确认收货超时+买家提起退款（dispute）并解决+提交到速卖通进行裁决（claim）的订单数）

3. 卖家责任裁决率

纠纷订单提交至速卖通进行裁决（claim），速卖通会根据买卖双方责任进行一次性裁决。卖家责任裁决率指一定周期内提交至平台进行裁决且最终被判为卖家责任的订单数与发货订单数之比。卖家责任裁决率的计算公式为

卖家责任裁决率=过去30天提交至平台进行裁决且最终被裁定为卖家责任的纠纷订单数/过去30天（买家确认收货+确认收货超时+买家提起退款（dispute）并解决+提交到速卖通进行裁决（claim）并裁决结束的订单数）

平台对于纠纷也有相关的处罚措施，更多的资源会提供给优质的卖家。买家因为各种原因提起退款申请产生了纠纷，在今后的交易过程中对平台的产品、卖家以及平台本身都会产生质疑，最终会使得卖家的客源流失，并且影响到交易的回款周期。一旦提出裁决，即卖家未解决的纠纷提交到全球速卖通平台或速卖通裁决的卖家责任纠纷订单的情况，会严重影响卖家的产品暴光，比率过高，会导致卖家的产品一段时间内无法被买家搜索到。

9.3.2 全球速卖通纠纷协商流程

买家提出退款申请的处理方法如图9-6所示。全球速卖通纠纷提交及协商流程如图9-7所示。协商流程说明如下。

1. 买家提起退款申请

买家提交退款申请的原因包括未收到货和收到的货物与约定不符。这里需要

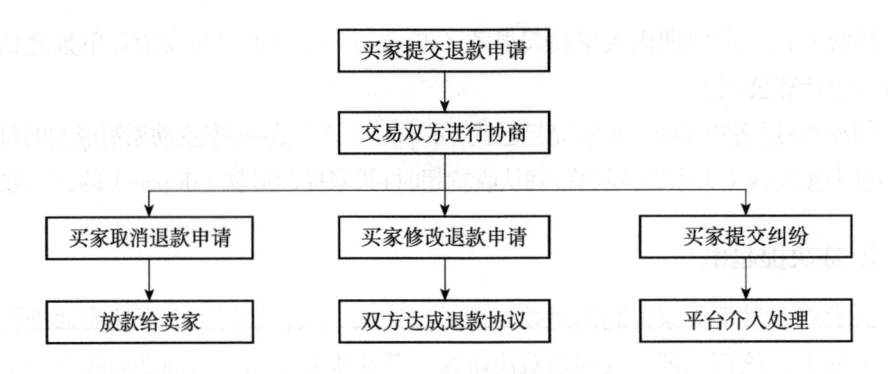

图9-6 买家提出退款申请的处理方法

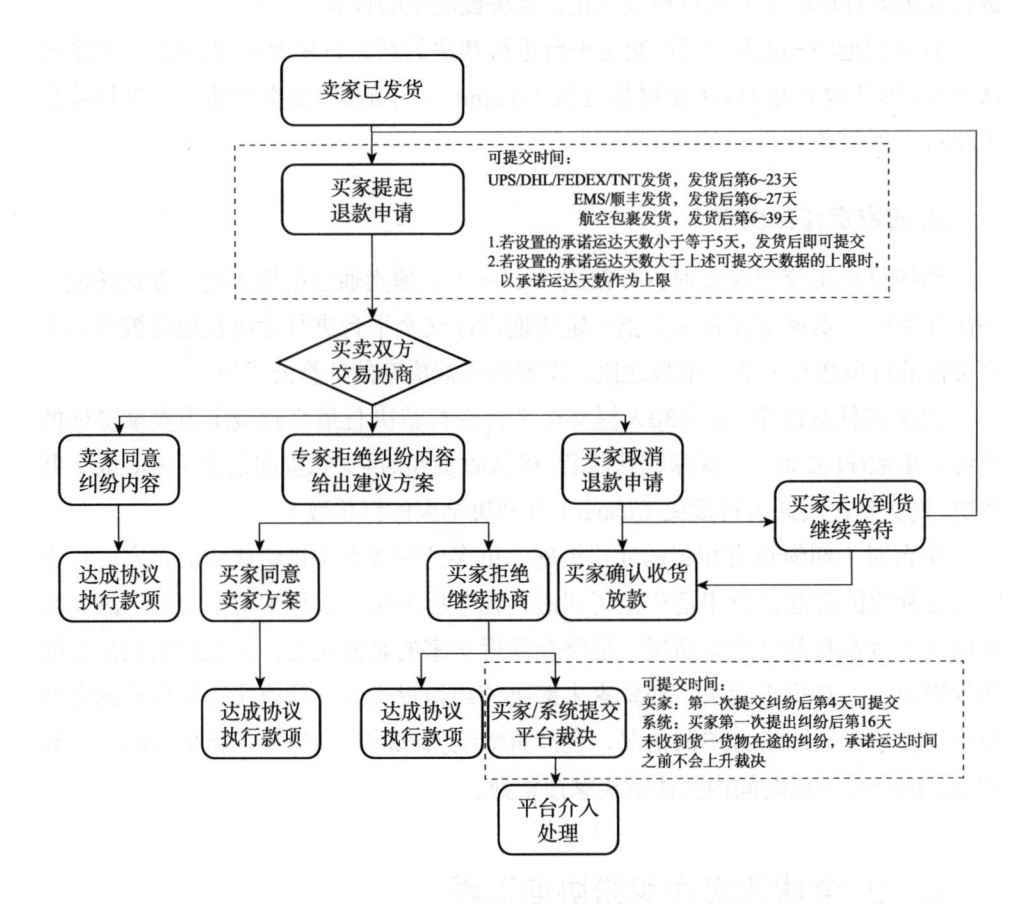

图9-7 全球速卖通纠纷提交及协商流程

说明的是买家提交退款申请时间。卖家填写发货追踪号以后，根据不同的物流方式买家可以在不同的期限内提起退款申请：商业快递（UPS/DHL/FEDEX/TNT）：第6~第23天；EMS/顺丰：第6~第27天；航空包裹发货：第6~第39天。

2. 买卖双方就退款申请进行协商

买卖双方可以就退款申请进行协商解决，协商阶段平台不介入处理。买家提起退款申请后，需要得到卖家的确认，卖家可以选择同意纠纷内容进入纠纷解决阶段，或者拒绝纠纷内容与买家进一步协商，页面如图9-8所示。

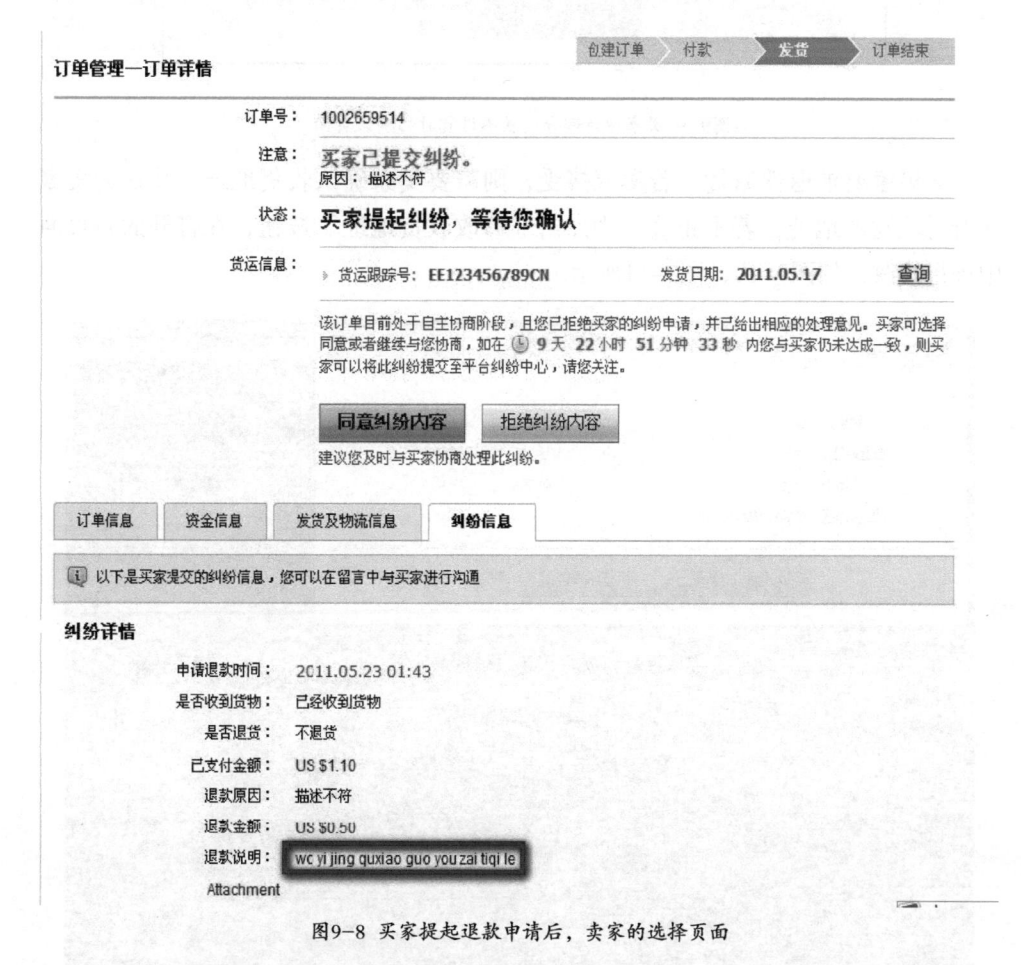

图9-8 买家提起退款申请后，卖家的选择页面

（1）若卖家同意买家提起的退款申请，可点击"同意纠纷内容"按钮进入纠纷解决阶段。买家提起的退款申请有以下三种类型：

• 买家未收到货，申请全额退款。卖家接受时会提示卖家再次确认退款方案，若同意退款申请，则退款协议达成，款项会按照买家申请的方案执行退款。

• 买家申请部分退款不退货：卖家接受时会提示卖家再次确认退款方案，若同意退款申请，则退款协议达成，款项会按照买家申请的方案执行部分退款及部分放款，确认页面如图9-9所示。

图9-9 买家申请部分退款不退货时的确认页面

- 买家要求退款退货：若卖家接受，则需要卖家确认收货地址，默认为卖家注册时填写的地址，若不正确，则点击"修改收货地址"按钮，在打开的新页面中进行修改，如图9-10、图9-11所示。

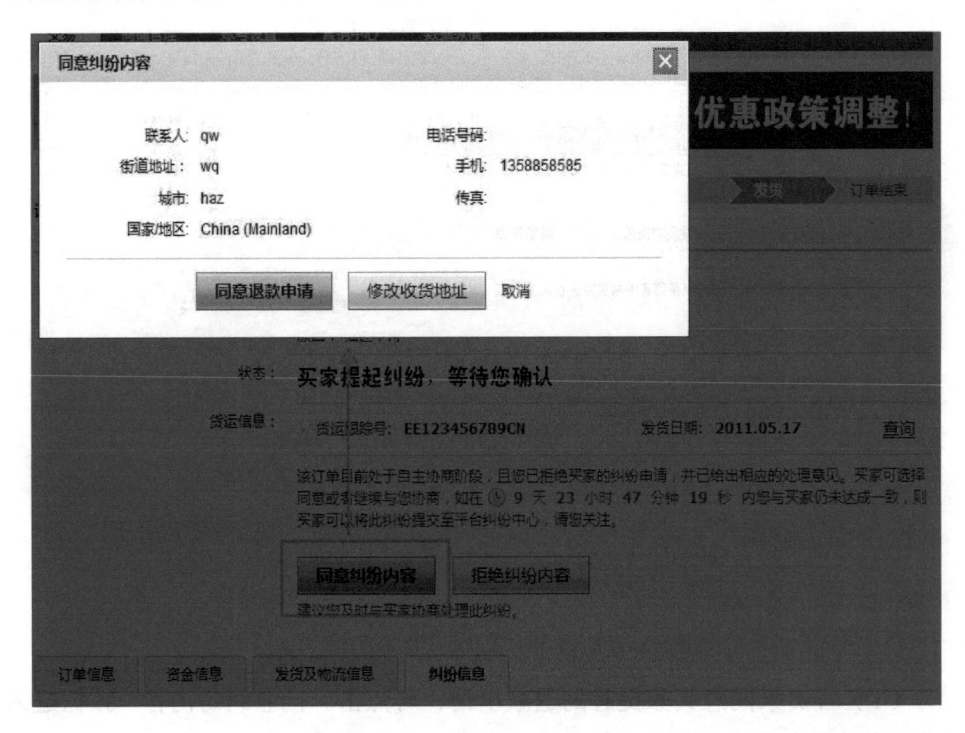

图9-10 "修改收货地址"按钮

①卖家确认了收货地址后，需要等待买家退货，买家需在10天内填写退货单号，若10天内未填写，视买家放弃退货，系统直接放款给卖家。卖家确认收货地址后，到买家填写退货订单号的30天内，卖家均可以选择放弃退货，则系统直接退款给买家，如图9-12所示，点击"放弃退货"按钮后，会弹出确认信息，如图9-13所示，点击"确认"按钮后，会立即执行退款协议。

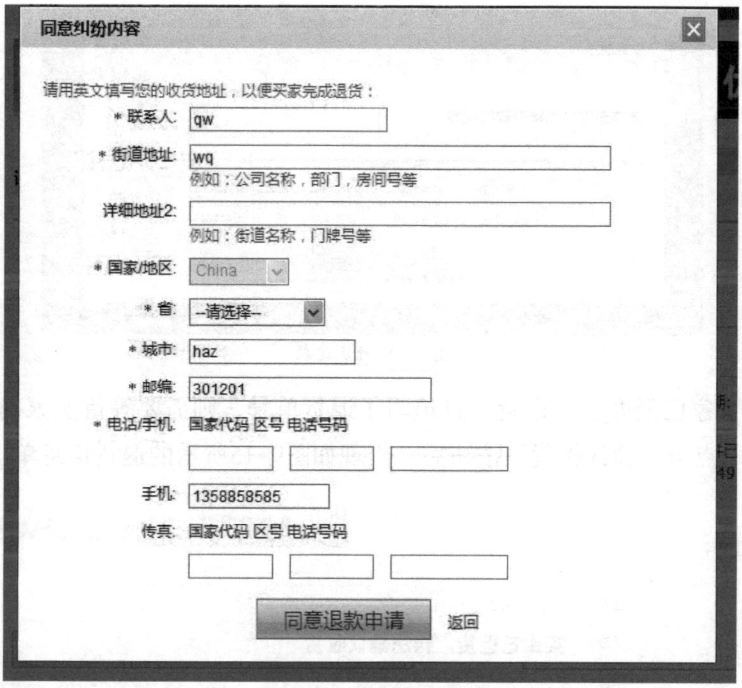

第⑨章 客户服务——速卖通客户开发与维护

图9-11 修改收货地址页面

图9-12 放弃退货

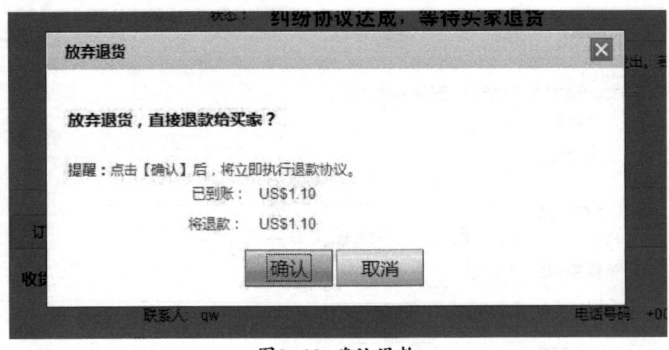

图9-13 确认退款

②若买家已经办理了退货，且填写了退货单号，则需要等待卖家确认，如图9-14所示。点击"确认收货"按钮后，出现如图9-15所示的退货信息单。

图9-14 确认收货界面

图9-15 退货信息单

③卖家需在30天内确认收到退货：若确认收到退货，并同意退款，则点击"确定"按钮，速卖通会退款给买家，卖家操作页面如图9-16所示。

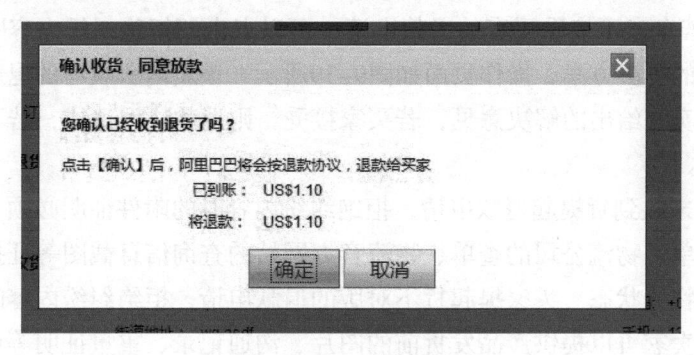

图9-16 卖家确认退款界面

④若卖家在接近30天的时间内，没有收到退货，或收到的退货货不对版，可以提交至平台进行纠纷裁决，操作页面如图9-17所示。平台会在2个工作日内介入处理，卖家可以在投诉举报平台查看状态及进行响应。平台裁决期间，卖家也可以点击"撤诉"按钮撤销纠纷裁决，如图9-18所示。

图9-17 卖家拒绝退款界面

图9-18 平台裁决期间卖家操作界面

若30天内卖家未进行任何操作,即未确认收货,未提交纠纷裁决,系统会默认卖家已收到退货,自动退款给买家。

(2)若卖家不接受买家的退款申请,可以点击"拒绝纠纷内容"按钮并填写卖家建议的解决方案,操作页面如图9-19所示,该表内所填写的退款金额和拒绝理由均是卖家给出的解决意见,若买家接受,则退款协议达成,若不接受,还须继续协商。

买家若未收到货提起退款申请,拒绝纠纷内容时的附件证明必须上传,可以提供发货底单、物流公司的查单、物流官方网站的查询信息截图等证据,证明卖家已发货及物流状态。买家提起货不对版的退款申请,拒绝纠纷内容时的附件证明为选填,卖家可以提供产品发货前的图片、沟通记录、重量证明等证据,证明卖家如实发货如图9-19所示。

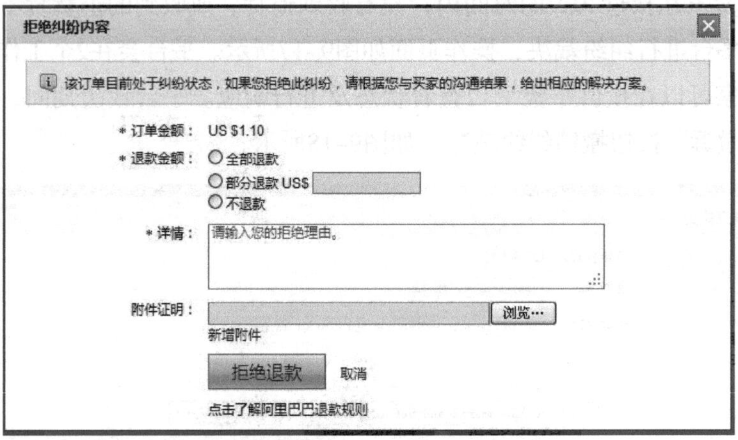

图9-19 卖家拒绝纠纷内容的界面

拒绝退款申请后,需要等待买家确认如图9-20所示。若买家接受卖家的方案,则退款协议达成,款项会按照双方协商的方案执行;若买家不接受卖家的解决方案,可以选择修改退款申请,再次与卖家确认,继续协商。

买卖双方协商阶段,买家可取消退款申请,若买家因为收到货物取消了退款申请并确认收货,则交易结束进入放款阶段;若买家因为其他原因取消(如货物在运输途中,愿意再等待一段时间),则继续进行交易流程。

买家第一次提起退款申请的第4天若还未达成一致意见,买家可以提交至平台进行纠纷裁决;同时若双方一直在协商中,买家未提起纠纷裁决,从买家第一次提起退款申请的第16天系统会自动提交到平台进行裁决。建议卖家积极主动与买家协商,尽快解决纠纷。卖家提起退款申请后在提交至平台进行纠纷裁决前有取消退款申请的权利,若买家在纠纷中存在一定误解,建议卖家积极与买家沟通,双方达成一致,买家如取消退款申请,则交易继续。

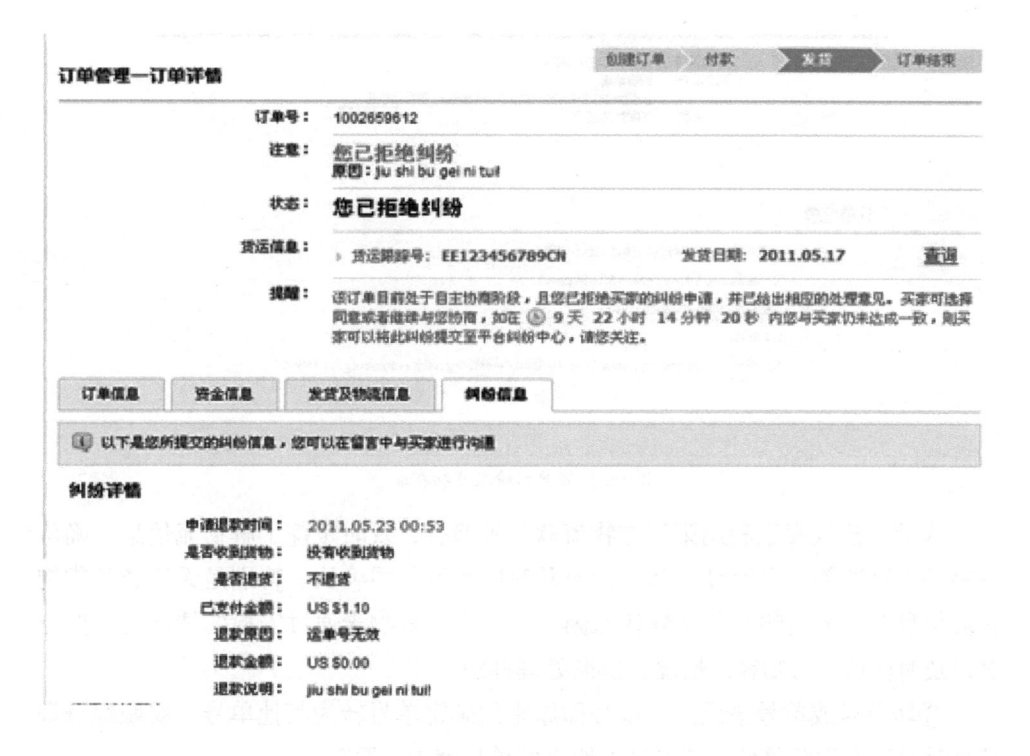

图9-20 买家确认界面

9.3.3 预防纠纷

解决纠纷最有效的途径不是解决纠纷,而是预防纠纷。预防纠纷贯穿整个运营管理环节。在处理纠纷的过程中有很多细节要注意,接下来重点介绍常见的客户纠纷情况及处理办法。

1. 客户未收到货

客户未收到货可能由以下原因造成。

(1)运单号无效

运单号无效包括未通过安检和转单号或单号错误。

①未通过安检。如图9-21所示,这是买家于2016年7月23日提起的一个纠纷,纠纷的理由为货物仍在运输途中。通过搜索查询运单号可知,该订单于6月13日发出,由于卖家未及时发现问题,一直到约40天后买家提起纠纷,卖家才发现该订单在荷兰未能查询到相关信息,之后卖家联系物流得知该货物未能通过安检已被退回。

```
订单号:    77054591201695
纠纷原因:  货物仍然在运输途中
纠纷状态:  纠纷结束
           仅退款 US $ 7.92(RUB 523,14 py6.)，由卖家出资
提醒:      了解处理流程
```

订单信息

```
订单号        77054591201695 (查看详情)
订单金额      US $ 7.92 ( RUB 523,14 py6. )
订单创建时间   Jul 23, 2016
订单留言
收货地址      Uchinskoogo dom 41 kv 10 Saint Petersburg Saint Petersburg RU 195267
```

图9-21 客户纠纷之货物在途

因此，建议卖家利用第三方物流软件勤检查，及时跟踪了解物流信息，确认货物是否已通关、妥投等。其次，要及时向物流公司确认。特别是无法查到货物物流信息时，要向物流公司确认原因。一旦发生货物未通过安检的情况时，要与客户及时沟通，告知客户情况，协商处理办法。

②转单号或单号错误。转单号即原来的邮寄单号转为其他单号，要跟踪查询信息时只能查询转单号（新的号）原来的单号就无法跟踪了。

若转单号错误，此种情况下卖家须认真填写单号，及时与货代确认有效单号，以免错过系统改单号的时间。

若是单号错误，建议卖家及时利用第三方物流软件勤检查以便尽早发现问题。

（2）发错地址

发错地址的原因是收货地址信息不正确。由于买家原因导致信息不正确的可分为以下几种情况：

①明显地址信息不全（见图9-22）。例如只有城市名，没有门牌号。此种情况应积极联系买家了解情况，此地址是否能收到货。若联系不到买家可以拒绝发货，从而导致成交不卖，然后致电客服申诉。

```
买家 ID:          Offline    邮箱:          @outlook.com    Contact now!
添加黑名单
收件人:
地址:   Colchester, Essex, United Kingdom
邮编:   CO1 1UT                              地址信息不全
手机:
电话:   44-1200-515290
传真:
```

图9-22 买家地址信息不全

②买家地址填写错误。此情况下应及时联系买家,并保留发货凭证。在确认货物无法妥投会被退回的情况下,及早重新发货。

③俄罗斯买家要写全名,一般为三个单词姓名,如图9-23所示。

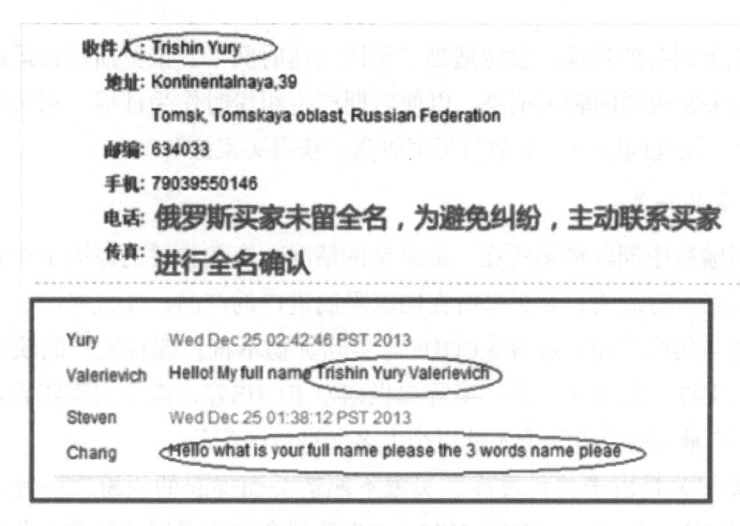

图9-23 俄罗斯买家姓名确认

（3）卖家私自改变运输方式

卖家私自改变运输方式的原因可能是卖家运费设置错误,在买家下单后,卖家为了节约成本、减少亏损,将EMS或者其他商业物流改为邮政小包;也可能是由于备货期耽误,影响了发货期,而客户又着急收货,卖家就私自将EMS改为DHL等其他速度较快的快递发货。

这两种情况下,卖家未与买方沟通就私自改变运输方式,特别是将EMS改为邮政小包的情况下,很有可能造成丢包,也会导致延迟交货。无论哪种情况,如果产生扣关、支付关税,或客户不清关的情况,纠纷一般判定为卖家责任。

因此,建议卖家尽量按照约定的方式发货。若不得不改变物流方式,应该及时通过各种方式与买家联系,在买家同意的情况下,改为买家认可的方式。卖家还应该保留买家同意改变运输方式的记录,以便后期产生纠纷时作为证据。

（4）运输途中纠纷

运输途中纠纷是最常见的一种纠纷。交易订单的纠纷提交到速卖通进行裁决时,包裹在物流公司官方网站的物流追踪信息介于"收寄"和货物"妥投"之间的情形,包括但不限于以下几种情形:离开中国、发往某地、到达**邮局、未妥投。

如果运输途中产生了重新发货情况,即由于种种原因造成货物退回等,需要重新发货,卖家须保留买家同意重新发货且愿意等待的证据。因为如果发生重新发货的情况而引起的纠纷,卖家需要提供证据证明买家同意重新发货而且愿意等待,系统平台会重新计算运达时间;若无法提供证据,承诺运送时间系统将不会重新计算。

避免此类纠纷的建议:设定适当"承诺运达时间",俄罗斯最长运达时间90天;保留与买家沟通的聊天记录,以便后期产生纠纷时作为证据;利用第三方软件及时追踪,发现问题及时主动与买家协商,获得买家谅解。

(5)海关扣关

这是运输途中问题最多所在、最复杂的情况。海关扣关的原因主要有:①关税过高,买家不愿清关;②买家所在国家限制进口的产品;③侵权产品被海关查扣申报价值与实际不符;④H.S.CODE与实际货物不符;⑤特定产品缺少进口国海关所需的文件。如电子产品一般需提供CE,ROHS等,部分国家还需要提供箱单、发票,产地证等;⑥买家不能以个人名义进口的产品。

若海关扣关是由于关税过高,买家不愿清关而提起的纠纷,一般来说,商业快递除EMS外,FedEx、DHL、UPS、TNT等都会产生退回的运费。若申报价值高,会产生进口关税。商业快递一级代理一般会配合查询扣关原因并出具证明,二级代理或三级代理的查单难度则较大。而邮政大小包除违禁品、仿牌外,一般都会退回,退运不收费,但开查单相对较慢,一般货代会要求2个月以后开查单,而2个月一般是卖家承诺运达的时间。所以一般卖家想通过查单了解大小包的扣关情况,很艰辛。若货物直接从邮局出货,部分地区会给发货存根(见图9-24),如湖南、上海等。

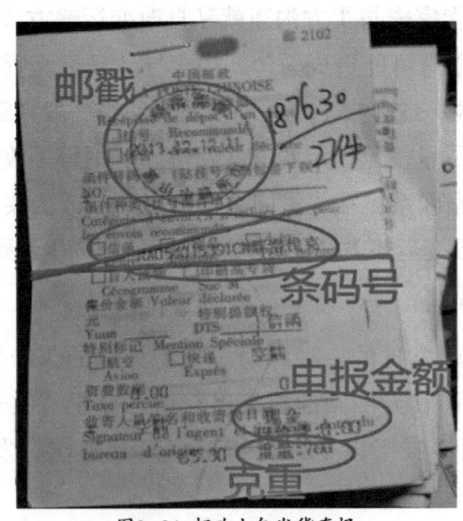

图9-24 邮政小包发货存根

第⑨章 客户服务——速卖通客户开发与维护

那么如何避免纠纷或尽量使损失达到最小呢？

第一步：积极主动、态度诚恳与买家协商，协助其清关，了解买家不清关的原因。

第二步：若买家仍不愿清关，可与买家协商提出是否可以由我方分担部分关税。

如果买家仍然不同意支付关税，在邮政大小包寄送的情况下，尽早联系邮局开具查单（见图9-25），时刻关注物流官网的追踪信息，同时与买家积极联系，安抚买家，防止其修改未收到货，系统将全款退还给买家。在物流信息显示退回时，则应第一时间同意买家纠纷，从而缩短收款时限。

若是由商业快递寄送，则应联系货代，要求开具扣关证明，确认退运费用及关税，还应该确认当地销毁费用，以决定是应该退回还是选择当地销毁。同时仍依照前面两步不放弃与买家进行协商。

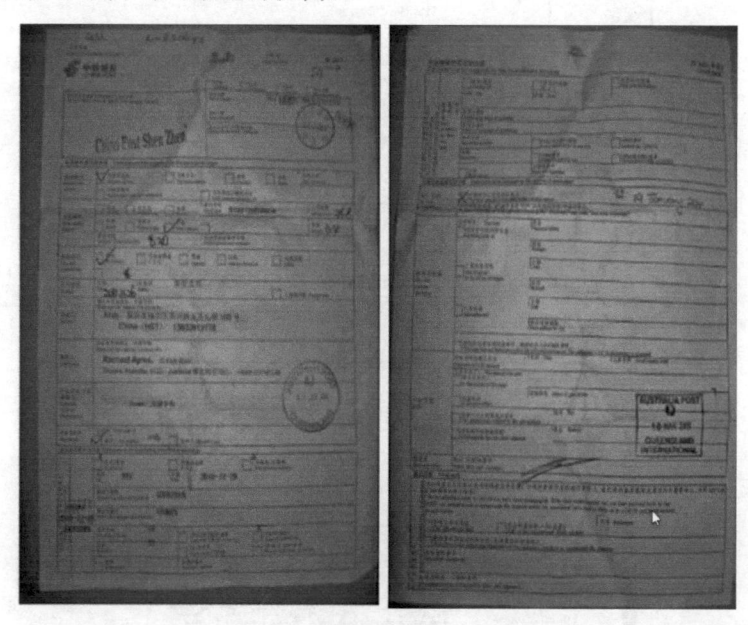

图9-25 查单

若遇到恶意买家，即该买家屡次出现同样的状况，而且其他卖家给他的评价都很差时，则应该特事特办。

提醒：根据经验，一般南美国家超过15美元的产品，查验率比较高。

若海关扣关的原因是由于没有提供进口文件，特定产品尤其是电子产品缺少进口国海关所需的文件，如CE，ROHS，箱单，产地证等，那么该怎么办？

案例：一位卢森堡买家购买安全报警系统设备（见图9-26），货物到达目的后被海关扣关，买家提供了海关出具的扣关证明（见图9-27），证明上有写明需

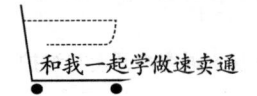

要卖家提供相关的文件。此时卖家就应该配合，但是该卖家提供不了相关证明。

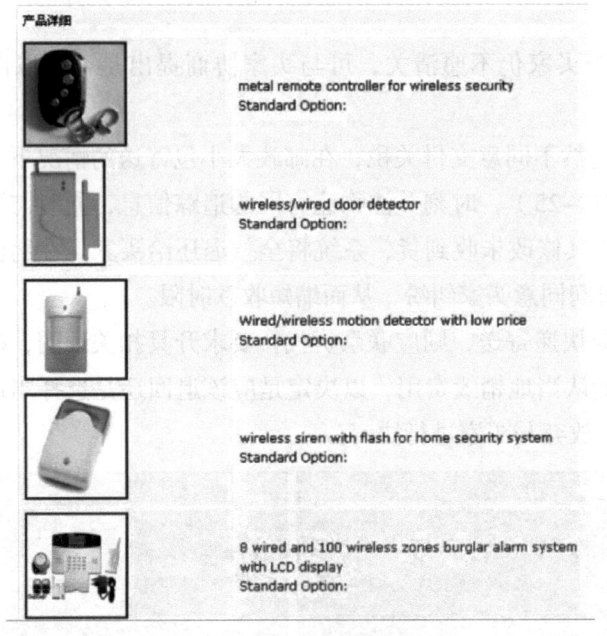

图9-26　安全报警系统设备

图9-27　扣关证明

在运达时间到的时候，平台就会裁决卖家责任，把全款退给买家。若海关扣关是由于侵权和虚假申报，那么侵权产品将被海关查扣。有品牌Logo包装的一般需要提供品牌授权文件才能放行。若无授权则被鉴定为仿牌的，直接没收。若金额过大会对买家处罚金，且金额较大。侵权行为涉及的不光是Logo，还有外观专利，如iPad，iPhone。还有就是申报虚假价值。为避免纠纷，应该如实申报。由于虚假申报导致海关扣关，或者目的地海关对买家进行处罚，则卖家需要承担责任。若是由于买家要求进行虚假申报，则一定要保留证据，有利于后期裁决。

（6）原件退回

原件退回是指交易中包裹因为买家收货地址有误或者地址变更，地址不完整无法妥投，或因买家原因无法清关等，导致包裹退回。

此类纠纷的解决办法如下：

首先，收到举证通知3日内要及时响应。

其次，提供因卖家原因退回的证明，主要是物流公司查单及退运证明，买家聊天记录（这要求使用一定的技巧使买家承认是他的责任）。

若是商业快递退回，会产生比较高的退运费，卖家则会要求买家补偿运费。

例如：

- 订单有运费，Free Shipping平台不支持卖家补偿要求。
- 买家过错导致退货，可申请平台补偿。
- 邮局或商业货代退货证明是买家责任。
- 双方聊天记录证明是买家责任。

2. 收到货物与约定不符（货不对版）

货不对版主要表现在：描述不符、质量问题、货物破损、货物短装、销售假货。

提示：非"货物在途"纠纷必须在5天内作出相应。

货不对版处罚较重：第1次违规，冻结账号7天或永久关闭账号；第2次及以上违规，冻结账号30天或永久关闭账号。

货不对版纠纷处理流程，如图9-28所示。

案件提起后，即买家提供纠纷，平台判定立案不成立，则会要求买家再次举证；若仍然判定不成立，则自动关闭案件。

若买家通过举证已经立案，卖家在5天内必须做出响应，即被投诉方（卖家）与投诉方（买家）同时进行举证，在此期间，卖家应该积极与买家进行协商。在货不对版的情况下，卖家一般都可以与买家商定好退款金额，从而减少损失。在双方协商一致的情况下,平台会关闭案件;若协商不一致,则平台会核实所有的举证信息,进行下一步裁决。裁决结束后关闭案件。

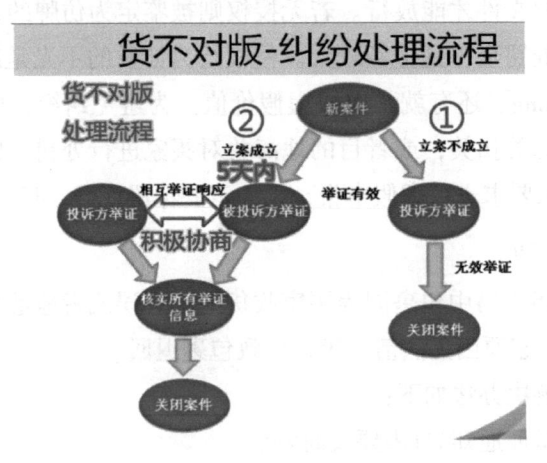

图9-28 货不对版纠纷处理流程

避免此类纠纷应做到:

- 颜色描述准确。因为颜色会有色差,最好配合图片标注颜色,以防止纠纷。
- 尺寸描述完整。特别是服装、鞋类产品,欧码、法码和中国码应标注清楚。
- 材质描述准确。一定要如实描述,如箱包类产品,真皮与PU要写清楚;流行饰品类产品,水钻与亚克力要标注清楚。

小贴士:

- 发布产品操作过程中,不要照搬其他家热销产品描述。
- 淘代销产品的尺寸、单位及描述一定要严格审核后再发布。
- 发生纠纷时,应及时与客户沟通、协商,解答客户的疑问,将损失降到最低。
- 若有色差,买家下单后应及时跟买家确认,并保留买家同意色差的聊天记录。

9.4 询盘管理

作为电商企业营销的"临门一脚",沟通环节在交易达成之前发挥着重要的作用。速卖通平台的优势决定了卖家在交易中必须采用与以往不同的沟通方式。

9.4.1 日常商业谈判沟通邮件模板

（注：所有邮件内容将以公司：Green Trading Co., Ltd.，产品：Mobile Phone Case为背景。）

一般来说，商业谈判需经历以下4个步骤：询盘 Enquiry→发盘 Offer →还盘 Counter-offer→接受 Acceptance。

1. 问询的处理

（1）问询时未指明产品

如果客户是在Message或者Trademanager上问询，并且未指明产品，说明客户是知道卖家的店铺的，此时可以要求客户把感兴趣的产品链接发送给我们。对于站内信收到的信息，可以留下Skype或者MSN给客户。

> Dear,
> Thanks for your inquiry.
> Would you please provide the links for your interested products?
> You are welcome to add our Skype XXX or MSN XXX for further discussion. We are expecting to establish long term relationship with you.

（2）E-mail收到客户未指明产品的询盘

可以先对自己公司主要的产品及优势进行说明，给出店铺的地址，还可以罗列出优势产品附加在邮件中以吸引客户注意。

> Dear,
> Thanks for your inquiry.
> We specialize in all kinds of mobile phone cases which have enjoyed great popularity worldwide. For details, please review our shop:
> http://www.aliexpress.com/store/XXXXXX
> In addition, we'd also like to enclose several popular products for your reference firstly. Please contact us through the following channels if any item is of interest to you:
> Aliexpress Trademanager XXX / Skype XXX / MSN XXX .
> Looking forward to hearing from you soon.

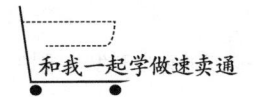

（3）问询产品是否有更多颜色、款式、图片

如果有可以直接回复this one has other color(s)/style(s)/picture(s) as attached. Would you please advise which one is your favorite? 直接提供给客户，然后询问客户所需要的产品。

如果没有，可以要求客户看看店铺里的其他产品，或者基于客户的具体问询，推荐最适合的客户所需要的产品。

> Dear,
>
> Thanks for your inquiry.
>
> Yes, this one has other color(s)/style(s)/picture(s) as attached. Would you please advise which one is your favorite?
>
> 或
>
> Sorry that we have not other color/style/picture for it. Please do feel free to check other products in our store. We'd like to offer you our latest discount.
>
> Looking forward to your further contact.

（4）问询产品是否有货

如果有可以回复客户"in stock"，然后询问客户的需求量；如果没有，可以告诉客户再次到货的时间，如"in two weeks"，或者推荐类似的产品给客户。推荐的产品最好附有链接地址。

> Dear,
>
> Thanks for your inquiry.
>
> Yes, we have plenty of such cases in stock. Could you advise how many pcs you want?
>
> 或
>
> Sorry, the item you mentioned is just out of stock and it will be available in two weeks. Could you please check whether the following similar ones are also suitable for you?
>
> XXX, XXXX, XXX (link)
>
> Looking forward to your prompt reply.

（5）问询物流时间

主要是告诉客户一般货物运达到目的地所需要的时间，同时提醒客户若出现一些不可抗力因素可能会导致延迟收货。

> Dear,
>
> Thanks for your inquiry.
>
> Generally, we would arrange your product within 2-3 business days upon receipt of your payment.
>
> Normally international shipping would be slower than domestic. It usually takes 7-21 business days by China Post and 3-15 business days by EMS/Fedex to your country. And sometimes if some uncontrollable situations occur, such as bad weather, holiday, etc, it would be slower than that.
>
> Thank you for understanding. Welcome your order. Thank you.

（6）问询快递运费

虽然大多数产品都是Free Shipping，但是大部分Free Shipping的产品都是基于邮政小包或者其他方式的小包。若客户需要更快的货运，卖家可以根据平台的运费计算或者自己的货代提供的运费计算，找出最便宜且比较快的方式提供给客户。例如，10个手机壳快递到巴西。告诉客户用UPS需要额外的20美元运费，只需要4~8天即可送达，询问客户是否可以接受。

> Dear,
>
> Thanks for your inquiry.
>
> The cheapest express way for 10 pcs of the mentioned cases shipping to Brazil needs about extra $20(0.65KG) by UPS Expedited. It only takes 4-8 days to arrive to you. Kindly advise whether it is acceptable for you.
>
> We welcome you to contact us via Trademanager XXX or Skype XXX or MSN XXX for further discussion.

（7）问询价格（不准备让价）

当收到客户关于价格方面的问询，若不准备让价，卖家应该给出一些有说服力的理由，不能盲目拒绝。

> Dear,
>
> Thanks for your inquiry.
>
> From the product feedback, trust you would agree that our price is very competitive for such good quality. Discount cannot be provided for 1 pcs as

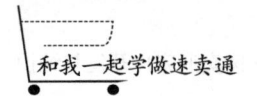

we only have minimum profit. However, we can provide discount 5% for bulk buying no less than 50 pcs.

Thank you for consideration and understanding. Looking forward to your response.

（8）问询价格(同意让价)

即便是同意让价，也要同意给出理由。太过轻易的让价、太大幅度的让价或者太简单的让价都容易让客户产生疑虑。如果不希望客户以后再提及价格，也可以告诉客户，这个价格已经是"bottom"的价格了。

Dear,

Thanks for your inquiry.

As you are a new client for us / you are our most welcomed friend, we decided to accept your suggested price / offer 10% discount for the said product(s). Trust you would find the price has reached bottom in consideration of its quality.

Wishing you a happy shopping with us.

（9）问询价格(数量折扣)

如果还是不能给折扣，可参看问询价格（不准备让价）（7）回复；若可以给于折扣，可以罗列出给折扣的条件，以免后期产生误会。最后还要告诉客户，愿意提供如此便宜的价格是希望将来能成为好的商业伙伴。

Dear,

Thanks for your enquiry and we are glad you are interested in our products.

Product: PC Girl Case for iPhone 5S (SKU:72156)

Price: $4/pcs

Minimum qty: 50 pcs

Packing: PP package

Shipping: 2-3 business days upon receipt of payment

Shipped by: China Post

We provide such favorable offer to try to become your reliable business partner. Looking forward to your prompt decision.

2. 还盘的处理

还盘的处理与询盘类似,无论是否同意都应该给出理由。

(1) 同意还价

> Dear,
>
> Thanks for your message.
>
> In consideration of the situation you mentioned / In order to assist you to compete with other dealers / In order to show our sincerity, we have decided to accept your counter-offer as an exceptional case.
>
> Looking forward to order and you may be assured that it will receive our prompt attention.

(2) 不同意还价

> Dear,
>
> Thanks for your message.
>
> Much to our regret, we can not even slightly cut down the price. To cope with tough competition in the market, we have offered you our lowest price.
>
> Please also consider its quality and our service.
>
> Thanks for your kind understanding and look forward to establish long term relationship with you.

3. 发盘的跟进

在询盘或者还盘时,卖家会发报价。若客户没有回应,则卖家需要进行一定的跟催。跟催的时间可以分为2个次,第一次跟催是3~7天内,第二次跟催是20天左右。这样不至于使客户完全遗忘,也不会招致客户厌烦。

(1) 第一次跟催(3~7天内)

主要是提醒客户关于报价的记忆。报价是何时发的,产品是什么。然后告诉客户一些你认为客户不知道的,或者有助于成交的内容。

> Dear,
>
> We are writing to check whether you have received our last quotation on

> our PC Girl Case for iPhone 5S (SKU:72156) dated 20 Dec 2013.
>
> You may rest assured the quality for the goods you selected is quite good. Should you have any concern, please feel free to communicate with us online.
>
> Awaiting your immediate response, we are

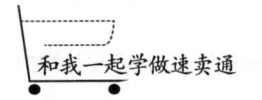

（2）第二次跟催(20天左右)

第二次跟催同样首先要帮助客户回忆报价的产品和时间，然后告诉客户我们已经跟全球各地很多的商家建立了良好的合作，并且告诉客户给他的报价是有利可图的。无论他的什么意见都是欢迎的。

如果还想后期继续跟进，可以借助电话或者在线沟通的方式进行。

> Dear,
>
> We are sorry to reach you again on our last quotation regarding our PC Girl Case for iPhone 5S (SKU:72156) dated 20 Dec 2013.
>
> In past several years, we have established good relationship with many other dealers worldwide. You can rest assured that your price will be profitable. We are expecting your comment no matter what it is.
>
> With kind regards to you and your family.

9.4.2 客户沟通邮件模板

英语邮件的写作是有一定规范的，即应遵循一定的写作原则，采用一些写作技巧，从而使邮件表意准确，语言流畅，更易于贸易双方的沟通与理解。英语邮件的写作要遵循礼貌原则，如使用 you-attitude，对方观点。首先，它表明卖方站在买方的角度看问题，体现卖家对买家利益的真挚的关怀、尊重和敬意，维护对方的积极面子，构建和谐的关系；其次，you-attitude体现一种写作风格，用积极的方式，乐观的态度和愉快的口吻表达观点。

使用积极的词汇。在书写邮件时，卖家可以运用一些积极词汇表达其对买方的关心，体现出维护买方的积极面子。这样可以激发写信人和读者的共识，巩固双方合作关系。这些积极词汇可包括很多，如感谢、赞扬、认同、同情、承诺、乐观等。

使用主动语态。主动语态将施为者置于句子开头，直接传达施为者或卖方的善意，满足买方的积极面子，由此实现礼貌的目的。

1. 提醒买家付款邮件模板

此模板用于客户拍下产品但还没有付款的情况。应该用1～2句话概况产品的特点，以强化客户对产品的信心。如：可以说明产品 high quality with competitive price，也可以说产品popular。同时可以提示Instant payment。但注意不要过分强调，以免客户反感。

> Dear Customer,
>
> Thanks for your order.
>
> The item you selected is a high quality with competitive price. You would like it.
>
> Instant payment can ensure earlier arrangement to avoid short of stock.
>
> Thank you and awaiting your payment.

2. 买家付款后，库存有货

这里需要告诉客户产品的安排，同时对客户说明产品的质量以及检查，请客户放心，消除客户的疑虑。

> Dear Valuable Customer,
>
> Thank you for choosing our products.
>
> Your item will be arranged within 24–48 hours to get courier No. and it would takd another two days to be online for tracking.
>
> We would check the product quality and try our best to make sure you receive it in a satisfactory condition.
>
> Thanks for your purchase and we will update courier No. to you soon.

3. 买家付款后库存无货

直接向客户推荐类似的产品，并提供相应的链接。如果客户经过考虑后决定取消购买，可以告诉客户取消流程。

> Dear Customer,
>
> Thanks for your order. However, the product you selected has been out of stock. Would you consider whether the following similar ones also ok for you:
>
> http://www.aliexpress.com/store/product/*******1.html

> http://www.aliexpress.com/store/product/*******2.html
>
> If you don't need any other item, pls apply for 'cancel the order'. And pls choose the reason of "buyer Ordered wrong Product". In such case, your payment will be returned in 7 business days.
>
> Sorry for the trouble and thanks so much for your understanding.

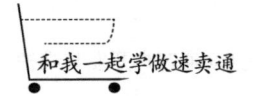

4. 货物发出填入物流单号后

主要告诉客户3个方面信息：一是告诉客户单号及查询网址；二是告诉客户物流大致需要的时间；三是提醒客户给我们五星评价及反馈信息。

> Dear Valuable Customer,
>
> Thanks for your order. The product has been arranged with care. You may trace it on the following website after 2 days:
>
> http://www.17track.net/index_en.shtm
>
> Kindly be noticed that international shipping would take longer time (7-21 business days for China post, 3-7 for EMS). We sincerely hope it can arrive fast. And you can be satisfied with our products and services.
>
> As well, we would appreciate very much if you may leave us five-star appraisal and contact us first for any question, which is very important for us.
>
> We treasure your business very much and look forward to serving you again in the near future.

5. 跟催买家做出评价

在速卖通上交易完成了，货物收到了，但是买家没有给出评价的情况经常发生。卖家可以主动发邮件过去咨询客户收到货物是否符合自己的需要，也可以主动催促一下客户作出评价。

> Dear Customer,
>
> We are glad you have received the goods.
>
> Being a seller on Aliexpress, feedback from customers is of vital importance to us. 5-star appraisal and positive feedback will help us improve our products and services.
>
> If you have any other concern or are not so satisfied in any regard, pls have

no hesitation to contact us firstly. We will try our best to solve your proble.
Many thanks for your time on this.

6. 收到买家正面评价后

在客户正面评价后,发送一份感谢信可以大大加深客户对我们的印象。

Dear Customer,
Thanks for your positive appraisal.
We will strive for providing better services and products for you in the future. Welcome your next coming.

9.5 售后服务

9.5.1 售后注意事项

在速卖通开店,面对的是国外客户,售后服务有哪些细节呢?速卖通售后服务要怎么做呢?我们总结售后注意事项如下。

1. 发货前严把产品质量关

在上传产品时,可以根据市场变化调整产品,剔除供货不太稳定、质量无法保证的产品,从源头上控制产品质量。

在发货前要注意产品质检,尽可能避免残次物品的寄出,优质产品质量是做速卖通售后服务的前提。

2. 把控物流环节

速卖通卖家下单后,及时告知买家预计发货及收货时间,及时发货,主动缩短客户购物等待的时间。

国际物流的包装不一定要美观,但必须保证牢固。包装一直是买家投诉的重要原因,对数量较大、金额较大的易碎品可以将包装发货过程拍照或录像,留作

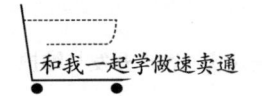

纠纷处理时的证据。

注意产品的规格、数量及配件要与订单上的一致,以防漏发引起纠纷,同时,可以提供邮件产品的清单,提高你的专业度。

3. 物流过程与买家及时沟通

在物流过程中,买家是最想了解产品货运进展的,这个时候及时良好的沟通能够提高买家的交易感受。售后与买家保持沟通的三个交易关键点分别是:在产品发货后,告知买家相关货运信息;货物到达海关后,提醒货物相关进展;货物到达邮局,提醒买家给予好评。

9.5.2 售后沟通邮件模板

1. 暂时无法回复客户问题

当卖家在收到买方提出的问题,如物流问题,无法马上给出答案,这时不答复或表示不知道情况都不是明智的选择,卖家应该让客户知道可以答复的时间,如:

> Dear,
> These days the tracking system has some problem. We will check with our courier agency to update status to you tomorrow. Sorry to keep you waiting.
> 也可以这么回复:
> Dear,
> We need some time to check the problem with our supplier. Can we just reply you before 30 Dec 2013? Thank you for waiting.

2. 未预期的物流延误通知

有时候会遇到严格的海关检查或者由于天气原因而导致延误,此时,首先要知会客户,然后告诉客户我们会怎么做,如keep update,最后要对此次麻烦表示致歉。

> Dear Customer,
> Thanks for your order with us. Per courier agencies' information, due to strict custom screening /peak season/bad weather these days, the shipping time

to your country might be delayed.

We will keep tracking the shipping status and keep you posted of any update.

Sorry for the inconvenience caused. Your understanding will be greatly appreciated.

3. 节假日物流延误通知

告知客户由于什么原因可能会导致延误，给客户一个预期，最后感谢客户的理解。

Dear Customer,

Thanks for your purchasing in our shop. However, in celebration of China Spring Festival, 30 Jan to 5 Feb, both days inclusive, all shipping services will suspend temporarily during the period. And the shipping delay for your goods may be caused.

We apologize for the inconvenience caused and appreciate your kind understanding.

Wish you and your family have a happy time together as well.

4. 退换货（非质量问题）

首先对于产品不能满足客户的需求而表示致歉，然后将详细地址告知客户，再告知客户关于产品退回需要注意的事项以及退回的运费由谁承担。若产品比较轻，卖家可考虑承担一部分。

Dear Customer,

Sorry that the goods cannot satisfy you. It is for sure that you can send it back for refund or exchange. Please return goods to the following address: ******, Hangzhou, China Address To: Festoon LAU Tel: ….

Kindly make sure all returns including all original products, packages, accessories in a re-saleable condition.

Please be aware postage cost for both return (and re-sending) will be charged on your side. Once we receive the goods, we will arrange refund / exchanging for you. Thanks.

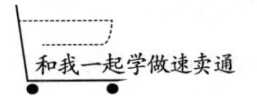

9.5.3 售后投诉处理技巧与邮件模板

1. 售后投诉处理两大基本原则

（1）首先感性地处理客户的情绪

感谢客户联系你。因为如果客户抱怨，你就会获得一次保留客户的机会！让顾客倾诉不满，知道问题所在才能解决问题。换位思考，站在客户立场看问题。有时候买卖双方看问题的角度不同，要学会站在客户的立场看问题。如有必要，可以充分道歉。客户的错与对不那么重要，重要的是需要解决问题而不让其蔓延。

（2）然后再理性处理事情

了解事实，对于客户提出的问题要求客户提供相应的图片证明；询问顾客的意见；管理客户的期望，提出可能的解决方案，对于客户选择的方案最大化地达到以使客户满意；提供未来的解决方案，保证问题不会再发生，以恢复客户对我们的信心；跟踪服务，主要是跟踪客户的情况及满意度。

2. 售后投诉邮件模板

（1）投诉物流问题时，物流信息显示正常的状态

首先告知客户在哪可以查到物流信息，提供相关链接。对货物的状态可以进行简要说明，然后对物流时间做出相关解释等。

> Dear Customer,
>
> Per the checking, the parcel status is normal:
>
> Status:It has been in China Airport on 25 Dec and would take few days to your country
>
> Status: It has arrived your country on 25 Dec. It would take few days for delivery to you
>
> You may refer to the following for details:
>
> http://www.17track.net/en/result/post.shtml?nums=RB460503156CN
>
> We are also expecting very much that the parcel can be delivered to you earlier. However, shipping to your country needs about 7-21 business days. Sometimes it might need longer time due to some occasional reasons, such as custom strictly screening or bad whether, etc. Sorry to keep you waiting and appreciate your patience.

第⑨章 客户服务——速卖通客户开发与维护

（2）投诉物流问题时，物流信息显示是延误的状态

首先要告诉客户延误的原因，请求客户的理解。同时要延长相应的收货时间，并希望客户能够暂时撤回投诉，双方可以保持联系。

> Dear,
> We are sorry for the troubled shipping. Due to Christmas and bad weather in Russia, parcels to Russia would be slower than before and it would take more than 60–90 days at present.
> The receiving period has extended longer for another month accordingly.
> We would take full responsibility if no parcel is received by you, so, would you please withdraw the complaint temporarily? Let's keep in touch if there's any problem. Thanks.

（3）投诉物流问题时，物流信息显示非正常状态

发生包裹丢失等情况时，可以告知客户我们的处理办法，如向中国邮政提交询问信息，大致3~5个月可以得到回复。然后看客户的态度及反应。可以把款项退给客户，最后表示歉意。

> Dear,
> Sorry that your parcel is delayed. In consideration of no update for long time, we have submitted enquiry to China Post. It normally takes 3–5 months to get result from them. We will keep you posted if any update. During the period, once you receive the product, please let us know.
> Sorry for the trouble caused. If you have any other concern, please feel free to communicate with us. Thanks.

（4）投诉物流问题时，物流信息显示签收但客户表示未收到

首先提醒客户核实物流信息是否确实签收了，然后提醒客户与当地邮局核实查询相关信息。

> Dear,
> Thanks for drawing the case to our attention. But not for sure what kind of reason, the tracking website shows the parcel was received and signed on 31 Dec 2013. For details, please refer to the following:
> http://www.17track.net/en/result/post.shtml?nums=RB460503156CN

> In consideration of the above situation, would you please help check with your local post office to see what happened firstly? If you are in need of any assistance, such as shipping record, etc, please feel free to let us know.
>
> Thanks and have a nice day.

（5）投诉质量问题时，初步收到问题反馈

首先要解释对于质量问题的管控，另外也请客户提供相应的图片及建议的解决办法等。

> Dear,
>
> We are sorry to hear that. Our colleague did conduct check for every product issued out. It is a pity that it was ignored.
>
> Would you please provide pictures for the problem to us? And please also advise your suggested solution. Thanks.

（6）投诉质量问题时，要求赔款或其他方式赔偿

若质量问题确实存在，首先要对质量问题致歉，然后解释未来的质量管控措施，再提供相应的解决方案。这需要客户的理解和接受，也是一个协商过程。最后再次表示歉意，希望客户反馈对解决方案的意见。

> Dear,
>
> The photos were received with thanks. Sorry that we failed to check out the problem and we would pay more attention on this part.
>
> Anyway, as it is a minor problem, can you accept $3 for compensating it? Or, may you just accept this time and we would like to provide bigger discount for your next time coming? Due to the rising shipping cost, the cases only have minimum margin profit.
>
> So sorry for the trouble. Please feel free to let us have your comment. Thanks.

（7）投诉质量问题时，要求退换货

首先致歉并对未来所做事项进行说明，以恢复客户的信心，然后提供详细的地址，最后说明退回产品时需要包含哪些东西。

> Dear,
> We are sorry for the quality problems and would pay more attention on product quality check in the future.
> Kindly return the goods to the following address:
> ******, Hangzhou, China Address To: Festoon LAU Tel: ….
> Please make sure to return all original products, including accessories and packages. Once we receive the goods, we will refund/exchange a new one for you. Sorry for the trouble .

（8）投诉客服态度/跟进不力等

需要考虑客户具体投诉的内容，然后做出相关解释，再说明未来管控的一些措施，最后致歉表示类似的事件不会再次发生。

> Dear,
> Thanks for bringing the case to our attention. We would pay attention to such kind of problem and provide related training to all of our customer service personals immediately.
> We apologize for making you feel bad. And please trust that such kind of situation will not happen again.

本章小结

只有充分调研国外客户的购物习惯才能更好地制定销售策略及选品。本章介绍了美国、巴西、欧罗斯等几个主要国家买方的购物习惯，介绍了如何了解国外客户需求的方法与策略。速卖通店铺的评价档案的关键指标主要由评价星级、商家好评率和商家信用积分来决定，商家好评率和商家信用积分也有一定的计算方法。通过本章节的学习，读者能了解卖家店铺的信用等级标志所包含的意义，以便更好地管理店铺。交易纠纷时有发生，那么导致纠纷的原因主要由未收到货物以及收到货物与约定不符等。解决纠纷最有效的途径不是解决纠纷，而是预防纠纷。根据不同纠纷产生的原因，本章提出了各个环节避免纠纷的主要策略与步骤，包括客户未收到货、收到的货货不对版的情况下如何和客户沟通来说服他们取消纠纷，不提交平台。客户的沟通避免不了要使用信函，商务信函的写作要遵循一定的礼貌原则以及模板。本章节详细地介绍了售中各个环节客户沟通的信函模板，实现有效沟通。

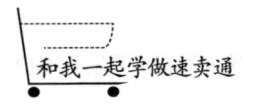

拓展阅读：

邮件营销三步曲

路易斯市科技公司的采购主管，他的电子信箱，每天都会被各家业务寄来的问候信、报价单、新产品规格说明书塞满。为了节省时间，路易斯只会快速浏览信件标题，然后凭借着第一印象点开几封信件，其他的全部进入回收站。

面度这样的问题，苏·赫许可维兹科尔给予以下三大建议，让你从中抢占销售先机。

第一步：写信前，想清楚5个问题

（1）为什么？为什么你写的东西收件人会想看，信件内容与收件人越相关，收件人就越可能阅读。此外也要注意，信件主旨字段应该只有一个重点。

（2）写什么？这其实是第一个问题的延伸，重点不在介绍你要销售的产品，而是说出产品对客户的好处到底是什么。

（3）期待达成什么目的？如果想成为销售高手，不要马上就想到成交订单。你必须仔细思考，比如说希望建立互信等合作关系，争取提案机会或者信息等。

（4）你希望对方采取的下个步骤是什么？寄件人往往太习以为常，以至于忘了在信中强调"下个步骤"该做什么，这会让你失去掌握情势的先机。就像非营利机构侃侃而谈天灾人祸一样，事实上，我们应该暗示收件者收到信后该怎么做。

（5）诱因？让客户知道采取下个步骤对他有什么好处，这将是从零执行提升到发挥影响力的阶段。

第二步：写信时，把"如何解决对方问题"放在心里

广告大师特德·莱维特曾说，人们不是要买1/4英寸的钻孔机，而是1/4的洞，客户购买的不是商品，而是商品带来的效果，销售人员必须了解产品和客户需求的差异。因此，写作销售信函时应该思考：我的客户有什么需求？我的产品或服务能否改善这个状况？亦或是，我的客户有什么需求，而我的产品能否解决？

此外，大多数人都是凭感觉买东西，然后经过大脑来合理化购买行为。强调产品带给客户的惊奇或喜悦，并用故事呈现，最能促动购买欲。

用天花乱坠的形容词阐述产品究竟有多神奇，只能像缺乏公信力的王婆卖瓜自卖自夸。要解决客户问题的最好办法，就是给他们看实际证据！把从前的成功案例融入信件内容，通过其他客户的案例告诉对方：已经有人通过这样的服务得到了满意的效果。人都是这样的，当大家都做同样的事，有同样的选择，也得到了最棒的成果，你怎么会不想跟进呢？

第三步：完成邮件书写后，严格检查以确保文字清晰简洁

通常，你挥笔疾书之后就按下发送键，但检查其实是重要的步骤，确认信件清晰简洁，不但可提升你的专业形象，有时还能避免到手的成交机会被小纰漏搞砸。

收件人会根据你的细心程度来判断你的能力，当信中出现错字，也会令客户感到自己不受重视。过多的符号只会让客户觉得你的键盘是不是卡住了，无论你是在智能手机上写信、发信息，或者在微博上留言，都应该仔细检查内容，只要是和业务有关的沟通，就必须随时表现出专业形象与细腻度。语气最好能亲切得像朋友但不失礼，轻松又不失专业。

最后在检查时，由于你已经知道信件内容，可能怎么看也都看不出错误，可以试着改变底色或字体，或写完信后过一段时间再读，相信你会有新的发现。

摘自：雨果网

反馈表

单元名称		姓名		班级		年	月	日

请思考以下问题：
1.纠纷产生的可能性原因有哪些？在实际的操作中该如何避免纠纷？
2.实际操作中遇到纠纷该怎么处理？
3.客户投诉产品质量问题时，要求退换货，请给客户写一封邮件，答复他并告之公司的决定。
4.客户询问如果大批量购买产品是否可以有折扣，根据公司的实际情况写信答复客户。
5.由于未预知的雾霾天气导致物流延迟，请写信向客户说明原因并致歉。

你认为本单元最有价值的内容是：

你对本单元的教学有何建议，哪些问题是你需要进一步了解或得到帮助的：

教师的教学方法是否有效，对你的学习是否有帮助：
教师评价：A.熟练应用　　B.掌握　　C.熟悉　　D.了解　　E.没通过
教师签字

第10章

资金流转——跨境支付

本章要点

▶ 速卖通支付账户的创建流程
▶ 速卖通支付的主要工具

知识目标

▶ 掌握创建、绑定和修改支付宝收款账户的流程。
▶ 掌握速卖通主要支付工具。

技能目标

▶ 学会如何创建、绑定和修改支付宝账户。
▶ 学会使用支付宝的主要付款工具。

素质目标

▶ 根据需要创建速卖通支付宝收款账户。
▶ 合理选择支付工具。

故事导读之十

前不久,一位在速卖通平台经营多年的卖家在外贸上第一次被客户钻了空子,钱货两空。

这位客人第一次买一批样品,一共600美元。他用Paypal先付了300美元,然后说还有300美元付到速卖通上去。卖家一看速卖通,确实有付款记录,就发货了。结果这一次付款记录审核没通过。这300美元就没收到。

当时工作也比较忙订单比较多,卖家未仔细看速卖通上的记录。速卖通也未主动通知说这个审核没通过,卖家并未察觉自己的损失。不久,此客户又来了。这次他又买了600美元的货品,全部用速卖通付款。然后这位卖家,一看到老客户下单,热情服务,就又把货物发过去了。一直到后来该卖家清账时,发现速卖通上结款少了大笔货款,大吃一惊,仔细检查才发现这个客户的两次付款记录,全部审核没通过,可是卖家把货物已经发走了。仔细推敲,该卖家被骗有以下几个原因:首先客户第一次交易,因为Paypal已经收到钱了,卖家自然不会想到速卖通的钱会被退回,所以就尽快发货了;其次,该卖家是没有重视速卖通的交易记录,没有每天去仔细查看。

卖家有时会遇到信用卡拒付的现象,此时应仔细甄别,小心应对,既要避免造成己方损失,也要避免处理不当,给买家造成不愉快的购物体验。

思考

1. 如何在发货前确认买家是否已经完成支付?
2. 发货后如发现买家付款款项被全额退回,通过哪些途径可以挽回自己的经济损失？

10.1 速卖通支付账户的创建流程

电子支付作为电子商务的重要组成之一，主要是指电子商务支付平台通过采用规范的连接器，在网上商家和银行之间建立起连接，从而解决从消费者到金融机构、商家现金的在线货币支付、现金流转、资金清算、查询统计等问题。目前全球主要电子商务支付模式有4种，分别是银行卡组织模式、第三方支付模式、网银支付模式和直接借记模式。

跨境电子支付服务涉及企业、个人、银行及第三方支付平台等多个主体，典型的跨境电子支付服务方式主要包括网上银行支付服务系统和有第三方支付平台参与的电子支付服务。2015年中国跨境电子商务交易额5.4万亿元人民币，同比增长28.57%，跨境电子商务渗透率逐年增加，2015年跨境电子商务占进出口贸易的21.96%。伴随着互联网跨境电子商务的快速发展，企业和消费者对跨境支付的需求呈几何级数增长。跨境电子支付结算方式呈现多样化的特点。从当前支付业务发展的现状来看，我国跨境电子支付结算的方式已经趋向多样化。跨境电子支付结算方式分为两部分：一是跨境支付购汇方式，二是跨境收入结汇方式。在跨境支付购汇方式上，除了第三方购汇支付外，还包括境外电商接受人民币支付等方式。

速卖通平台支持多样化的支付方式，只需设置双币收款账户即可接受所有的买家支付方式。阿里巴巴国际支付宝由阿里巴巴与支付宝联合开发，是为了保护国际在线交易中买卖双方的交易安全所设的一种第三方支付服务。

国际支付宝目前仅支持买家美元支付，卖家可以选择美元和人民币两种收款方式。

如果买家使用信用卡进行支付，资金通过美元通道，则平台会直接将美元支付给卖家；如果资金是通过人民币通道则平台会将买家支付的美元结算成人民币支付给卖家；如果买家使用T/T银行电汇进行支付，平台会直接将美元支付给卖家。

下面简要介绍一下国际支付宝与国内支付宝(Alipay)的区别。

国际支付宝的第三方支付服务是由阿里巴巴国际站同国内支付宝（Alipay）联合支持提供的。全球速卖通平台只是在买家端将国内支付宝（Alipay）改名为国际支付宝。

在使用上，只要卖家有国内支付宝账号，无须再另外申请国际支付宝账户。当卖家登录到"My Alibaba"后台（中国供应商会员）或"我的速卖通"后台（普通会员），就可以绑定国内支付宝账号来收取货款。

支付宝英文名称的变化对卖家的收款影响不大，但是卖家需要理解国际支付宝是一种第三方支付服务，而不是一种支付工具。对于卖家而言，它的风控体系可以保护卖家在交易中免受信用卡盗卡的风险，而且只有当且仅当国际支付宝收到了卖家的货款，才会通知卖家发货，这样可以避免卖家在交易中使用其他支付方式导致的交易欺诈，使卖家更易于同买家沟通。

买家通过信用卡付款，卖家收款时会出现两种货币收款情况：如果付款方式处显示为"信用卡（人民币通道）"，国际支付宝会按照买家支付当天的汇率将美元转换成人民币支付到卖家的国内支付宝或银行账户中（特别提醒：速卖通普通会员的货款将直接支付到卖家的国内支付宝账户）；如果显示的是"信用卡（美元通道）"，则卖家美元收款账户收到美元。

买家通过T/T银行汇款支付时，国际支付宝将支付美元到卖家的美元收款账户。卖家只有设置了美元收款账户才能直接收取美元。

10.1.1 美元收款账户的创建和修改

为了规避信用卡支付存在的拒付风险，目前全球速卖通平台为卖家开设了外币收款账户功能，主要用于收取买家用T/T银行汇款或其他支付方式支付过来的美元。目前外币收款账户的主要功能有美元收款账户管理、T/T汇款和退款、卖家可以查看可提款资金、提款记录。

因美元提现手续费用按提取次数计算（每笔15美元），建议卖家减少提款次数，当可提资金累积到一定金额时再进行提现操作。

1. 创建外币收款账户流程

（1）新增账户

中国供应商会员登录My Alibaba，再点击"交易"→"资金账户管理"，进入"收款账户管理"界面，点击"创建美元收款账户"按钮，如图10-1所示。

第⑩章 资金流转——跨境支付

普通会员登录我的速买通，点击"交易"→"资金账户管理"，进入"收款账户管理"界面，再点击"创建美元收款账户"按钮。

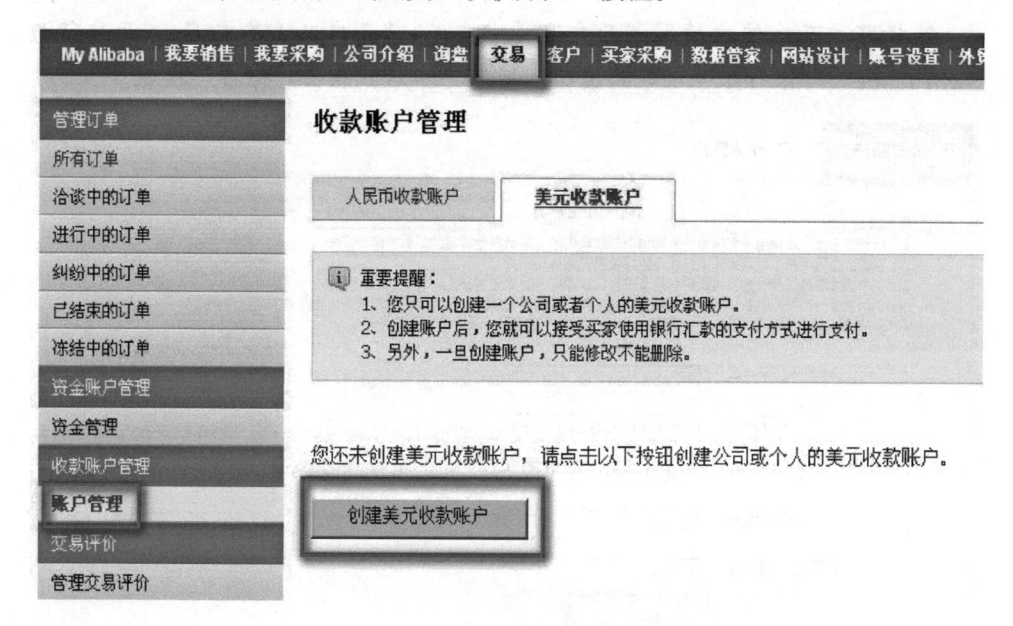

图10-1 账户管理

点击进入新建美元账户之后，卖家可以选择"公司账户"、"个人账户"两种账户类型。

特别提示：

（1）公司账户

公司账户页面如图10-2所示。

①所有信息请不要使用中文填写，否则将引起放款失败，从而产生重复的放款手续费损失。

②设置的公司账户必须是美元账户或是能接收美元的外币账户。

③在中国大陆地区开设的公司账户必须有进出口权才能接收美元并结汇。

④使用公司账户收款的订单，必须办理正式报关手续，才能顺利结汇。

（2）个人账户

个人账户页面如图10-3所示。

①所有信息请不要使用中文填写，否则将引起放款失败，从而产生重复的放款手续费损失。

②客户创建的个人账户必须能接收海外银行（新加坡花旗银行）并且是公司对个人的美元的汇款。

③收汇没有限制。个人账户年提款总额可以超过$5万。

④注意结汇需符合外汇管制条例。每人$5万结汇限额。

选择账户后，依次填写"开户名（中文）"、"开户名（英文）"、"开户行"、"Swift Code"、"银行账号"等必填项。填写完毕后，点击"保存"按钮。

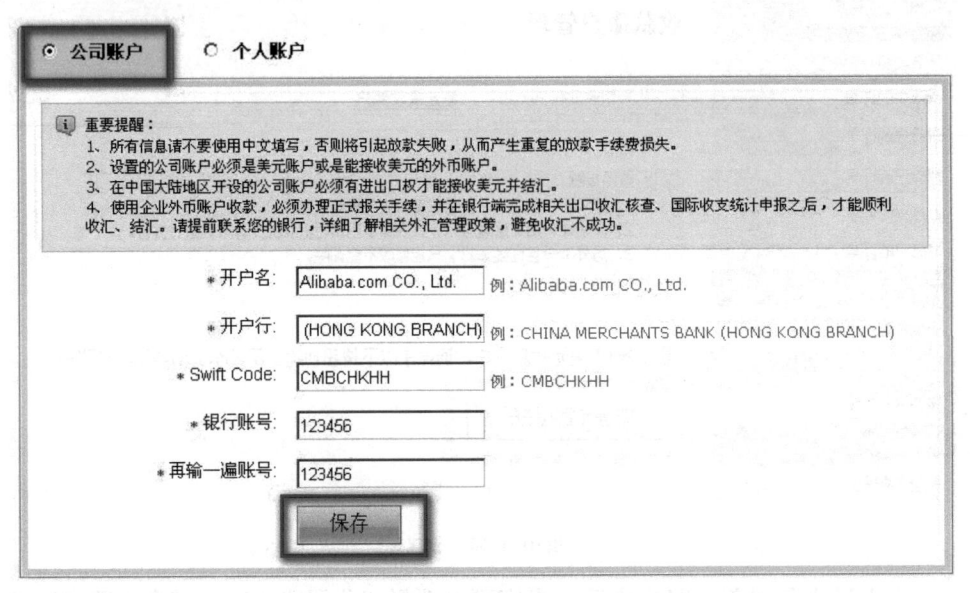

图10-2 公司账户

图10-3 个人账户

特别提示：

①客户只能创建一个公司的美元账户，或者一个个人的美元收款账户。这一点和人民币账户有区别。

②创建账户后，买家才可以在付款界面采用银行汇款的支付方式进行支付。

（2）编辑账户

在收款账户页面，卖家可以对账户信息如开户行、"银行账号"等进行编辑，但是不能删除该账户，如图10-4所示。

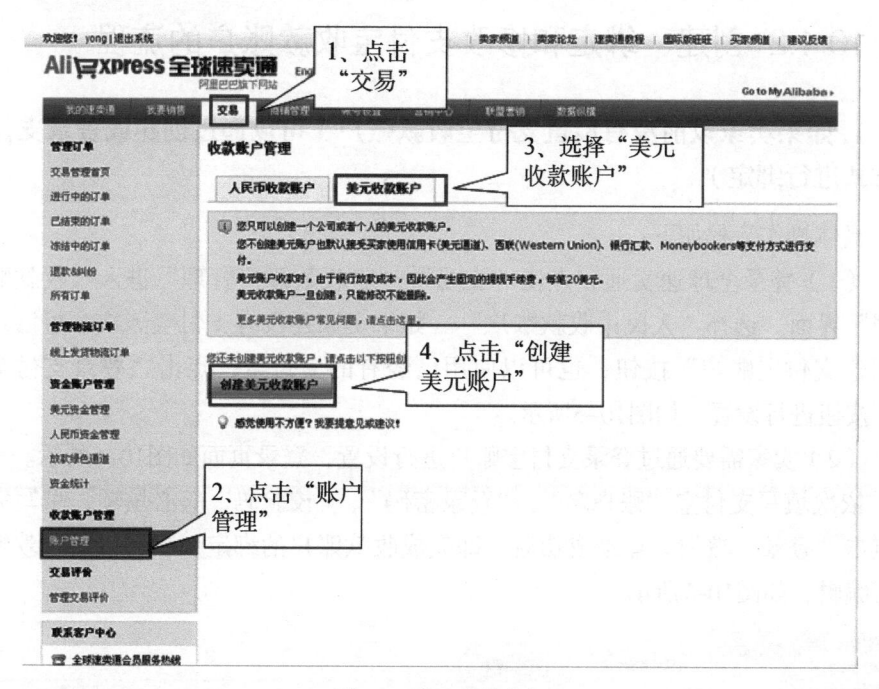

图10-4 美元收款账户

2. 美元收款账户相关问题

首先，国内的银行都有外币业务，可以接收外币，但是需要本人带上有效身份证去银行开通个人外币收款功能。如果卖家的卡本身就是双币卡（人民币和美元），就可以直接接收了。

其次，关于设置了美元个人收款账户，超过5万美元的限制的处理办法，有以下两种方案：

（1）如果卖家一次提现已经超过5万美元，可以分年结汇，例如2010年先结5万美元，剩余的待下一年结汇。

（2）卖家可以在金额未超过5万美元时提现一次，下次提现时更改个人收款账户，分开提现。

3. 设置了美元收款账户提现要手续费问题

美元提现手续费按提取次数计算，提款时每笔提款手续费固定为US$15，已包含所有中转银行手续费。建议卖家减少提款次数，当可提资金累积到一定金额时再进行提现操作。

10.1.2 创建、绑定和修改支付宝收款账户的流程

1. 如果卖家以前没有设置支付宝收款账户（可以通过创建或登录支付宝的方式进行绑定）

具体操作流程如下：

（1）登录全球速卖通，点击"交易"→"收款账户管理"进入"收款账户管理"界面，选择"人民币收款账户"。如果卖家还没有支付宝账户，可以点击"创建支付宝账户"按钮，也可以使用已经有的支付宝，点击"登录支付宝账户"按钮进行设置，如图10-5所示。

（2）卖家需要通过登录支付宝账户进行设置，登录页面如图10-6所示。

依次填写支付宝"账户名"、"登录密码"、"校验码"等必填项，填写完毕后点击"登录"按钮。登录成功后，即完成收款账户的绑定，也可以对收款账户进行编辑，如图10-7所示。

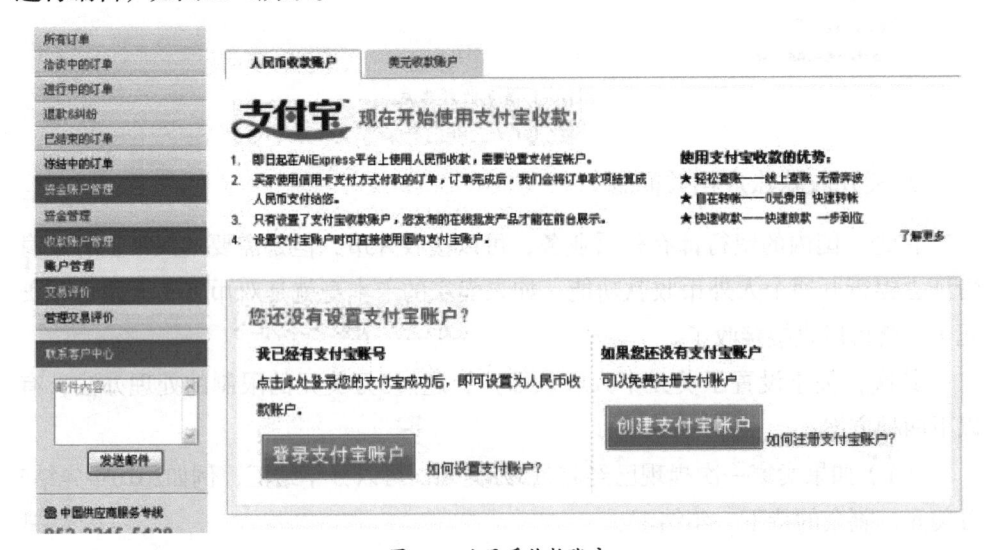

图10-5 人民币收款账户

第 ⑩ 章 资金流转——跨境支付

（3）如果卖家还没有支付宝账户，可以点击"创建支付宝账户"，填写相应信息，完成支付宝注册。输入注册信息时，请按照页面中的要求如实填写，否则会导致卖家的支付宝账户无法正常使用。点击"填写全部"按钮可以补全信息。

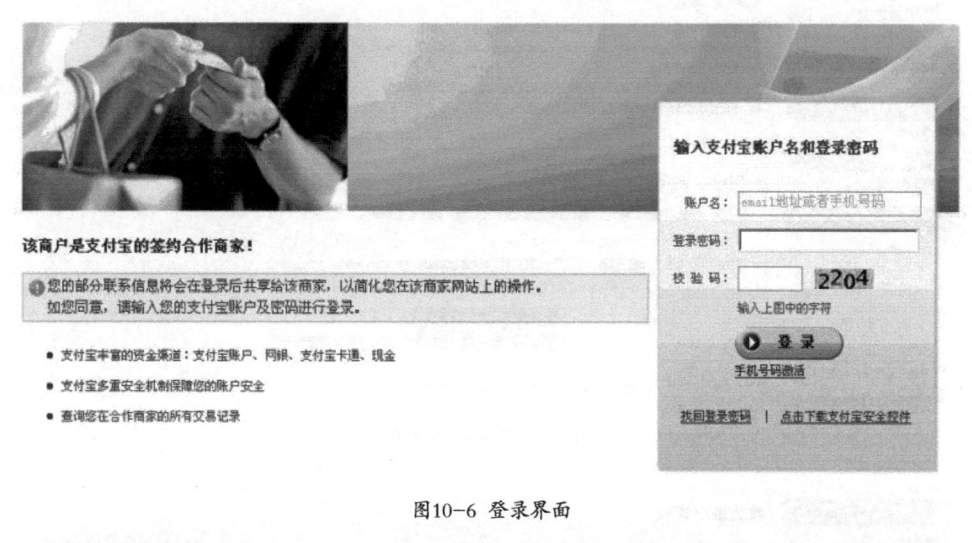

图10-6 登录界面

图10-7 交易界面

2. 如果卖家以前已经设置过支付宝收款账户

具体操作流程如下：

（1）登录全球速卖通，点击"交易"→"收款账户管理"，进入"收款账户管理"界面，选择"人民币收款账户"。

（2）因为卖家已经设置过支付宝收款账户，请直接点击"确认为收款账户"，将支付宝账户作为收款账户，如图10-8所示。

（3）点击"确认为收款账户"后，卖家的支付宝账户即作为收款账户，如图10-9所示。

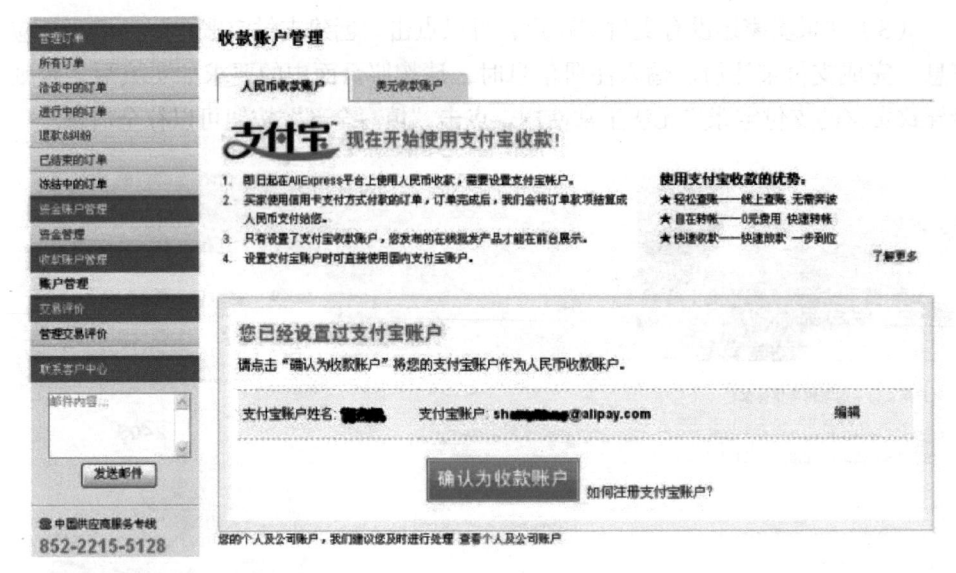

图10-8 收款账户管理

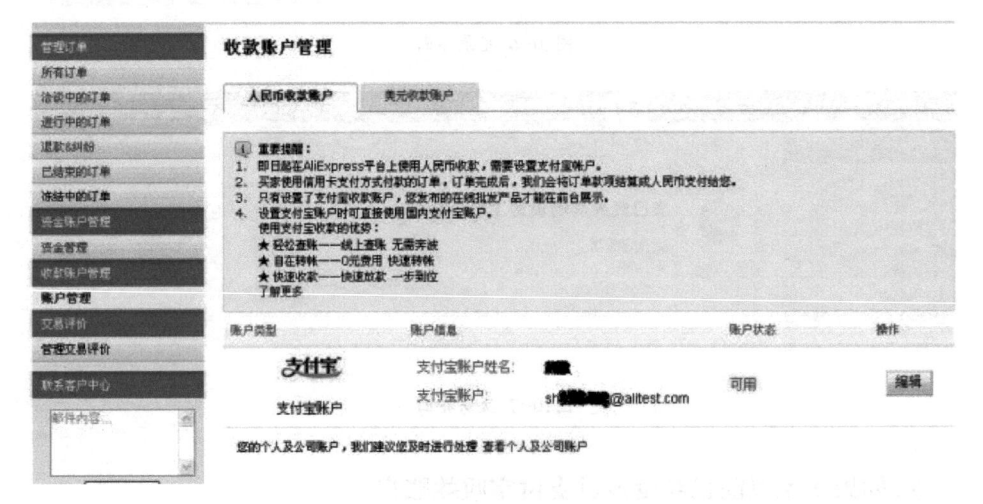

图10-9 收款账户

卖家以后的新订单款项都会进入到支付宝账户中。卖家以前的个人及公司账户将不再使用，我们建议卖家及时进行处理。

3.如果卖家需要修改已绑定的支付宝收款账户

创建收款账户之后卖家可以选择修改账户。

具体操作流程如下：

在"收款账户管理"页面,点击"编辑"按钮,即提示卖家登录支付宝账户输入卖家新的支付宝账户号码,如图10–10所示。

图10–10 收款账户管理页面

点击"登录支付宝"按钮,显示"登录支付宝"界面,依次填写"支付宝账户姓名"、"登录密码"、"校验码"等必填项,填写完毕后点击"登录"按钮。登录成功后,显示如图10–11所示界面。

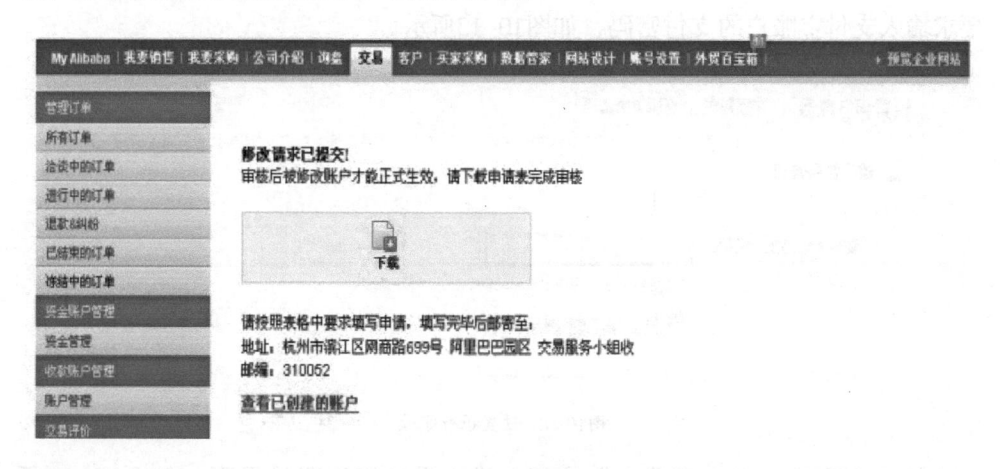

图10–11 交易界面

同时速卖通会要求卖家填写账户修改申请表,并要求公司法人签字盖章邮寄至阿里巴巴。阿里巴巴工作人员会在收到邮寄资料之后的2个工作日之内完成审核。

10.1.3 速卖通如何提现及收费

提现是指将支付宝账户中的款项提取到银行账户中。登录阿里助手,选择"支付宝账户",如图10–12所示。

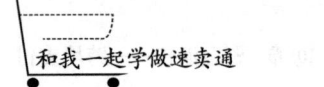

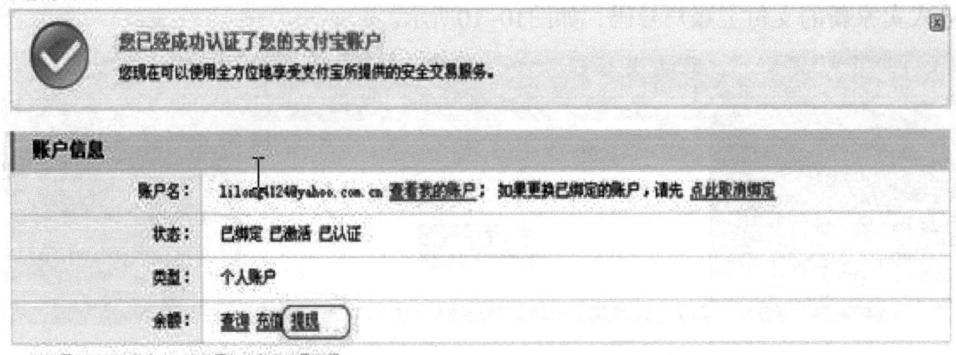

图10-12 支付宝账户

如果在支付宝账户里未登记银行账号，系统会提醒卖家填写银行账号，首先要求输入支付宝账户的支付密码，如图10-13所示。

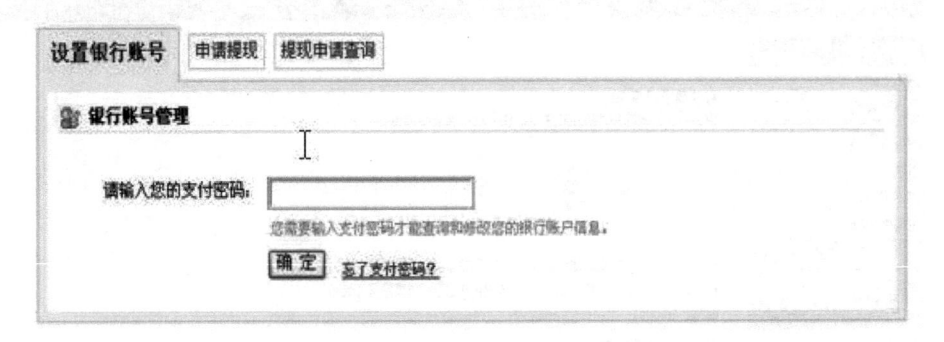

图10-13 设置银行账号

输入密码后，点击"确定"按钮，进入设置银行账号界面，如图10-14所示，填写自己正确的银行信息并按规定填写，填写完毕保存账户信息。

特别提示：

银行账户的开户人姓名必须与开户时一致，银行账号必须填写正确，否则提现资金将存在风险。

填写好信息后点击"保存银行账户信息"按钮，然后点击"申请提现"，打开如图10-15所示界面，输入提现金额及支付宝账户的支付密码；每日提现金额限制。

第 ⑩ 章 资金流转——跨境支付

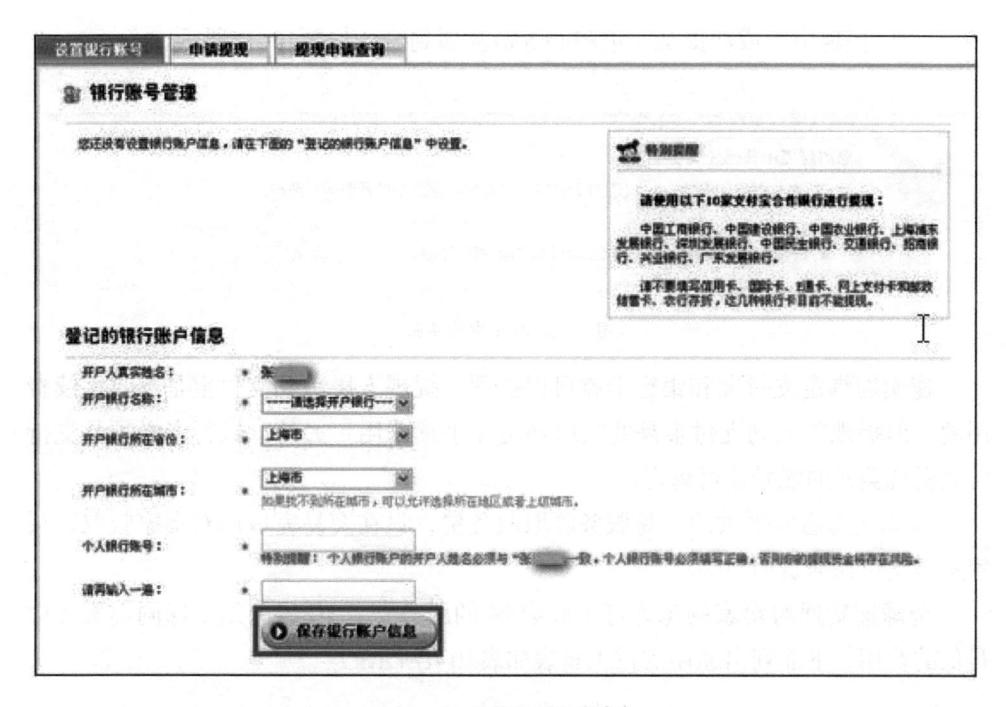

图10-14 设置银行账号界面

提现规则

用户类型	提现次数	提现金额上限
个人	3次/日	5万/笔
公司（无数字证书）	3次/日	20万/笔
公司（有数字证书）	3次/日	100万/笔

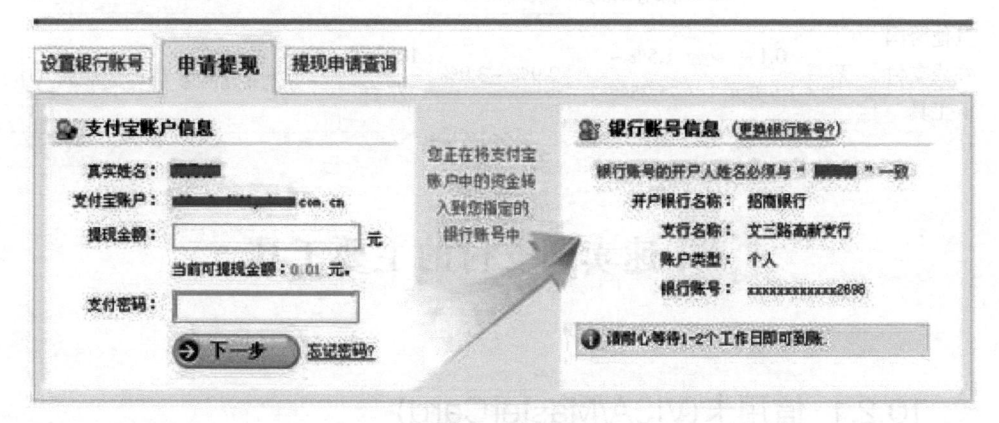

图10-15 提现规则

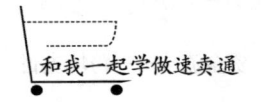

提现申请成功提交，请耐心等待款项到账，如图10-16所示。

图10-16 提交申请界面

速卖通绑定支付宝和银行卡就可以提现。提现人民币到支付宝是不收手续费用的，但提现美元到支付宝是要收取15美元手续费用。另外，银行卡必须是支持可以提现美元的账号才可绑定。

全球速卖通就提供的交易服务收取服务费，只在交易完成后对卖家收取，买家不需支付任何费用。

全球速卖通对卖家的每笔订单收取5%的服务费。5%目前是全球同类服务中最低的费用。下面列出通用支付工具表如表10-1所示。

表10-1 通用支付工具表（2011年9月）

支付工具	开户费用	产品登录费	成交费	收款手续费	提现手续费	卖家获利金额（以出售300美元产品为例）	节省费用
电汇	无	/	/	15～50美元	无	250～285美元	/
支付宝	无	/	5%（部分3%）	/	无	285美元	最多41美元
其他跨国在线支付工具	无	0.1～1.5美元	1.5%～5.25%	2.9%～3.9%	10美元左右	261～276美元	最多25美元

10.2 速卖通支付的主要工具

10.2.1 信用卡(VISA/MasterCard)

买家可以使用VISA及MasterCard对订单进行支付，如果买家使用此方式进行支付，平台将会将订单款项按照买家付款当天的汇率结算成人民币支付给卖家。信用卡支付分成两种通道类型：人民币收款通道和美元收款通道。

第⑩章 资金流转——跨境支付

人民币收款通道下,卖家收到的货币是人民币,同时支付过程中银行端会作校验,因此对卖家风险较低,但支付成功率也较低。

美元收款通道下,卖家收到的货币是美元,同时支付过程中银行端不作校验,因此对卖家风险较高,但支付成功率也较高。

因此,为了更有效地保护卖家,同时尽可能提高支付成功率,系统会根据买家风险,自动选择哪种通道。

下面分别介绍一下两种通道下的支付流程。

(1)登录www.alipay.com,找到认证入口,如图10-17所示,点击"申请认证"。

图10-17 申请认证

(2)在出现的页面中填写认证信息,点击"继续"按钮,如图10-18所示。

图10-18 支付宝实名认证

(3)确认后,进入填写信息页面,请正确填写公司名称、营业执照注册号和校验码,如图10-19所示。

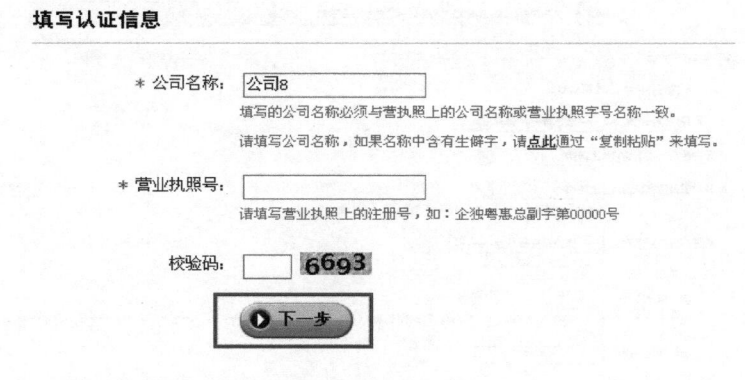

图10-19 填写认证信息

(4)公司名称需与营业执照上完全一致,填写后即进入具体信息提交页

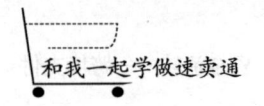

面，如申请人不是公司法定代表人，请下载委托书。

组织机构代码、企业经营范围、企业注册资金、营业执照有效期卖家可以选择填写，如图10-20所示。

图10-20 填写认证信息界面

（5）填写后要核对卖家提交的信息是否正确，如图10-21所示。

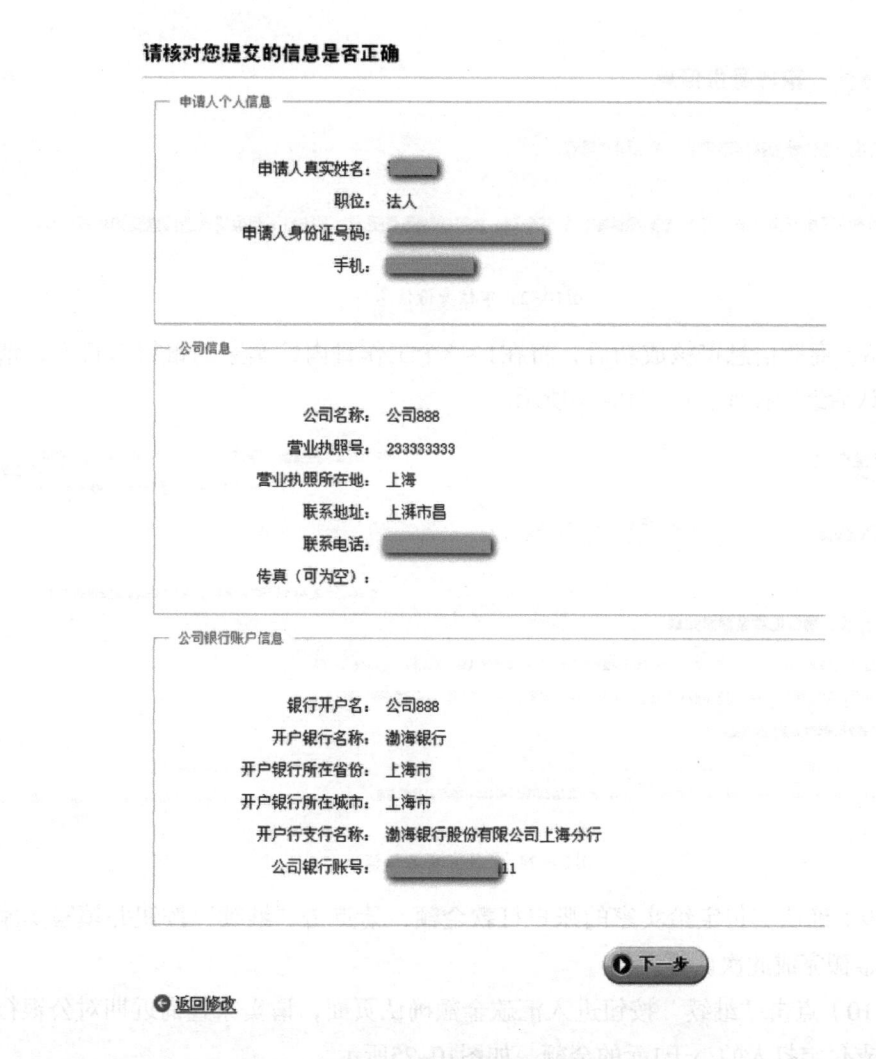

图10-21 核对提交信息

（6）确认无误后，点击"下一步"按钮，进入审核页面，审核次数为两次，如图10-22所示。

图10-22 信息审核中界面

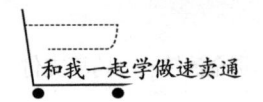

（7）审核成功后，请等待客服工作人员对营业执照信息的审核，如图10-23所示。

图10-23 审核身份信息

（8）商家信息审核成功后，将在1~3个工作日内给卖家的银行卡打款，请卖家确认后继续操作，如图10-24所示。

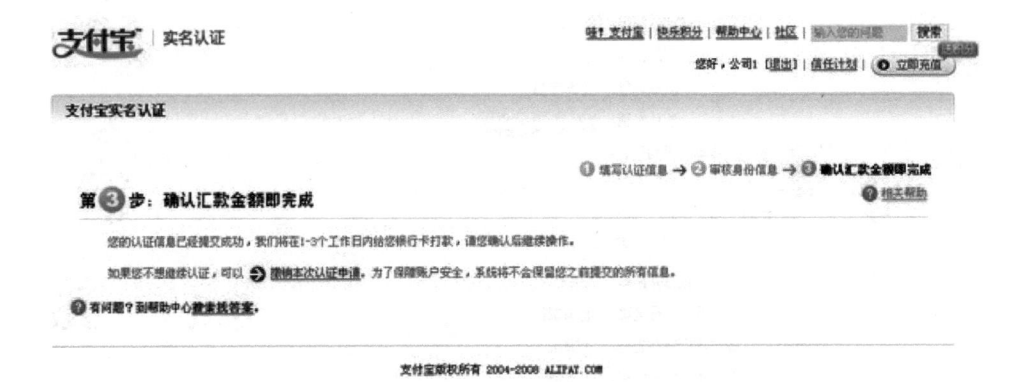

图10-24 支付宝实名认证

（9）确认支付宝给卖家的账户打款金额，请点击"继续"按钮并填写卖家收到的金额完成此次认证。

（10）点击"继续"按钮进入汇款金额确认页面，请卖家查询近期对公银行账户中支付宝打入的小于1元的金额，如图10-25所示。

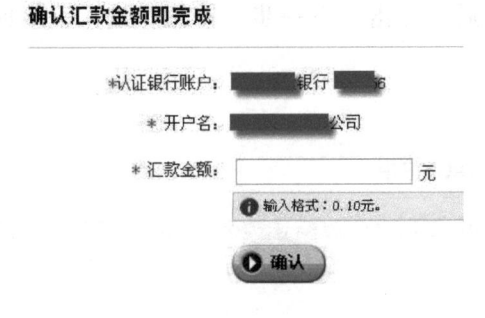

图10-25 认证账户

（11）确认金额成功后，即完成整个商家认证，如图10-26所示。

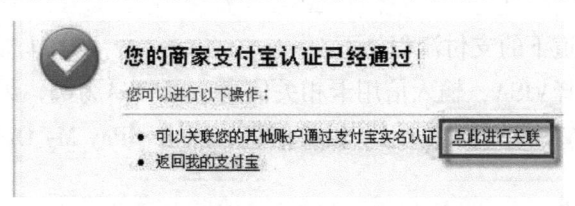

图10-26 支付宝认证通过界面

1. 信用卡（VISA/MasterCard）——人民币收款通道

人民币收款通道下的支付流程。

第一步：输入信用卡相关信息。以VISA为例，买家下单后进入收银台页面，选择VISA，输入信用卡相关信息，点击"Pay My Order"按钮。

第二步：部分银行需要输入相关银行验证信息。速卖通风控系统根据买家风险等级，选择人民币收款通道。在人民币收款通道下可能会出现银行端信息验证页面。

第三步：进入支付成功页面。在人民币收款通道下通过了银行端信息验证后，进入支付成功页面。

买家支付成功后，风控系统会再次扫描风险，如果发现盗卡等交易，会马上关闭订单。如果未发现严重风险，将在24小时内人工介入给出最后结果，24小时内卖家交易详细页面将看到如图10-27所示页面。

图10-27 订单管理——订单详情

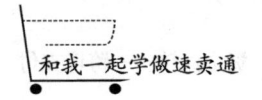

2. 信用卡(VISA/MasterCard)——美元收款通道

美元收款通道下的支付流程如下。

第一步，选择VISA，输入信用卡相关信息。以VISA为例，买家下单后进入收银台页面，选择VISA，输入信用卡相关信息，点击"Pay My Order"按钮，如图10-28所示。

图10-28 支付界面

第二步，直接进入支付成功页面。速卖通风控系统根据买家风险等级，选择美元收款通道，同时立刻就能获取银行支付成功的授权，不需要买家输入额外验证信息。

和人民币收款通道类似，买家支付成功后，风控系统会再次扫描风险，如果发现盗卡等交易，会马上关闭订单。如果未发现严重风险，将在24小时内人工介入给出最后结果，24小时内卖家交易详细页面将看到如图10-29所示页面。

图10-29 支付成功界面

买家支付可能会出现由于买家支付的资金来源有风险,而导致的订单审核不通过,此时需要买家配合提供资料:①信用卡正反面复印件;②买家身份证复印件;③最近一个月的信用卡消费账单。

需注意的是买家使用VISA和MasterCard信用卡支付时,无法进行核销退税。而买家使用T/T银行汇款支付时,卖家报关后可以进行核销退税。

10.2.2 MoneyBookers支付

Moneybookers是一个集成了50多种支付方式的电子钱包公司,是一家国际领先的支持在线支付系统和电子货币的在线支付服务商,由英国和欧盟的法律授权,是欧洲一种主流的支付服务商。受英国金融服务管理局(FSA)监管,是目前欧洲比较热门的支付服务之一。欧洲也是速卖通的主要市场,欧洲人不喜欢用信用卡更喜欢用借记卡,因此更适应欧洲买家支付习惯的MoneyBookers成为欧洲一种主流的支付服务商。

通过MoneyBookers结算资金,买家可以使用超过50种支付方式在全球速卖通上支付货款,不仅包括信用卡,也包括一些借记卡。支付过程类似信用卡美元收款通道,支付成功后显示为MoneyBookers支付成功,卖家收到的也是美元。买家使用MoneyBookers支付卖家不需要支付额外的手续费用。卖家必须设置美元收款账户,同时该美元账户必须支持公对私的打款,才能接受买家使用MoneyBookers支付。

第一步:输入MoneyBookers账号。买家下单后进入收银台页面,选择MoneyBookers,输入MoneyBookers账号,如图10-30所示。

图10-30 订单详情

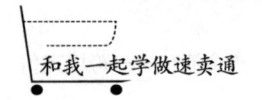

第二步：输入MoneyBookers账号密码。

输入MoneyBookers账号密码和验证码，如图10-31所示。

图10-31 账号密码

第三步：选择MoneyBookers余额或其他支付方式。

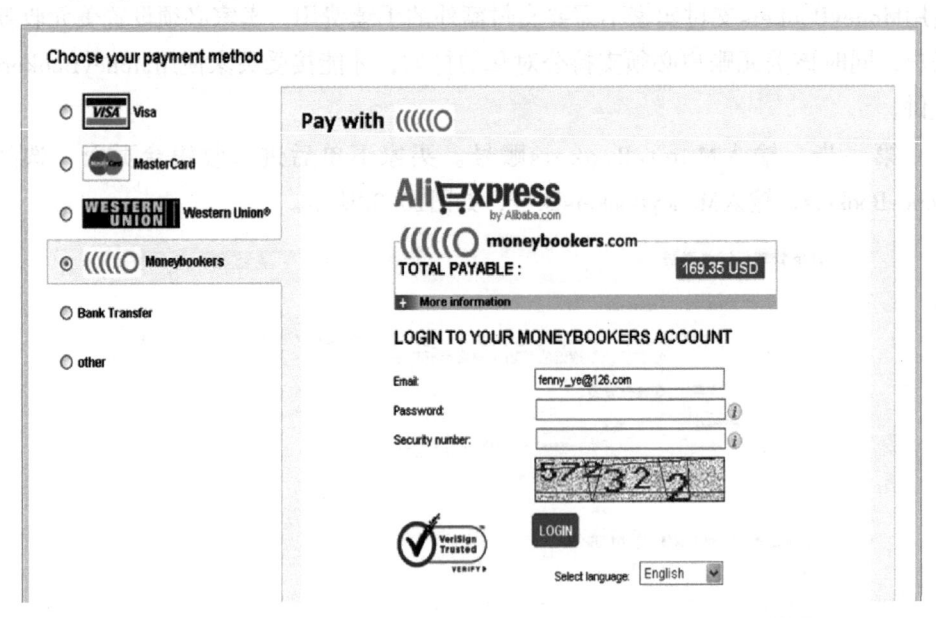

选择MoneyBookers余额支付，如图10-32所示，输入相关信息，点击"LOGIN"。

图10-32 MoneyBookers余额支付

第四步：直接进入支付成功页面。

买家输入的信息校验成功后支付成功，卖家最终收款为美元，如图10-33所示。

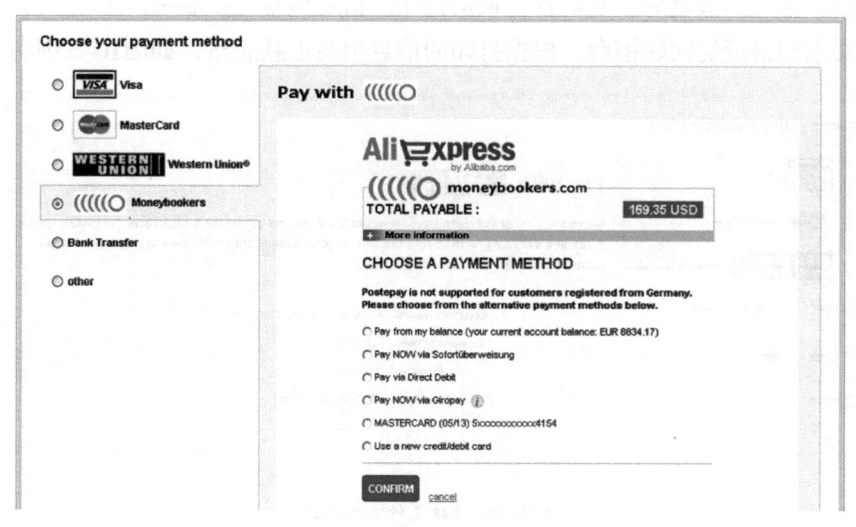

图10-33 支付成功界面

10.2.3 Western Union（西联支付）

西联支付服务特别满足在发展中国家的买家的诉求，因为这些市场的银行金融服务都不太发达，或缺乏其他支付渠道。注册买家在速卖通上订购货品后，再到西联全球超过160个国家及地区的网点进行现金支付。现金支付款项将会受到速卖通的第三方担保交易(Escrow)的保障，买家确认收货后，款项才会发放给卖方。但需注意的是，金额在20～5000美元内的订单才能使用西联支付。

第一步：选择西联支付，打印相关信息。

买家选择西联支付，输入相关信息后，确认支付，支付成功界面如图10-34所示。

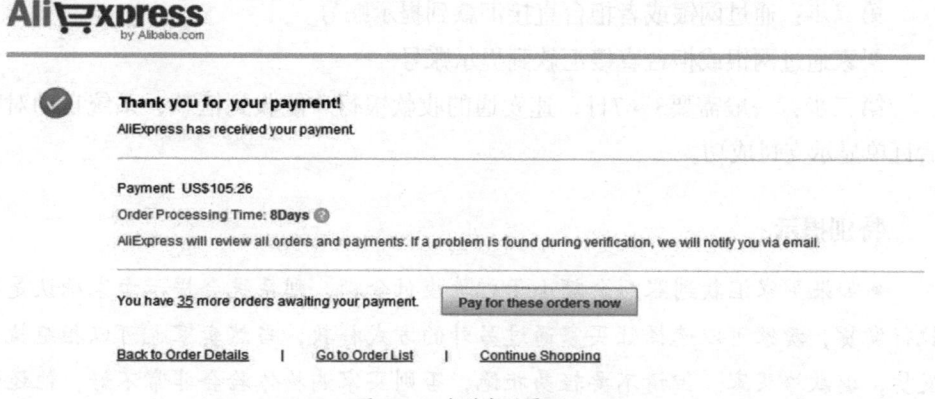

图10-34 支付成功界面

第二步：到最近的西联柜台，根据打印的信息填写汇款表格。

买家到最近的西联柜台，根据打印的信息填写汇款表格，如图10-35所示。

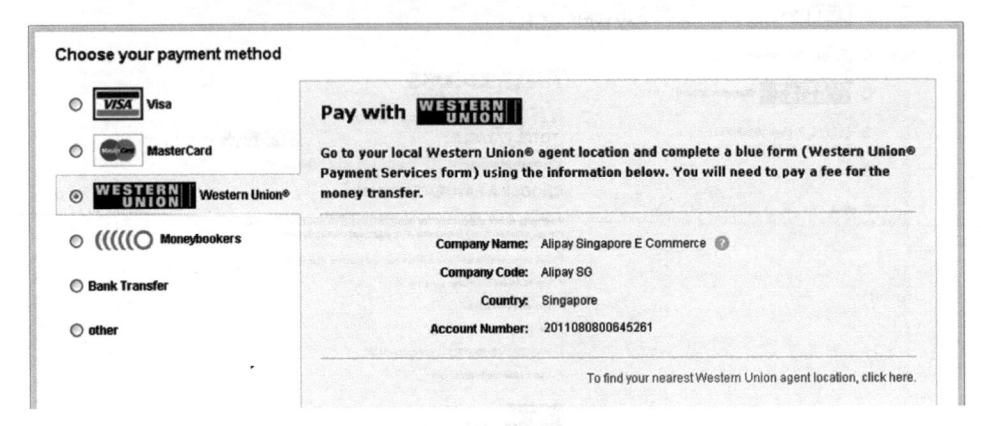

图10-35 选择支付工具界面

第三步：西联确认汇款成功后通过系统通知速卖通平台。

西联在买家付款成功后一个小时左右时间内，通过系统接口通知速卖通支付成功。速卖通接到支付成功信息后将订单状态直接改为"买家已支付，等待卖家发货"。西联收取的任何手续费由买家承担。

因此对卖家来说，西联支付是非常安全的一种收款渠道，没有银行拒付、买家盗卡等风险。而且与银行汇款相比，也能保证订单金额足额收取。

10.2.4 Bank Transfer（T/T银行转账）

和西联支付相同，其金额在20～5000美元内的订单才能使用。

第一步：选择Bank Transfer，打印相关信息。

选择Bank Transfer，打印相关信息，如图10-36所示。

第二步：通过网银或者柜台直接汇款到提示账号。

买家通过网银或柜台直接汇款到提示账号。

第三步：一般需要3～7日，速卖通的收款银行才能收到汇款，系统自动对账后订单显示支付成功。

特别提示

● 如果买家汇款到账后金额小于订单应付金额，则系统会提示卖家确认是否执行发货，卖家可以选择让买家通过另外的方式补款，当然卖家也可以拒绝执行发货，退款给买家。但请不要轻易拒绝，否则买家购物体验会非常不好，他还需

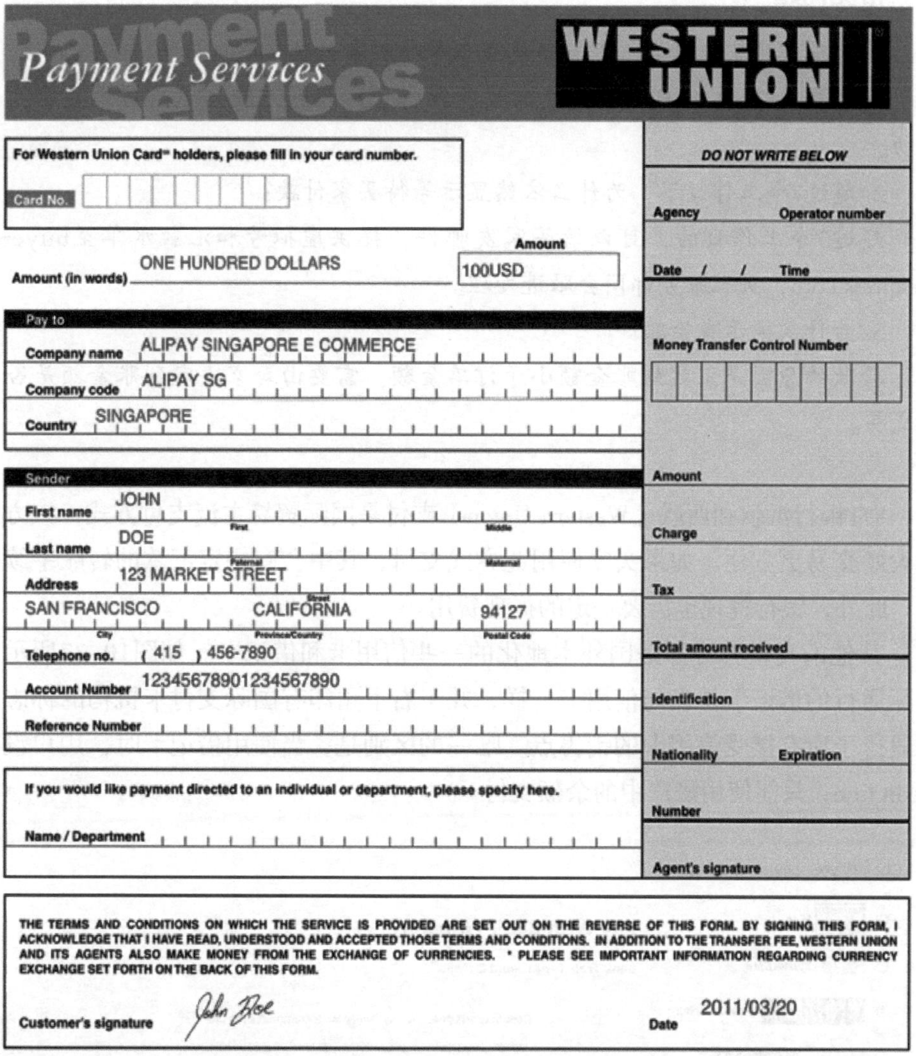

Payment Services

WESTERN UNION

For Western Union Card℠ holders, please fill in your card number.

Card No.

Amount (in words) ONE HUNDRED DOLLARS

Amount 100USD

Pay to

Company name ALIPAY SINGAPORE E COMMERCE

Company code ALIPAY SG

Country SINGAPORE

Sender

First name JOHN

Last name DOE

First / Middle / Paternal / Maternal

Address 123 MARKET STREET

SAN FRANCISCO CALIFORNIA 94127

City / Street / Province/Country / Postal Code

Telephone no. (415) 456-7890

Account Number 12345678901234567890

Reference Number

If you would like payment directed to an individual or department, please specify here.

Name / Department

DO NOT WRITE BELOW

Agency Operator number

Date / / Time

Money Transfer Control Number

Amount

Charge

Tax

Total amount received

Identification

Nationality Expiration

Number

Agent's signature

THE TERMS AND CONDITIONS ON WHICH THE SERVICE IS PROVIDED ARE SET OUT ON THE REVERSE OF THIS FORM. BY SIGNING THIS FORM, I ACKNOWLEDGE THAT I HAVE READ, UNDERSTOOD AND ACCEPTED THOSE TERMS AND CONDITIONS. IN ADDITION TO THE TRANSFER FEE, WESTERN UNION AND ITS AGENTS ALSO MAKE MONEY FROM THE EXCHANGE OF CURRENCIES. * PLEASE SEE IMPORTANT INFORMATION REGARDING CURRENCY EXCHANGE SET FORTH ON THE BACK OF THIS FORM.

Customer's signature John Doe Date 2011/03/20

图10-36 Bank Transfer

要承担退款时的手续费，一般需要几十美元。

• 如果买家将多个订单的金额一起支付到一个账号上，会引起无法确认哪笔订单，从而延误显示支付成功的时间，希望卖家提醒买家银行汇款时必须每个订单汇一次。如果需要多个订单合并支付可以使用西联支付。

• 每一笔汇款都有特定的虚拟号，不能重复使用。

• 超过7个工作日，订单仍然显示等待付款时，买家可以提供虚拟号和汇款凭证到buyer@aliexpress.com，买家服务部门会跟进处理。

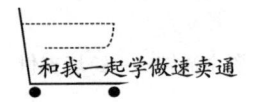

常见问题

1. 为什么买家说付款，页面还是提示等待买家付款？

一般需要7个工作日，速卖通的收款银行才能收到汇款，之后订单显示支付成功。

2. 超过7个工作日了，为什么依然显示等待买家付款？

超过7个工作日的，可以请买家发邮件，提供虚拟号和汇款水单至buyer@aliexpress.com，买家服务部门会跟进处理。

3. 为什么提示我验款？

验款的原因是汇款到账金额小于订单金额。需要由卖家决定到账金额是否可以交易。

T/T银行汇款和西联（Western Union）支付是国际贸易主流支付方式，该方式对大额交易更方便。如果买家使用此方式支付，其中会有一定汇款的转账手续费用。此外，银行提现也需要一定的提现费用。

其他的支付方式都是国外本地化的一些信用卡和借记卡。如图10-37所示，国际通行的借记卡外表与信用卡一样，并于右下角印有国际支付卡机构的标志。它通行于所有接受信用卡的销售点。唯一的区别是，当使用借记卡时，用户没有credit line，只能使用账户中的余额支付。

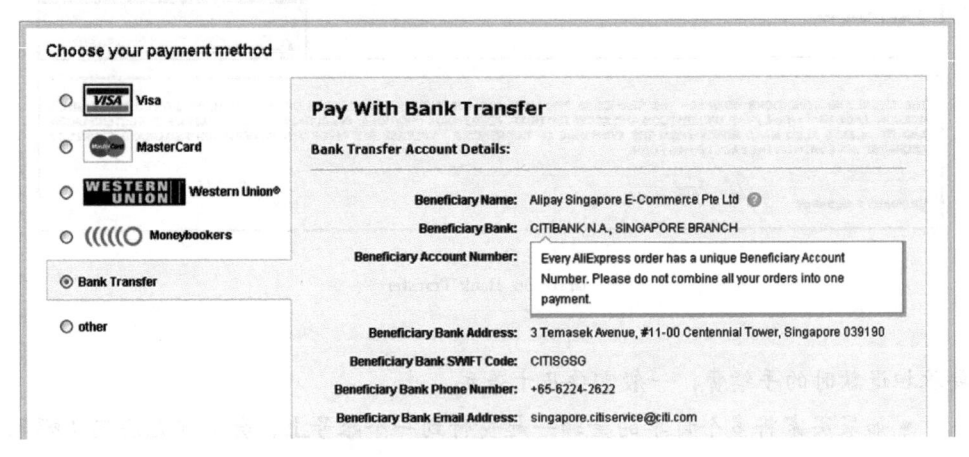

图10-37 选择支付工具

本章小结

本章从速卖通支付账户的创建流程和速卖通支付的主要工具两个方面进行系

统地介绍。对于速卖通卖家来说，支付是网上交易的重要环节。只有选择适合的支付方式和支付工具，才能使买卖双方顺利完成交易。本章节提供了速卖通的卖家在创建账户流程中必须了解和注意的问题。速卖通支付工具的选择是本章另一个重点。卖家要注意当买家在选择支付工具时，应当充分考虑买家支付工具的实用性和方便性。通过选择适当、方便的支付工具，尽快达成交易，实现利润。另外，不同类型的支付工具各有利弊。

拓展阅读

跨境进口电子商务交易中最为重要的一环是什么？很多人会说是物流、供应链、获客成本等，似乎很少人注意到其实支付环节也十分重要。尽管如此，你可别因此就小瞧一个第三方支付工具的重要性，毕竟和"钱"打交道的"主"都轻视不得。

1. 跨境支付环节很重要，环环紧扣

跨境支付环节涉及海关的"三单对碰"、支付者的信息审核，以及后续的电子商务综合税的缴纳等，其中一个环节出错都有可能造成该笔订单失效，给用户造成不良的用户体验，甚至造成毁灭性的灾难。

以交易量最大的"保税备货"模式为例。第一步：消费者下单付款，订单信息推送商家、第三方支付平台，人民币支付进入第三方支付平台；第二步：平台卖家收到订单信息后发货，将物流信息推送海关、第三方支付平台。海关将清关报税信息推送第三方支付平台；第三步：确认收货之后，经由海关系统校对，第三方支付平台通过跨境人民币备付金专用账户将资金转入平台卖家人民币账户。

此外，还涉及到第三方支付机构对接国内银行、国际卡组织数量的多少，接入海关申报系统的友好程度，能否确保支付和客户信息的安全性，账期长短以及汇率波动问题。

2. 系统安全不可轻视，后果无法估量

今年4月，在央行发布《非银行支付机构分类评级管理办法》中，系统安全性被列为基本评价指标，占比达到15%，成为继客户备付金管理、合规风险防控后，为第三大考量因素。

支付系统的安全性是第三方支付最为重要的安全保证之一。随着第三方支付技术的不断发展，针对第三方支付工具的黑客攻击也呈现增长趋势。根据相关监管要求，实际投入使用的支付系统需要经过严格的检测和认证，特别是涉及到交易、获得支付牌照的企业核心支付系统都经过严格的系统检测。然而实际情况远比检测来得复杂。

国内外发生过多起严重的信息泄露事件,包括消费者信息、信用卡信息泄露、黑客入侵等都对支付机构和商家造成不可估量的损失。

央行的内部报告在去年曾经披露,国内一家支付机构泄露了上千万张银行卡信息,涉及全国16家银行,因伪卡造成的损失竟高达3900多万元。

因此,跨境进口电子商务企业若是未能选择合适第三方支付工具,将面临极大的风险不确定性,极有可能造成信息泄露等严重后果。

3.时间就是金钱,汇率波动分分钟都是钱

今年6月23日,英国举行脱欧公投成功,引发新一轮的货币危机。据汇率风险管理咨询公司FIREapps在7月20日发布的报告称,英国公投退出欧盟后货币市场产生波动,将在未来几个季度损害企业业绩,负面影响可能高达350亿~400亿美元。

受其影响,原本在第一季度下跌4.1%的美元指数也在脱欧成功后上涨了3.8%,上涨的美元让来自美国的商品变得更为昂贵。有消息指,今年第四季度,美元还将面临新一轮的上调加息,届时全球汇率将会面临更多的不确定性。

而作为跨境进口电子商务,商品涵盖范围广,商品来源地更是五花八门。跨境进口电子商务企业不可能长期实时关注全世界各个国家的汇率情况,面对国际市场行情的变幻莫测,如果账期过长,结算体系不友好,企业将会面临更多的汇率损失。

摘自雨果网

反馈表

单元名称	姓名	班级	年 月 日

请思考以下问题：

1. 买家打进支付宝是美元，货款到客户那里是人民币还是美元？

2. 美元收款账户如何设置？

3. 订单金额在20～5000美元内的订单可使用哪几种支付方式？

4. 人民币收款通道下的支付流程是怎样的？

5. 多久速卖通的收款银行收到汇款，系统自动对账后订单显示支付成功？

你认为本单元最有价值的内容是：

你对本单元的教学有何建议，哪些问题是你需要进一步了解或得到帮助的：

教师的教学方法是否有效，对你的学习是否有帮助：

教师评价：A. 熟练应用　　B. 掌握　　C. 熟悉　　D. 了解　　E. 没通过

教师签字

参考文献

1. 速卖通大学. 跨境电商：阿里巴巴速卖通宝典【M】. 电子工业出版社，2014.
2. 速卖通大学. 跨境电商数据化管理【M】. 电子工业出版社，2016.
3. 陈明，许辉. 跨境电子商务操作实务【M】. 中国商务出版社，2016.
4. 肖旭. 跨境电商实务【M】. 中国人民大学出版社，2015.
5. 速卖通大学：http://daxue.aliexpress.com
6. 雨果网：http://www.cifnews.com